DIRETO AO PONTO

OS SEGREDOS DA NOVA CIÊNCIA DA
EXPERTISE

DIRETO AO PONTO

OS SEGREDOS DA NOVA CIÊNCIA DA EXPERTISE

ANDERS ERICSSON E **ROBERT POOL**

4ª reimpressão

TRADUÇÃO Cristina Antunes

Copyright © 2016 K. Anders Ericsson and Robert Pool

Título original: *Pea: Secrets From the New Science of Expertise*

Todos os direitos reservados pela Editora Gutenberg. Nenhuma parte desta publicação poderá ser reproduzida, seja por meios mecânicos, eletrônicos, seja cópia xerográfica, sem autorização prévia da Editora.

EDITORA RESPONSÁVEL
Silvia Tocci Masini

EDITORAS ASSISTENTES
Carol Christo
Nilce Xavier

ASSISTENTE EDITORIAL
Andresa Vidal Vilchenski

PREPARAÇÃO
Albertina Piva Leite

REVISÃO FINAL
Lúcia Assumpção

CAPA
Diogo Droschi

DIAGRAMAÇÃO
Larissa Carvalho Mazzoni

**Dados Internacionais de Catalogação na Publicação (CIP)
(Câmara Brasileira do Livro, SP, Brasil)**

Ericsson, Anders
    Direto ao ponto : os segredos da nova ciência da expertise / Anders Ericsson, Robert Pool ; tradução Cristina Antunes. -- 1. ed.; 4. reimp. -- Belo Horizonte : Gutenberg, 2024.

    Título original: Peak : Secrets From the New Science of Expertise.

    ISBN 978-85-8235-487-2

    1. Desenvolvimento pessoal 2. Produtividade do trabalho 3. Psicologia 4. Sucesso nos negócios I. Pool, Robert. II. Título.

17-09184   CDD-158.1

Índices para catálogo sistemático:
1. Desenvolvimento pessoal : Psicologia   158.1

A **GUTENBERG** É UMA EDITORA DO **GRUPO AUTÊNTICA**

São Paulo
Av. Paulista, 2.073, Conjunto Nacional
Horsa I . Salas 404-406 . Bela Vista
01311-940 . São Paulo . SP
Tel.: (55 11) 3034 4468

Belo Horizonte
Rua Carlos Turner, 420
Silveira . 31140-520
Belo Horizonte . MG
Tel.: (55 31) 3465 4500

www.editoragutenberg.com.br
SAC: atendimentoleitor@grupoautentica.com.br

Para minha mulher, Natalie, por facilitar e encorajar meu esforço para continuar investindo no meu nível atual de compreensão do desempenho do expert *e chegar perto do ápice.*

A. E.

Para minha alma gêmea e minha musa, Deanne, que me ensinou muito do que sei sobre escrever, mais do que eu sei sobre a vida, e tudo o que eu sei sobre o amor.

R. P.

######## SUMÁRIO

■ NOTA DO AUTOR..09

■ INTRODUÇÃO: O DOM 11

01 O poder da prática intencional...25

02 Aproveitando a adaptabilidade 48

03 Representações mentais 69

04 O padrão de ouro...100

05 Princípios da prática deliberada no trabalho.................128

06 Princípios da prática deliberada na vida diária..............156

07 A estrada para o extraordinário....................................188

08 Mas o que dizer do talento natural? 212

09 Para onde vamos daqui?..245

■ AGRADECIMENTOS 260

■ NOTAS...262

NOTA DO AUTOR

■ ESTE LIVRO É O PRODUTO DA colaboração entre duas pessoas, um psicólogo pesquisador e um escritor que se dedica à ciência. Começamos a conversar regularmente sobre o assunto – atores *experts* e "prática deliberada" – uma década atrás e, há mais de cinco anos, iniciamos seriamente o trabalho com este livro. Durante esse tempo, e a partir da discussão das nossas ideias, o texto avançou bastante, chegando a tal ponto que agora ficou difícil afirmar exatamente quem é responsável por qual das suas partes. O que realmente sabemos é que este é um livro muito melhor – e diferente – do que qualquer um que cada um de nós dois produziria sozinho.

Todavia, por mais que o livro seja fruto de uma colaboração, o que ele relata é a história de apenas um de nós (Ericsson), que passou a vida adulta estudando os segredos dos extraordinários atores. Assim, decidimos escrever o livro a partir do seu ponto de vista, e o "eu" no texto deve ser entendido como uma referência a ele. No entanto, o livro representa nosso esforço conjunto para descrever esse tema excepcionalmente importante e as suas implicações.

Anders Ericsson
Robert Pool
Outubro de 2015

INTRODUÇÃO: O DOM

■ POR QUE ALGUMAS PESSOAS SÃO tão incrivelmente boas naquilo que fazem? Qualquer que seja a área, de esportes, música, ciência, até medicina e negócios, sempre existem algumas pessoas excepcionais (*experts*), que nos fascinam pelo que são capazes de fazer e pelo quão bem o fazem. E quando somos apresentados a uma pessoa tão excepcional, naturalmente tendemos a concluir que ela nasceu com algo a mais. "Ele é tão talentoso", dizemos, ou "Ela tem um verdadeiro dom".

Mas será que é realmente assim? Por mais de 30 anos tenho estudado essas pessoas, as que são fora do comum e se destacam como *experts* em seus campos de atuação – atletas, músicos, jogadores de xadrez, médicos, vendedores, professores e outros. Pesquisei os elementos básicos do que elas fazem e como o fazem. Eu as observei, entrevistei e testei. Explorei a psicologia, a fisiologia e a neuroanatomia dessas pessoas extraordinárias. E, ao longo do tempo, vim a compreender que, sim, essas pessoas têm um dom extraordinário que se encontra no âmago de suas capacidades. Mas não é um dom que as pessoas geralmente reconhecem, e é ainda mais poderoso do que imaginamos. Acima de tudo é um dom inato a cada um de nós e do qual, com a abordagem correta, podemos tirar proveito.

A lição do ouvido absoluto

No ano 1763, o jovem Wolfgang Amadeus Mozart está prestes a embarcar em uma turnê pela Europa, uma viagem que dará origem à lenda Mozart. Com apenas sete anos de idade e mal tendo altura suficiente para enxergar por cima de um cravo, ele cativa o público de Salzburg, sua cidade natal, com a habilidade no violino e em vários instrumentos de teclado. Toca com tamanha facilidade que é difícil acreditar que seja possível em alguém tão jovem. Mas Mozart tem outro truque na manga que é, no mínimo, ainda mais surpreendente para as pessoas de sua época. Sabemos desse talento porque ele foi descrito em uma carta um tanto quanto emocionante,[1] enviada ao editor, sobre o jovem Mozart, e que foi publicada em um jornal de Augsburg, cidade natal de seu pai, pouco antes de Mozart e sua família partirem de Salzburg para sua turnê.

O autor da carta relatou que, quando o jovem Mozart ouvia uma nota tocada em um instrumento musical – qualquer nota –, ele podia de imediato identificar exatamente que nota era aquela: o Lá sustenido na segunda oitava acima do Dó central, talvez, ou o Mi bemol abaixo do Dó central. Mozart conseguia fazer isso mesmo se estivesse em outra sala e não pudesse ver o instrumento que estava sendo tocado, e não apenas para o violino e o piano, mas para todos os instrumentos que ouvia – e o pai de Mozart, como compositor e professor de música, tinha quase todos os instrumentos musicais imagináveis em sua casa. No entanto, não acontecia apenas com instrumentos musicais. O menino podia identificar as notas produzidas por qualquer coisa que fosse suficientemente musical – o som de um carrilhão, o toque de um sino, o atchim de um espirro. Era uma habilidade com a qual a maioria dos músicos adultos da época, mesmo os mais experientes, não podia competir. E, ao que parece, ainda mais impressionante do que a habilidade de Mozart no teclado e no violino, seria um exemplo dos misteriosos dons com que o jovem prodígio havia nascido.

É claro que tal habilidade não é tão misteriosa para nós hoje em dia. Atualmente, sabemos bem mais sobre ela do que sabíamos há 250 anos, e a maioria das pessoas de hoje, no mínimo, já ouviu falar dela. O termo técnico para essa habilidade é "ouvido absoluto", embora ela também seja conhecida como "ouvido perfeito". É excepcionalmente rara – apenas cerca de uma em cada 10 mil pessoas[2] a possuem. Embora seja muito menos rara entre os músicos de nível internacional do que entre o resto de nós, mesmo entre os virtuoses está longe de ser normal: acredita-se que Beethoven tinha ouvido absoluto; Brahms não. Vladimir Horowitz o possuía; Igor Stravinsky não. Frank Sinatra também tinha; Miles Davis não.

Em resumo, ao que parece, essa habilidade é um exemplo perfeito de um talento inato que algumas pessoas de sorte possuem desde o nascimento, ao contrário da maioria de nós. Na verdade, acreditou-se amplamente nesse talento inato durante pelo menos 200 anos. Ao longo das últimas décadas, no entanto, surgiu uma compreensão muito diferente sobre o ouvido absoluto, que aponta para uma visão igualmente diferente dos tipos de talentos que a vida pode oferecer.

A primeira pista surgiu com a observação de que as únicas pessoas que tinham recebido esse "dom" também receberam algum tipo de treinamento musical no início de sua infância. A pesquisa mostrou, em especial, que quase todos os que apresentam um ouvido absoluto começaram o treinamento musical em uma idade muito jovem – geralmente por volta de 3 a 5 anos de idade.[3] Todavia, se o ouvido absoluto é uma habilidade inata, algo com que você nasce ou não, então não deveria fazer nenhuma diferença se você recebe ou não uma formação musical quando criança. Tudo o que deveria importar é que você tivesse uma formação musical suficiente – obtida em qualquer momento de sua vida – para aprender os nomes das notas musicais.

A próxima pista surgiu quando os pesquisadores notaram que o ouvido absoluto é muito mais comum entre as pessoas que falam uma língua tonal, tal como o mandarim, o vietnamita, e várias outras línguas asiáticas, em que o significado das palavras depende da altura de sua frequência. Se o ouvido absoluto é de fato um talento genético, então a conexão com a língua tonal só faria sentido se as pessoas de ascendência asiática fossem mais propensas a ter genes para o ouvido absoluto do que as pessoas cujos antepassados vieram de outros lugares, como a Europa ou a África. Mas é algo fácil de ser testado: basta recrutar um número de pessoas de ascendência asiática que cresceram falando inglês ou alguma outra língua não tonal e verificar se elas são mais propensas a ter o ouvido perfeito. Essa pesquisa já foi feita e mostrou que as pessoas de origem asiática que não cresceram falando uma língua tonal não são mais propensas a possuírem o ouvido perfeito do que as pessoas com outras afiliações étnicas.[4] Então, o que torna mais plausível que uma pessoa possua o ouvido absoluto não é a herança genética asiática, mas sim o aprendizado de uma língua tonal.

Até poucos anos atrás, era praticamente tudo o que sabíamos[5] sobre o assunto: estudar música na infância era essencial para se ter um ouvido perfeito, e crescer falando uma língua tonal aumentava as chances de possuir um ouvido absoluto. Os cientistas não podiam afirmar com certeza que o ouvido perfeito era um talento inato, mas sabiam que, se ele fosse um dom, era um dom que só aparecia entre aquelas pessoas que tinham recebido alguma formação em afinação na infância. Em outras palavras, ele teria que ser uma espécie de dom do tipo "use-o ou perca-o". Mesmo os poucos felizardos que nascem com um dom para o ouvido absoluto teriam de fazer alguma coisa – especialmente, algum tipo de formação musical enquanto jovens – para desenvolvê-lo.

Sabemos agora que esse não é o caso. A verdadeira natureza do ouvido absoluto foi revelada em 2014, graças a um belo experimento realizado na Escola de Música Ichionkai, em Tóquio, e relatada na revista científica *Psychology of Music*.[6] O psicólogo japonês Ayako Sakakibara recrutou 24 crianças entre as idades de 2 e 6 anos e colocou-as em um curso de formação com meses de duração, projetado para ensiná-las a identificar, simplesmente pelo som, vários acordes tocados no piano. Os acordes eram todos acordes maiores com três notas, como um acorde com as notas Dó central, Mi e Sol imediatamente acima do Dó central. As crianças recebiam quatro ou cinco sessões de treinamento por dia, cada uma com duração de apenas uns poucos minutos, e cada criança continuava treinando até que pudesse identificar todos os 14 acordes que Sakakibara havia selecionado como meta a ser atingida. Algumas das crianças completaram o treinamento em menos de um ano, enquanto outras levaram um ano e meio para terminá-lo. Então, quando a criança havia aprendido a identificar os 14 acordes, Sakakibara a testava para ver se ela conseguia nomear corretamente cada nota. Depois de terminar o treinamento, cada uma das crianças do curso havia desenvolvido o ouvido absoluto e podia identificar notas individuais tocadas no piano.[7]

Esse é um resultado surpreendente. Enquanto, em circunstâncias normais, somente uma em cada 10 mil pessoas desenvolve o ouvido absoluto, cada um dos alunos de Sakakibara conseguiu desenvolvê-lo. A evidente implicação é que o ouvido absoluto, longe de ser um dom concedido apenas a alguns afortunados, é uma habilidade que praticamente qualquer pessoa pode desenvolver com a exposição e o treinamento adequados. O estudo reescreveu completamente a nossa compreensão do ouvido absoluto.

E quanto ao ouvido absoluto de Mozart? Uma pequena investigação sobre a sua formação nos dá uma boa ideia do que aconteceu. O pai de Wolfgang, Leopold Mozart, era um violinista e compositor moderadamente talentoso que nunca alcançou o grau de sucesso que desejava. Então ele planejou transformar seus filhos nos músicos que ele próprio sempre quisera ser. Começou com a irmã mais velha de Mozart, Maria Anna, que, na época em que tinha 11 anos, era descrita por seus contemporâneos como capaz de tocar o piano e o cravo tão bem quanto músicos adultos profissionais.[8] O velho Mozart – que escreveu o primeiro livro de formação para o desenvolvimento musical infantil – começou a trabalhar com Wolfgang mais cedo do que havia começado com Maria Anna. Na época em que Wolfgang tinha 4 anos, seu pai trabalhava com ele em tempo integral – no violino, no teclado e em outros instrumentos.[9] Apesar de não sabermos exatamente quais exercícios o pai de Mozart utilizava para treinar o filho, sabemos que, quando Mozart tinha 6 ou 7 anos, ele já havia treinado muito mais intensamente e durante muito mais tempo do que as duas dezenas de crianças que desenvolveram o ouvido absoluto por meio das sessões de treinos de Sakakibara. Portanto, considerando esse fato, não deve haver nada muito surpreendente sobre o desenvolvimento do ouvido absoluto de Mozart.

Então, o menino Mozart de 7 anos tinha um dom para o ouvido absoluto? Sim e não. Será que ele nasceu com algum raro dote genético que lhe permitia identificar a altura precisa do som de uma nota de piano ou de um assobio de chaleira? Tudo o que os cientistas aprenderam sobre o ouvido absoluto garante que não. Na verdade, se Mozart tivesse crescido em outra família, sem exposição à música – ou sem o tipo exato de exposição – ele, certamente, não teria desenvolvido aquela habilidade de modo algum. Contudo, Mozart realmente nasceu com um dom, e esse era o mesmo dom com que as crianças do estudo de Sakakibara haviam nascido. Todos eles foram favorecidos com um cérebro tão flexível e adaptável que podia, com o tipo certo de treinamento, desenvolver a capacidade que parece quase mágica para aqueles de nós que não a possuímos.

Em resumo, o ouvido absoluto não é um dom, mas, certamente, o dom é *a habilidade para desenvolver o ouvido absoluto* – e, tanto quanto podemos afirmar, praticamente todos nascem com esse dom.

É um fato maravilhoso e surpreendente. Nos milhões de anos de evolução que culminaram nos seres humanos modernos, certamente quase não houve processos de seleção que favorecessem as pessoas que pudessem identificar, por exemplo, as notas precisas que um pássaro estivesse cantando. No entanto, aqui estamos hoje, capazes de desenvolver um ouvido perfeito com um regime de treinamento relativamente simples.

Só recentemente os neurocientistas passaram a entender por que tal dom deveria existir. Durante décadas, os cientistas acreditavam que nascemos com os circuitos de nossos cérebros praticamente fixos e que esses circuitos determinavam nossas habilidades. Do mesmo modo, se seu cérebro foi ou não condicionado para o ouvido absoluto, então não haveria muito que você pudesse fazer para mudá-lo. Você pode precisar de certa prática para despertar plenamente esse talento inato, e se não conseguir essa prática, o seu ouvido absoluto nunca poderá se desenvolver plenamente. Mas a opinião geral é que nenhuma quantidade de prática seria suficiente se você não possuísse os genes certos para esse talento.

Contudo, desde os anos 1990 os pesquisadores passaram a perceber que o cérebro – até mesmo o cérebro adulto – é muito mais adaptável do que qualquer pessoa jamais havia imaginado, e isso nos dá uma enorme quantidade de controle sobre o que os nossos cérebros são capazes de fazer. Em particular, o cérebro responde aos tipos de gatilhos corretos religando-se de várias maneiras. São feitas novas conexões entre os neurônios, enquanto as conexões existentes podem ser reforçadas ou enfraquecidas e, em algumas partes do cérebro, até mesmo é possível que novos neurônios venham a crescer. Essa capacidade de adaptação explica como o desenvolvimento do ouvido absoluto foi possível nos indivíduos do grupo de Sakakibara, bem como no próprio Mozart: seus cérebros responderam à formação musical por meio do desenvolvimento de determinados circuitos que proporcionaram o ouvido perfeito. Ainda não podemos identificar exatamente quais são esses circuitos, ou dizer com o que eles se parecem, ou exatamente o que fazem, mas sabemos que eles devem estar ali – e sabemos que são o produto do treinamento, não de alguma espécie de programação genética inata.

No caso do ouvido absoluto, parece que a necessária adaptabilidade no cérebro desaparece no momento em que a criança completa os 6 anos, de modo que se a religação necessária para o ouvido perfeito ainda não ocorreu até então, ela nunca irá acontecer. (Embora, como veremos no Capítulo 8, haja exceções de um determinado tipo, e essas exceções possam nos ensinar bastante sobre como exatamente as pessoas tiram proveito da adaptabilidade do cérebro.) Essa perda é parte de um fenômeno mais amplo – ou seja, que tanto o cérebro quanto o corpo são mais adaptáveis em crianças pequenas do que em adultos, por isso existem certas habilidades que só podem ser desenvolvidas ou sejam mais facilmente desenvolvidas antes da idade de 6, 12 ou 18 anos. Ainda assim, o cérebro e o corpo retêm uma grande quantidade de adaptabilidade durante toda a vida adulta, e essa capacidade de adaptação faz com que seja possível para os adultos, mesmo para os adultos mais velhos, desenvolver uma ampla variedade de novos recursos com o treinamento correto.

Com essa verdade em mente, vamos voltar à pergunta que fiz no início: por que algumas pessoas são tão incrivelmente boas naquilo que fazem? Ao longo dos meus anos estudando os especialistas em vários campos, percebi que todos eles desenvolveram suas habilidades quase da mesma maneira que os alunos de Sakakibara fizeram – por meio de um dedicado treinamento que leva a mudanças no cérebro (e às vezes, dependendo da habilidade, a mudanças no corpo), as quais tornam possível fazer coisas que, caso contrário, os alunos não poderiam fazer. Sim, em alguns casos, o dote genético faz a diferença, especialmente nas áreas em que a altura ou outros fatores físicos são importantes. Um homem com genes para medir 1,50 m vai achar que é difícil se tornar um jogador profissional de basquete, assim como uma mulher com 1,82 m vai perceber que é praticamente impossível ter sucesso como atleta de ginástica artística de nível internacional.[10] E, como discutiremos mais tarde neste livro, há outras maneiras pelas quais os genes podem influenciar as realizações de alguém, especialmente aqueles genes que determinam a probabilidade de uma pessoa treinar cuidadosa e corretamente. Mas a principal mensagem decorrente de décadas de pesquisa é que não importa qual papel inato a herança genética possa desempenhar nas realizações de pessoas "dotadas", o principal dom que essas pessoas têm é o mesmo que todos nós temos – a adaptabilidade do cérebro e do corpo humanos, da qual elas tiram mais proveito do que o resto de nós.

Se você conversar com essas pessoas extraordinárias, perceberá que todas compreendem tal mensagem de uma forma ou de outra. Elas podem não ter familiaridade com o conceito de adaptabilidade cognitiva, mas raramente compram a ideia de que atingiram o auge em seus campos porque foram as afortunadas vencedoras de algum tipo de loteria genética. Sabem o que é necessário para desenvolver as extraordinárias habilidades que possuem, porque experimentaram isso pessoalmente.

Um dos meus testemunhos favoritos sobre o assunto vem de Ray Allen, que foi 10 vezes a estrela principal na Associação Nacional de Basquetebol e o maior arremessador de três pontos na história da liga. Há alguns anos, Jackie MacMullan, colunista da ESPN, escreveu um artigo sobre Allen no momento em que ele estava se aproximando de seu recorde nos arremessos de três pontos. Ao conversar com Allen para redigir essa história, MacMullan mencionou que outro comentarista de basquete havia dito que Allen nasceu com uma habilidade para o arremesso – em outras palavras, um dom inato para três pontos. Allen não concordou.

"Eu discuti isso com um monte de gente na minha vida", disse ele a MacMullan. "Quando as pessoas dizem que Deus me abençoou com um belo arremesso, realmente me irrito. Eu digo a essas pessoas, 'não destruam o trabalho que realizei todos os dias'. Não alguns dias. Todos os dias. Perguntem a qualquer um que tenha estado numa equipe comigo quem faz mais arremessos. Voltem a Seattle e a Milwaukee e perguntem a eles. A resposta sou eu". E de fato, como MacMullan constatou, se você conversar com o técnico de basquete de Allen na época do ensino médio, vai saber que o arremesso de Allen não era consideravelmente melhor do que o de seus companheiros de equipe. Na verdade, era pior. Mas Allen assumiu o controle do treinamento e, ao longo do tempo, com muito trabalho e dedicação, transformou o seu arremesso em algo tão gracioso e natural, que as pessoas achavam que ele tinha nascido com essa capacidade.[11] Ele tirou proveito de seu dom – seu dom real.

Sobre este livro

Este é um livro sobre um dom compartilhado por Wolfgang Amadeus Mozart, os alunos de escola de Sakakibara e Ray Allen – a habilidade de criar, por meio do tipo certo de treinamento e prática, habilidades que, de outra forma, eles não possuiriam, tirando proveito da incrível adaptabilidade do cérebro e do corpo humanos. Além disso, é um livro sobre como qualquer pessoa pode colocar esse dom em funcionamento a fim de se aperfeiçoar na área de sua escolha. E, finalmente, no sentido mais amplo, este é um livro sobre um modo fundamentalmente novo de pensar sobre o potencial humano, um modo que sugere que temos muito mais poderes do que jamais imaginamos para assumir o controle de nossas vidas.

De modo geral, desde a Antiguidade os seres humanos assumiram que o potencial de uma pessoa em qualquer campo é inevitável e irrevogavelmente limitado pelo talento inerente daquela pessoa. Muitas pessoas fazem aulas de piano, mas somente aquelas com um dom especial tornam-se realmente grandes pianistas ou compositoras. Toda criança é exposta à matemática na escola, mas somente umas poucas têm o que é preciso para se tornarem matemáticas, ou físicas ou engenheiras. De acordo com essa visão, cada um de nós nasceu com um conjunto de potenciais fixos – um potencial para a música, um potencial para a matemática, um potencial para os esportes, um potencial para os negócios – e podemos optar por desenvolver (ou não) qualquer um desses potenciais, mas não podemos encher qualquer um daqueles "copos" especiais ultrapassando o limite de sua borda. Assim, o propósito de ensinar ou treinar transforma-se em ajudar uma pessoa a alcançar seu potencial – a encher o copo o máximo possível –, o que requer uma determinada abordagem do ensino que assume limites pré-fixados.

Mas agora entendemos que não existe algo que se possa chamar de habilidade predefinida. O cérebro é adaptável, e o treinamento pode criar habilidades – tal como o ouvido absoluto – que não existiam antes. Essa é uma virada de jogo, porque, agora, a aprendizagem se torna uma forma de criar habilidades em vez de simplesmente trazer as pessoas para o ponto em que elas possam tirar proveito de suas habilidades inatas. Nesse novo mundo não faz mais sentido pensar que as pessoas nascem com reservas fixas de potencial; em vez disso, é preciso considerar que o potencial é um recipiente expansível, moldado pelas várias atividades que fazemos ao longo de toda a nossa vida. Aprender não é uma maneira de alcançar o potencial de alguém, mas sim um modo de desenvolvê-lo. Podemos criar nosso próprio potencial. E é verdade, quer nossa meta seja nos tornarmos um concertista de piano ou simplesmente tocar piano bem o bastante para nos divertirmos, participarmos de uma turnê de golfe PGA ou somente para diminuirmos umas poucas tacadas em nossa média.

Então, a questão passa a ser: como fazer isso? Como tirar proveito do dom e construir habilidades na nossa área de escolha? Boa parte da minha pesquisa ao longo das últimas décadas foi dedicada a responder a uma pergunta – ou seja, identificar e compreender em detalhes as melhores maneiras de aperfeiçoar o desempenho em uma determinada atividade. Em resumo, estive perguntando: o que funciona, o que não funciona e por quê?

Surpreendentemente, essa questão tem atraído muito pouca atenção da maioria das pessoas que escrevem sobre o assunto. Durante os últimos anos, inúmeros livros argumentaram que as pessoas têm superestimado o valor do talento inato e subestimando o valor de fatos como oportunidade, motivação e esforço.[12] Não posso discordar, e certamente é importante deixar que as pessoas saibam que elas podem melhorar – e melhorar muito – com a prática. Caso contrário, elas não serão suscetíveis à motivação para, pelo menos, tentarem se aperfeiçoar. Mas às vezes esses livros deixam a impressão de que o desejo sincero e o trabalho pesado, por si sós, levarão a um melhor desempenho – "apenas continue trabalhando dessa maneira e você chegará lá" – e está errado. O tipo correto de treinamento realizado durante um período suficiente de tempo leva ao aprimoramento. Nada mais.

Este livro descreve em detalhes o que é esse "tipo correto de treinamento" e como ele pode ser posto em prática.

Os detalhes sobre esse tipo de treinamento são extraídos de uma área relativamente nova da psicologia que pode ser mais bem descrita como "a ciência da *expertise*". Esse novo campo procura compreender as habilidades dos "atores *experts*", ou seja, das pessoas que estão entre as melhores do mundo naquilo que fazem, aquelas que alcançaram o verdadeiro auge do desempenho. Publiquei diversos livros acadêmicos sobre o assunto, inclusive: *Toward a General Theory of Expertise: Prospects and Limits*, em 1991, *The Road to Excellence*, em 1996, e *The Cambridge Handbook of Expertise and Expert Performance*, em 2006. Aqueles de nós que se dedicam ao campo da *expertise* investigam o que define essas pessoas excepcionais além de todas as outras. Também tentamos montar uma contabilidade passo a passo de como esses atores *experts* melhoraram seu desempenho ao longo do tempo e exatamente como as suas capacidades mentais e físicas se alteraram na medida em que melhoraram. Há mais de duas décadas, depois de estudar atores *experts* em uma ampla variedade de campos, meus colegas e eu percebemos que, não importa qual seja o campo, todas as abordagens mais eficazes para melhorar o desempenho seguem um único conjunto de princípios gerais. Chamamos essa abordagem universal de "prática deliberada". Atualmente, a prática deliberada continua a ser o padrão de ouro para qualquer um, em qualquer campo, que deseje tirar proveito do dom da adaptabilidade, a fim de construir novas competências e habilidades. Essa é a principal preocupação deste livro.

A primeira metade do livro descreve o que é a prática deliberada, por que ela funciona tão bem e como os *experts* a aplicam para produzir suas extraordinárias habilidades. Para tal, precisaremos examinar vários tipos de treinamento, do menos ao mais sofisticado, e discutir o que os diferencia. Como uma das diferenças-chave entre os distintos tipos de treinamento é a extensão em que eles utilizam a adaptabilidade do cérebro e do corpo humanos, vamos levar algum tempo para discutir essa adaptabilidade e o que a desencadeia. Também iremos explorar exatamente quais os tipos de mudanças que acontecem no cérebro em resposta à prática deliberada. Visto que ganhar experiência é, em grande parte, uma questão de melhorar os próprios processos mentais (incluindo, em alguns campos, os processos mentais que controlam os movimentos do corpo), e uma vez que as mudanças físicas – como força crescente, flexibilidade e resistência – já estão razoavelmente bem compreendidas, o foco deste livro será principalmente sobre o lado mental do desempenho do *expert*, embora certamente haja um componente físico substancial para a *expertise* em esportes e em outros desafios atléticos. Depois dessas explorações, examinaremos como tudo se ajusta para produzir um ator *expert* – um processo de longo prazo que geralmente leva uma década ou mais.

Em seguida, após uma breve interrupção, examinaremos mais de perto a questão do dom inato e que papel ele deve desempenhar na determinação de quão longe algumas pessoas podem ir para alcançar um desempenho de *expert*. Há algumas características físicas inatas, tais como a altura e o tamanho do corpo, que podem influenciar o desempenho em vários esportes e em outras atividades físicas e que não podem ser mudadas pelo treinamento. No entanto, a maioria dos atributos que exercem um papel no desempenho do *expert* pode ser modificada pelo tipo certo de treinamento, pelo menos durante certo período da vida de uma pessoa. De maneira mais geral, há um efeito recíproco complexo entre fatores genéticos e atividades práticas que estão apenas começando a ser compreendidos. Alguns fatores genéticos podem influenciar a habilidade de uma pessoa para se envolver em uma prática deliberada prolongada – por exemplo, a limitação da capacidade de uma pessoa para se concentrar por longos períodos de tempo todos os dias. Por outro lado, envolver-se na prática prolongada pode influenciar a forma como os genes são ligados e desligados no corpo.

A última parte do livro abrange tudo o que aprendemos sobre a prática deliberada pelo estudo de atores *experts* e explica o que isso significa para o resto de nós. Ofereço um conselho específico sobre a utilização da prática deliberada em organizações profissionais a fim de melhorar o desempenho dos funcionários, no que diz respeito a como os indivíduos podem aplicá-la para se aperfeiçoarem em suas áreas de interesse e, até mesmo, em como as escolas podem propor a prática deliberada para trabalhar em sala de aula.

Apesar de os princípios da prática deliberada terem sido descobertos por meio do estudo de atores *experts*, esses próprios princípios podem ser usados por qualquer um que queira se aprimorar em alguma área, mesmo que seja somente um pouco. Quer aperfeiçoar seu jogo de tênis? Prática deliberada. Sua escrita? Prática deliberada. Suas habilidades de venda? Prática deliberada. Visto que a prática deliberada foi desenvolvida especificamente para ajudar as pessoas a se situarem entre as melhores do mundo no que elas fazem, e não meramente para se tornarem "boas o bastante", ela é a mais poderosa abordagem para o aprendizado já descoberta.

Aqui vai uma boa maneira de se pensar sobre ela: você deseja escalar uma montanha. Não tem certeza de quão alto quer chegar – aquele pico parece um caminho terrivelmente longo – mas você sabe que quer chegar mais alto do que o lugar onde você se encontra no momento. Você poderia simplesmente partir de qualquer caminho que pareça promissor e esperar pelo melhor, mas provavelmente não vai conseguir ir muito longe. Ou você pode confiar em um guia que já esteve no pico e sabe qual é o melhor caminho para lá. Isso vai garantir que, não importa até que altura você decida escalar, vai fazê-lo de uma maneira mais eficiente e efetiva. Aquele melhor caminho é a prática deliberada, e este livro é o seu guia. Ele mostrará a você o caminho para chegar ao topo, ao ápice da jornada; porém, a distância que será percorrida por esse caminho vai depender de você.

DIRETO AO PONTO
OS SEGREDOS DA NOVA CIÊNCIA DA EXPERTISE

01
O PODER DA PRÁTICA INTENCIONAL

■ ESTÁVAMOS APENAS NA QUARTA SESSÃO e Steve já estava começando a parecer desencorajado. Era a terça-feira da primeira semana de um experimento que eu esperava que durasse dois ou três meses, mas com base no que Steve estava me dizendo, talvez não fizesse muito sentido continuarmos. "Parece haver um limite para mim em algum lugar perto dos oito ou nove dígitos", ele me disse, e suas palavras foram capturadas pelo gravador que funcionava durante cada uma de nossas sessões. "Principalmente com nove dígitos, é muito difícil conseguir, não importa que padrão eu use – minha própria espécie de estratégia, sabe? Realmente não importa o que eu uso – parece muito difícil de alcançar."

Steve, um estudante da Universidade Carnegie Mellon, onde eu estava lecionando na época, havia sido contratado para vir se encontrar comigo várias vezes por semana e trabalhar em uma tarefa simples: memorizar sequências numéricas. Eu leria para ele uma série de dígitos numa velocidade de mais ou menos um por segundo – "Sete... quatro... zero... um... nove..." e assim por diante – e Steve tentaria se lembrar de todos eles e repeti-los para mim tão logo eu tivesse terminado. Um dos objetivos era simplesmente ver o quanto Steve podia melhorar a sua prática. Agora, após quatro sessões com uma hora de duração, ele podia se lembrar de sequências de sete dígitos, de forma confiável – o comprimento de um número de telefone local – e normalmente conseguia se recordar corretamente da sequência com oito dígitos, mas a de nove dígitos era dita a esmo, e ele também nunca havia conseguido se lembrar, de jeito nenhum, de uma sequência de 10 dígitos. Nesse ponto, devido à sua experiência frustrante ao longo das primeiras poucas sessões, ele tinha quase certeza de que não iria conseguir nenhum resultado melhor.

O que Steve não sabia – mas eu, sim – era que quase toda a ciência da psicologia da época indicava que ele estava certo. Décadas de pesquisa haviam mostrado que há um limite estrito para o número de itens que uma pessoa pode reter na memória de curto prazo, que é o tipo de memória que o cérebro usa para manter pequenas quantidades de informação por um breve período de tempo. Se um amigo fornece seu endereço, é sua memória de curto prazo que o manterá por tempo suficiente para você anotá-lo. Ou, se você estiver multiplicando de cabeça um par de números de dois dígitos, sua memória de curto prazo é o lugar onde você mantém contato com todas os pedaços intermediários do cálculo: "Vejamos: 14 vezes 27... Primeiro, 4 vezes 7 é 28, então mantenha o 8 e suba o 2, então 4 vezes 2 é 8..." e assim por diante. E há uma razão para ela ser chamada de "curto prazo". Você não vai se lembrar daquele endereço ou daqueles números intermediários cinco minutos depois, a menos que você passe algum tempo repetindo-os para você mesmo ininterruptamente – e depois os transfira para sua memória de longo prazo.

O problema com a memória de curto prazo – e o problema com que Steve começava a deparar – é que o cérebro tem limites estritos em relação a quantos itens ele pode reter de uma só vez na memória de curto prazo. Para algumas pessoas são seis itens, para outras podem ser sete ou oito, mas o limite geralmente é de sete. A memória de longo prazo não tem as mesmas limitações – na verdade, nunca se descobriu quais são os limites superiores da memória de longo prazo – mas ela leva muito mais tempo para ser implementada. Se lhe for dado tempo suficiente para trabalhar com ela, você poderá memorizar dezenas ou mesmo centenas de números de telefone, mas o teste que eu estava fazendo com Steve havia sido projetado para lhe apresentar dígitos tão rapidamente, que ele era forçado a utilizar apenas sua memória de curto prazo. Eu estava lendo os dígitos a uma velocidade de um por segundo – depressa demais para que pudessem ser transferidos para sua memória de longo prazo –, então não foi nenhuma surpresa que ele estivesse deparando com um bloqueio em se tratando dos números que tinham cerca de oito ou nove dígitos de comprimento.

Apesar disso, eu esperava que ele fosse capaz de ter um desempenho um pouco melhor. A ideia para esse estudo surgiu de um obscuro ensaio que descobri enquanto pesquisava em trabalhos científicos antigos, um ensaio publicado em 1929 em um número do *American Journal of Psychology*, por Pauline Martin e Samuel Fernberger, dois psicólogos da

Universidade da Pensilvânia.[1] Martin e Fernberger relataram que dois indivíduos ainda não graduados tinham sido capazes, com quatro meses de prática, de aumentar o número de dígitos de que podiam se lembrar quando os recebiam a uma velocidade de cerca de um por segundo. Um dos alunos conseguiu melhorar sua média para um total de nove a treze dígitos, enquanto o outro ficou com um total de onze a quinze.

Esse resultado havia sido negligenciado ou esquecido pela comunidade mais ampla da pesquisa de psicologia, mas imediatamente capturou minha atenção. Esse tipo de aperfeiçoamento era realmente possível? E, se assim fosse, *como* era possível? Martin e Fernberger não ofereceram detalhes de como os alunos haviam aprimorado sua memória para dígitos, mas aquele era exatamente o tipo de questão que mais me intrigou. Na época, eu estava quase terminando o curso de pós-graduação, e minha principal área de interesse eram os processos mentais que acontecem quando alguém está aprendendo alguma coisa ou desenvolvendo habilidades. Para minha dissertação eu havia aprimorado uma ferramenta de pesquisa psicológica chamada "o protocolo de pensar em voz alta", que era designado especificamente para estudar tais processos mentais. Então, em colaboração com Bill Chase, um professor e psicólogo muito conhecido na Carnegie Mellon, eu me preparei para refazer o antigo estudo de Martin e Fernberger, e dessa vez eu estaria de olho para verificar exatamente como nosso sujeito aprimorava sua memória para dígitos – se de fato ele o fizesse.

O sujeito que recrutamos foi Steve Faloon, que era o típico aluno de graduação que se espera encontrar em Carnegie Mellon. Ele cursava especialização em Psicologia e estava interessado no desenvolvimento da primeira infância. Tinha acabado de terminar seu primeiro ano. Suas notas em testes de desempenho eram semelhantes às de outros estudantes da Carnegie Mellon, embora fossem um pouco mais elevadas do que a média. Alto e magro, com cabelo grosso, loiro escuro, ele era amigável, extrovertido e entusiasmado. E também era um corredor dedicado – um fato que não pareceu significativo para nós a princípio, mas que viria a ser crucial para o nosso estudo.

No primeiro dia em que Steve apareceu para o trabalho de memorização, seu desempenho foi, em média, razoável. Normalmente, ele conseguia se lembrar de sete dígitos e às vezes oito, porém não mais. Era o mesmo nível de desempenho que você esperaria de qualquer pessoa escolhida ao acaso na rua. Na terça, quarta e quinta-feira ele melhorou um pouco – média pouco abaixo de nove dígitos[2] – mais ainda não foi melhor que o normal. Steve disse que achava que a principal diferença em relação ao seu primeiro dia era que agora ele sabia o que esperar do teste de memória e, desse modo, estava mais confortável.

Então, na sexta-feira aconteceu algo que mudaria tudo. Steve encontrou uma maneira de progredir. As sessões de treinamento aconteciam assim: eu começava com uma sequência aleatória de cinco dígitos, e se Steve a decorasse corretamente (o que ele sempre fazia), eu passava para seis dígitos. Se ele a decorasse corretamente, eu ia para sete dígitos, e assim por diante, aumentando o comprimento da sequência cada vez que ele a decorava corretamente. Se ele errasse, eu diminuía duas vezes o comprimento da sequência e continuava novamente. Desse modo Steve era constantemente desafiado, mas não muito. Ele recebia sequências de dígitos que estavam exatamente no limite entre o que ele podia e não podia fazer.

E naquela sexta-feira, Steve estendeu o limite. Até aquele momento, apenas algumas vezes ele havia se lembrado de uma sequência de nove dígitos corretamente, mas nunca se lembrara corretamente de uma sequência de 10 dígitos, assim nunca tinha tido a oportunidade de experimentar sequências de 11 dígitos ou ainda mais longas. Mas ele começou aquela quinta sessão pensando um pouco. Ele fez as três tentativas – cinco, seis e sete dígitos – corretamente, sem problemas, perdeu a quarta, então voltou no caminho: seis dígitos, corretamente, sete dígitos, corretamente, oito dígitos, corretamente, nove dígitos, corretamente. Então eu li um número de 10 dígitos – 5718866610 – e ele também acertou esse. Em seguida, perdeu a próxima sequência com onze dígitos, mas depois que ele conseguiu se lembrar corretamente de outra de nove dígitos e de mais uma de 10 dígitos, li para ele uma segunda sequência de 11 dígitos – 90756629867 – e, dessa vez, ele repetiu tudo para mim sem nenhum tropeço. Eram dois dígitos a mais do que ele já havia conseguido corretamente antes, e, por mais que uma adição de dois dígitos possa parecer particularmente inexpressiva, ela era, na verdade, uma importante realização, porque os últimos dias haviam determinado que Steve tinha um teto "natural" – o número de dígitos que ele podia confortavelmente manter em sua memória de curto prazo – que era de somente oito ou nove dígitos. Ele tinha encontrado uma maneira de empurrar esse teto para adiante.

Aquilo foi o início do que seriam os dois anos mais surpreendentes de minha carreira. Desse ponto em diante, Steve, devagar, mas firmemente, aprimorou sua habilidade de se lembrar de sequências de dígitos. Por volta da décima sexta sessão ele era capaz de se lembrar consistentemente de 20 dígitos – muito mais do que Bill e eu imaginávamos que ele poderia. Depois de pouco mais de 100 sessões, ele estava alcançando 40 dígitos, o que era mais do que qualquer um já tinha conseguido atingir, mesmo especialistas no uso da memória, e ele ainda foi mais adiante. Trabalhou comigo por mais de 200 sessões de treinamento e no final tinha atingido 82 dígitos – oitenta e dois! Se você pensar sobre isso por um momento, perceberá como essa habilidade de memória realmente é incrível. Aqui estão 82 dígitos aleatórios:

0326443449602221328209301020391832373927788917267653
2450377461201790943455103555330

Imagine ouvir todos esses dígitos lidos para você na velocidade de um por segundo e *ser capaz de se lembrar de todos eles*. É o que Steve Faloon aprendeu a fazer sozinho ao longo dos dois anos de nossa experiência – tudo sem sequer saber que era possível, e apenas por continuar a trabalhar assim semana após semana.

A ascensão dos atores extraordinários

Em 1908, Johnny Hayes ganhou a maratona olímpica que os jornais da época descreviam como "a maior corrida do século". O tempo da vitória de Hayes, que estabeleceu um recorde mundial para a maratona, foi de 2 horas, 55 minutos e 18 segundos.

Hoje, pouco mais de um século depois, o recorde mundial para uma maratona é de 2 horas, 2 minutos e 57 segundos – aproximadamente 30% mais rápido do que o tempo recorde de Hayes – e se você for um homem de 30 a 40 anos de idade, nem sequer poderá participar da Maratona de Boston, a menos que tenha corrido outra maratona em menos de 3 horas e 5 minutos. Em resumo, o tempo do recorde mundial de Hayes em 1908 o qualificaria para a Maratona de Boston (que tem cerca de 30 mil corredores), mas não com uma boa margem.

No mesmo ano 1908, a Olimpíada de Verão quase viu um desastre na competição masculina de mergulho. Um dos mergulhadores escapou por pouco de ferimentos graves ao tentar um duplo salto mortal, e um relatório oficial divulgado poucos meses depois do evento concluiu que o mergulho era simplesmente demasiado perigoso e recomendou que fosse proibido nos futuros Jogos Olímpicos. Hoje o duplo salto mortal é um mergulho considerado de nível iniciante, e crianças de 10 anos o executam nas competições. E os melhores mergulhadores do ensino médio estão dando agora quatro cambalhotas e meia. Os competidores de classe mundial vão ainda mais longe com mergulhos como o *Twister* – duas cambalhotas e meia para trás, com o acréscimo de duas torções e meia. É difícil imaginar o que aqueles antigos *experts* do início do século XX – que acharam o mergulho de duplo salto mortal muito perigoso – teriam pensado sobre o *Twister*, mas desconfio que eles, certamente, o teriam rejeitado como absurdamente impossível – isto é, assumindo-se, em primeiro lugar, que alguém tivesse tido a imaginação e a audácia de sugeri-lo.

No princípio dos anos 1930, Alfred Cortot era um dos mais conhecidos musicistas clássicos do mundo. A sua gravação dos 24 Études de Chopin era considerada a interpretação definitiva. Atualmente, os professores apresentam essa mesma interpretação – malfeita e desfigurada por notas perdidas – como um exemplo de como Chopin *não* deve ser tocado, enquanto os críticos reclamam da técnica descuidada de Cortot. Espera-se que qualquer pianista profissional seja capaz de executar os Études com muito mais habilidade técnica e entusiasmo do que Cortot. Na verdade, Anthony Tommasini, o crítico de música do *New York Times*, comentou uma vez que a habilidade musical havia melhorado tanto desde a época de Cortot, que, hoje em dia, ele provavelmente não seria admitido na Escola Juilliard.[3]

Em 1973, o canadense David Richard Spencer havia memorizado mais dígitos de pi do que qualquer pessoa antes dele: 511. Cinco anos mais tarde, depois de uma rápida série de novos recordes, estabelecidos por poucas pessoas competindo para reivindicar o título de memorização, o recorde ficou com um americano, David Sanker, que havia guardado 10.000 dígitos de pi na memória. Em 2015, após mais 30 anos de progressos nesse sentido, o reconhecido detentor do título era o indiano Rajveer Meena, da Índia, que havia memorizado os primeiros 70.000 dígitos de pi – um acúmulo que exigiu dele 24 horas e 4 minutos para recitar todos eles –, embora Akira Haraguchi, do Japão, tenha afirmado que memorizou uma quantidade de dígitos ainda mais incrível – 100.000 – ou, aproximadamente, 200 vezes mais do que alguém havia conseguido apenas 42 anos antes.

Esses não são exemplos isolados. Vivemos em um mundo cheio de pessoas com habilidades extraordinárias – habilidades que, do ponto de vista de praticamente qualquer outra época da história humana, teriam sido consideradas impossíveis. Considere a mágica de Roger Federer com uma bola de tênis, ou o espantoso salto que McKayla Maroney cravou nos Jogos Olímpicos de Verão de 2012: um arredondamento para o trampolim, um salto mortal para trás catapultado com força e, em seguida, um alto voo arqueado com McKayla completando duas torções e meia antes de aterrissar com firmeza e controle completo sobre o tapete. Há grandes mestres de xadrez capazes de jogar várias dezenas de jogos diferentes simultaneamente – e de olhos vendados – e um estoque aparentemente infinito de jovens prodígios musicais que podem fazer coisas no piano, no violino, no violoncelo, na flauta, que teriam espantado os aficionados há um século.

Mas, embora as habilidades sejam extraordinárias, não há mistério algum sobre como essas pessoas as desenvolveram. Elas praticaram. Bastante. O tempo do recorde mundial da maratona não foi reduzido em 30% no decorrer de um século porque as pessoas estavam nascendo com um talento maior para correr longas distâncias; nem a segunda metade do século XX viu algum súbito aumento nos nascimentos de pessoas com um dom para tocar Chopin e Rachmaninoff ou para memorizar dezenas de milhares de dígitos aleatórios.

O que a segunda metade do século XX realmente viu foi um sólido aumento no período de tempo que as pessoas, em diferentes áreas, dedicavam à prática, combinando-a com uma crescente sofisticação das técnicas de treinamento. Isso era verdade em um grande número de campos, em especial nos campos competitivos como a interpretação musical e a dança, os esportes individuais e de equipes, o xadrez e outros jogos competitivos. Esse aumento na quantidade e na sofisticação da prática resultou em um sólido aprimoramento nas habilidades dos atores nesses vários campos – um aperfeiçoamento que nem sempre era óbvio de um ano para outro, mas que é espetacular quando avaliado ao longo do curso de várias décadas.

Um dos melhores, e às vezes mais bizarros, lugares para consultar resultados desse tipo de prática é no livro dos recordes mundiais da *Guinness*. Passeie pelas páginas do livro ou visite uma versão on-line dele, e você encontrará detentores dos mais variados tipos de recordes, como o de uma professora americana, Barbara Blackburn, que consegue datilografar mais de 212 palavras por minuto;[4] Marko Baloh, da Eslovênia, que uma vez percorreu 904,45 km numa bicicleta em 24 horas;[5] e Virkas Sharma, da Índia, que em apenas um minuto era capaz de calcular a raiz de 12 números grandes,[6] cada um deles contendo entre 20 e 51 dígitos, com raízes que vão desde a raiz do décimo sétimo até o quinquagésimo dígito. Esse último caso pode ser o mais impressionante de todos eles porque Sharma era capaz de executar 12 cálculos mentais extremamente difíceis em apenas 60 segundos – mais rápido do que muitas pessoas podem digitar os números numa calculadora e ler os resultados.

Na verdade, eu recebi um e-mail de Bob J. Fisher, detentor do recorde mundial do *Guinness*, que em determinada época manteve 12 recordes mundiais diferentes para o tiro de arremesso livre no basquete. Seus recordes incluíam coisas como o maior número de arremessos livres feitos em 30 segundos (33), o maior em 10 minutos (448) e o maior em uma hora (2.317). Bob escreveu para me dizer que ele havia lido sobre meus estudos dos efeitos da prática e aplicado o que ele aprendeu desses estudos no desenvolvimento de sua habilidade de fazer arremessos livres mais rápido do que qualquer outra pessoa.[7]

Todos aqueles estudos têm suas raízes no trabalho que eu fiz com Steve Faloon nos anos 1970. Desde aquela época dediquei minha carreira a compreender exatamente como a prática funciona para criar novas e ampliadas capacidades, com um foco particular naquelas pessoas que usaram a prática para se situar entre os melhores do mundo naquilo que fazem. E, depois de várias décadas estudando esses melhores dos melhores – esses "atores *experts*", para usar o termo técnico –, percebi que não importa que campo você estude, música ou esporte, ou xadrez ou alguma outra coisa, todos os tipos de práticas mais efetivos seguem um conjunto de princípios gerais.

Não há nenhuma razão óbvia para que seja assim. Por que as técnicas de ensino usadas para transformar músicos aspirantes em pianistas de concerto deveriam ter alguma coisa a ver com o treinamento que uma dançarina deve fazer para se tornar uma primeira bailarina, ou o estudo que um jogador de xadrez deve desenvolver para se tornar um grande mestre? A resposta é que os mais efetivos e mais poderosos tipos de prática em qualquer campo funcionam porque tiram o máximo de proveito da adaptabilidade do corpo humano e do cérebro para criar, passo a passo, a habilidade de fazer coisas que anteriormente não eram possíveis. Se você quer desenvolver um método de treinamento efetivo para alguma coisa – criar ginastas de classe mundial, por exemplo, ou mesmo algo como ensinar médicos a executarem cirurgias de laparoscopia –, o método precisará levar em conta o que funciona e o que não funciona na condução de mudanças no corpo e no cérebro. Assim, todas as técnicas de prática verdadeiramente eficazes trabalham essencialmente da mesma maneira.

Esses *insights* são todos relativamente novos e não estavam disponíveis para todos os professores, técnicos e artistas que produziram as melhorias incríveis nos desempenhos que ocorreram ao longo do século passado. Na verdade, esses avanços foram todos efetuados por tentativa e erro, sendo que as pessoas envolvidas não tinham, essencialmente, nenhuma ideia de por que um método de treinamento em particular podia ser efetivo. Além disso, os praticantes nos vários campos construíram seu corpo de conhecimentos isoladamente, sem nenhuma consciência de que tudo aquilo estava interconectado – de que o patinador no gelo que se achava trabalhando num triplo salto estava seguindo o mesmo conjunto de princípios gerais que, digamos, o pianista que estava trabalhando para aperfeiçoar uma sonata de Mozart. Então, imagine o que pode ser possível com esforços que são inspirados e dirigidos por uma clara compreensão científica dos melhores caminhos para construir a *expertise*. E imagine o que pode ser possível se nós aplicarmos as técnicas que mostraram ser efetivas nos esportes e na música e no xadrez para todos os diferentes tipos de aprendizagem que as pessoas fazem, desde a educação até o treinamento de médicos, engenheiros, pilotos, pessoas da área de negócios e trabalhadores de todo tipo. Acredito que os fantásticos aprimoramentos que vimos naqueles poucos campos ao longo dos últimos 100 anos podem ser alcançados em praticamente todos os campos se nós aplicarmos as lições que podem ser aprendidas a partir do estudo dos princípios de prática efetiva.

Há vários tipos de prática que podem ser efetivos em um grau ou outro, mas uma forma em particular – que eu chamo de "prática deliberada" desde o início dos anos 1990 – é o padrão de ouro. É a mais efetiva e poderosa forma de prática que conhecemos. Aplicar os princípios da prática deliberada é o melhor caminho para planejar métodos de prática em qualquer área. Dedicaremos a maior parte do restante deste livro a explorar o que é a prática deliberada, por que é tão efetiva e qual a melhor forma de aplicá-la em várias situações. Mas antes de nos aprofundarmos nos detalhes da prática deliberada, será melhor se dedicarmos algum tempo para compreender alguns tipos de prática mais básicos – as espécies de prática que mais pessoas já experimentaram de uma forma ou de outra.

A abordagem comum

Vamos começar observando como as pessoas normalmente aprendem uma nova habilidade – dirigir um carro, tocar piano, realizar uma longa divisão, desenhar uma figura humana, escrever um código, enfim, praticamente qualquer coisa. Para dar um exemplo específico, vamos supor que você está aprendendo a jogar tênis.

Você já viu partidas de tênis disputadas na televisão, e parece divertido, ou talvez tenha alguns amigos que jogam tênis e querem que você se junte a eles. Você, então, compra alguns equipamentos de tênis, sapatos, talvez um boné, uma raquete e algumas bolas. Agora você está comprometido, mas não sabe nada sobre como realmente jogar tênis – nem sequer sabe como segurar a raquete –, assim paga por algumas aulas com um professor de tênis ou talvez apenas peça a um de seus amigos que ele lhe ensine o básico. Depois dessas lições iniciais você sabe o suficiente para continuar por si mesmo e praticar. Provavelmente vai passar algum tempo trabalhando no seu serviço e vai praticar bater a bola contra uma parede repetidas vezes, até que tenha certeza de que pode manter seu próprio jogo contra uma parede. Depois disso você volta para o seu treinador ou seu amigo para outra lição, e então pratica um pouco mais, e depois outra lição, e mais prática, e depois de um tempo você alcançou o ponto onde se sente competente o suficiente para jogar contra outras pessoas. Ainda não é muito bom, mas seus amigos são pacientes, e todos se divertem. Você continua treinando sozinho e conseguindo uma aula de vez em quando, e então, ao longo do tempo, cometer os erros realmente embaraçosos – como se balançar e perder completamente a bola ou mandar a bola em linha reta com muita força diretamente nas costas do seu parceiro – torna-se cada vez mais raro. Você fica melhor após várias jogadas, até mesmo nos golpes com as costas da raquete e, ocasionalmente, quando tudo conspira a seu favor, até acaba batendo a bola como um profissional (mais ou menos, diz a si mesmo). Você alcançou um nível de conforto em que pode simplesmente sair e se divertir disputando o jogo. Sabe muito bem o que está fazendo e seus golpes tornam-se automáticos. Não precisa mais pensar muito sobre nada disso. Então joga um fim de semana depois do outro com seus amigos, aproveitando o jogo e o exercício. Você se tornou um jogador de tênis. Ou seja, "aprendeu" tênis no sentido tradicional, cujo objetivo é alcançar um ponto no qual tudo se torna automático e é possível ter um desempenho aceitável com relativamente pouca preocupação, de modo que pode simplesmente relaxar e aproveitar o jogo.

Nesse ponto, mesmo que não esteja completamente satisfeito com o seu nível de jogo, seu aperfeiçoamento se interrompe. Você dominou as coisas fáceis.

Mas, como rapidamente descobre, ainda tem fraquezas que não desaparecem, não importa quantas vezes você jogue com seus amigos. Talvez, por exemplo, cada vez que usa um golpe indireto para bater uma bola que está vindo na altura do peito com um pouco de rotação, você perca o tiro. Você sabe disso, e os seus adversários também notaram, então é frustrante. No entanto, como isso não acontece muito frequentemente e você nunca sabe quando vai acontecer, nunca tem a chance de trabalhar conscientemente com o problema, então continua perdendo o tiro exatamente da mesma maneira como você consegue acertar outros tiros – automaticamente.

Todos nós seguimos praticamente o mesmo padrão com qualquer habilidade que queremos aprender, desde assar uma torta até escrever um parágrafo descritivo. Começamos com uma ideia geral do que queremos fazer, conseguimos algumas instruções de um professor, de um treinador ou de um livro ou de um *site*, praticamos até alcançarmos um nível aceitável e, então, deixamos que se torne automático. E não há nada de errado em fazê-lo. Para a maioria das coisas que fazemos na vida, é perfeitamente aceitável atingir um nível médio de desempenho e simplesmente parar por aí. Se tudo o que você quer fazer é dirigir o seu carro de um ponto A até um ponto B ou tocar piano bem o bastante para dedilhar "Für Elise", então essa abordagem para aprender é tudo de que você precisa.

Mas há um detalhe muito importante que deve ser entendido aqui: uma vez que você tenha atingido esse nível de destreza satisfatório e automatizado o seu desempenho – seu modo de dirigir, seu jogo de tênis, seu jeito de assar tortas –, você parou de improvisar. Muitas vezes as pessoas interpretam mal esse fato porque assumem que a execução continuada do modo de dirigir, ou de jogar tênis, ou de assar tortas é uma forma de prática e que, se persistirem em fazer essas coisas, com certeza irão aperfeiçoar seu desempenho, talvez lentamente, mas irão melhorar apesar de tudo. As pessoas supõem que alguém que dirige há 20 anos deve ser um motorista melhor do que alguém que está dirigindo há 5 anos, que um médico que pratica a medicina há 20 anos deve ser um médico melhor do que aquele que está praticando há 5 anos, que um professor que está lecionando há 20 anos deve ser melhor do que um que leciona há 5 anos.

Mas não é verdade. As pesquisas mostraram que, falando de maneira geral, uma vez que uma pessoa atinge aquele nível "aceitável" de desempenho e automatização, os anos adicionais de prática não levam a um aperfeiçoamento. Na verdade, o médico, o professor ou o motorista que vêm exercendo a profissão há 20 anos provavelmente serão um pouco piores do que aqueles que a exercem há apenas 5 anos. A razão para explicar esse fato é que aquelas habilidades automatizadas se deterioram gradualmente na ausência de esforços deliberados para melhorar.

Então, o que você faz se não está satisfeito com o nível automatizado de seu desempenho? E se você é um professor com 10 anos de atividade em sala de aula e quer fazer algo para envolver mais seus alunos e comunicar suas lições de maneira mais eficaz? Ou é um jogador de golfe de fim de semana que gostaria de ir além de sua média de 18 tacadas? Ou é um redator de publicidade e quer acrescentar um pouco de impacto às suas palavras?

Essa é a mesma situação em que Steve Faloon se encontrou depois de apenas algumas sessões. Naquele momento, ele estava se sentindo confortável com a tarefa de ouvir uma sequência de dígitos, guardá-los em sua memória e repeti-los de volta para mim, e estava se saindo tão bem quanto se podia esperar, dado o que se sabe sobre as limitações da memória de curto prazo. Ele poderia apenas ter continuado a fazer o que fazia e alcançar o limite máximo de oito ou nove dígitos, sessão após sessão. Mas ele não o fez, porque estava participando de um experimento no qual estava sendo constantemente desafiado a se lembrar de apenas mais um dígito do que da última vez. Além disso, como ele era naturalmente uma espécie de garoto que gostava desse tipo de desafio, esforçou-se para melhorar.

A abordagem que adotou, à qual chamaremos de "prática intencional", mostrou ser incrivelmente bem-sucedida para ele. No entanto, como veremos, ela nem sempre é tão bem-sucedida assim, porém ainda é mais efetiva do que o método habitual de apenas o suficiente – e é um passo em direção à prática deliberada, que é o nosso objetivo final.

A prática intencional

A prática intencional tem várias características que a distinguem do que poderíamos chamar de "prática ingênua", que é, essencialmente, apenas desempenhar alguma ação repetidamente e esperar que a repetição por si só vá melhorar o seu desempenho.

Steve Oare, um especialista em educação musical na Universidade Estadual de Wichita, certa vez propôs o seguinte diálogo imaginário entre um professor de música e um aluno. É a clássica conversa sobre a prática que os professores de música têm o tempo todo.[8] Nesse caso, um professor está tentando descobrir por que um jovem aluno não está fazendo progressos:

PROFESSOR: Sua folha de exercícios mostra que você pratica uma hora por dia, mas a nota do seu teste de execução foi apenas um C. Pode me explicar por quê?

ALUNO: Não sei o que aconteceu! Eu consegui tocar o teste na noite passada!

PROFESSOR: Quantas vezes você o tocou?

ALUNO: Dez ou vinte.

PROFESSOR: Quantas vezes você o tocou corretamente?

ALUNO: Humm, não sei...! Uma ou duas...

PROFESSOR: Humm... Como você treinou?

ALUNO: Eu não sei. Eu só toquei.

Em poucas palavras, esta é uma prática ingênua: Eu só toquei. Eu só balancei o bastão e tentei bater na bola. Eu só li os problemas de matemática e tentei resolvê-los.

A prática intencional é, como seu nome indica, muito mais intencional, ponderada e focada do que essa espécie de prática ingênua. Ela tem, em especial, as seguintes características:

A prática intencional tem objetivos específicos bem definidos. O nosso hipotético estudante de música teria sido muito mais bem-sucedido com uma meta de prática mais ou menos como esta: "Tocar a peça do começo ao fim, três vezes consecutivas, com a velocidade adequada e sem nenhum erro". Sem um objetivo como esse, não havia nenhuma maneira de julgar se a sessão de prática tinha sido um sucesso.

No caso de Steve não havia um objetivo de longo alcance porque nenhum de nós sabia quantos dígitos uma pessoa podia memorizar, mas ele tinha uma meta de curto prazo muito específica: lembrar-se de mais dígitos do que havia lembrado na última sessão. Por ser um corredor de longa distância, Steve era muito competitivo, mesmo se estivesse competindo consigo mesmo, e trouxe essa atitude para o experimento. Desde o início, Steve se pressionava a cada dia para aumentar o número de dígitos de que podia se lembrar.

A prática intencional se resume à reunião de um conjunto de pequenos passos para alcançar um objetivo de longo prazo. Se você é um golfista de fim de semana e quer reduzir a sua média em cinco tacadas, isso é bom como um propósito geral, mas não é uma meta específica bem definida que pode ser utilizada de forma eficaz para o seu treinamento. Analise-a e faça um plano: o que exatamente você precisa fazer para cortar cinco tacadas em sua média? Um objetivo pode ser aumentar o número de tacadas que aterrissam no meio do campo. Esse é um objetivo específico razoável, mas você precisa decompô-lo ainda mais: o que exatamente você vai fazer para aumentar o número de tacadas iniciais bem-sucedidas? Você precisará calcular por que tantas de suas tacadas não estão caindo no meio do campo e resolver a questão, por exemplo, trabalhando para reduzir sua tendência de mandar a bola para a esquerda. Como você faz isso? Um instrutor pode lhe aconselhar sobre como enxergar o erro no seu movimento que está causando o problema. E assim por diante. O importante é se apropriar do objetivo geral – melhorá-lo – e transformá-lo em alguma coisa específica sobre a qual você possa trabalhar com uma expectativa realista de aperfeiçoamento.

A prática intencional é focada. Ao contrário do aluno de música que Oare descreveu, Steve Faloon estava focado em sua tarefa desde o início, e seu foco aumentou à medida que o experimento continuou e ele passou a memorizar sequências de dígitos cada vez mais longas. Você pode ter uma ideia desse foco ouvindo a fita da sessão 115 que aconteceu na metade do estudo. Steve se lembrava de sequências próximas a 40 dígitos com bastante regularidade, mas a sequência de 40 era algo que ele ainda não conseguia fazer com certa consistência, e ele realmente queria chegar regularmente aos 40 dígitos nesse dia. Iniciamos com 35, o que era fácil para ele, e Steve começou a se pressionar na medida em que as frequências aumentavam em comprimento. Antes que eu lesse a sequência de 39 dígitos, ele começou a falar consigo mesmo numa animada conversa motivacional, aparentemente consciente de coisa alguma além da próxima tarefa: "Temos um grande dia aqui!... Eu não perdi nenhuma ainda, não é? Não!... Este será um dia excepcional!". Então ficou em silêncio durante os 40 segundos que levei para ler os números da próxima sequência. Mas em seguida, na medida em que cuidadosamente revia os dígitos em sua cabeça, lembrando-se de vários grupos deles e da ordem em que apareciam, mal pôde se conter. Bateu na mesa aos gritos várias vezes e aplaudiu muito, aparentemente em comemoração por se lembrar deste ou daquele grupo de dígitos ou de onde eles se situavam na sequência. Uma vez ele deixou escapar: "Absolutamente certo! Tenho certeza!". E quando finalmente cuspiu os dígitos de volta para mim, ele estava de fato correto, portanto, passamos para 40. Mais uma vez, a conversa motivacional: "Agora este é o grande! Se eu passar por este, está tudo acabado! Tenho que passar por este!". Novamente o silêncio enquanto eu lia os dígitos e, em seguida, os excitados ruídos e exclamações enquanto refletia: "Uau! Vemos agora!... Tudo certo!... Vamos!". Ele conseguiu repetir essa sequência corretamente, e a sessão, na verdade, tornou-se a sessão em que ele atingiu regularmente os 40 dígitos, embora não mais.

Nessas circunstâncias, nem todo mundo vai se concentrar gritando ou batendo na mesa, mas o desempenho de Steve ilustra uma percepção-chave do estudo da prática efetiva: você raramente melhorará consideravelmente sem dedicar sua total atenção à tarefa.

A prática intencional envolve feedback. Você precisa saber se está fazendo algo certo e, caso não esteja, precisa descobrir o que está fazendo de errado. No exemplo de Oare, o aluno de música recebeu um *feedback* tardio na escola com uma nota C no teste de execução, mas parece não ter havido nenhum *feedback* durante a prática – ninguém ouvindo e apontando os erros, e o aluno ficou, aparentemente, sem pistas sobre se houve erros na prática ("Quantas vezes você a tocou corretamente?" "Umm, eu não sei... Uma ou duas vezes...").

Em nosso estudo de memória, Steve teve um *feedback* simples e direto após cada tentativa – correta ou incorreta, de sucesso ou fracasso. Ele sempre sabia onde estava situado. Mas talvez o *feedback* mais importante tenha sido algo que ele mesmo produziu. Ele prestou muita atenção a quais aspectos de uma sequência de dígitos podiam lhe causar problemas. Se reproduzisse uma sequência errada, em geral ele sabia exatamente por que e quais dígitos havia confundido. Mesmo se chegasse a uma sequência correta, poderia me informar mais tarde quais dígitos tinham sido mais problemáticos e quais deles não apresentavam problema algum. Por reconhecer onde a sua fraqueza estava localizada, conseguia desviar seu foco de maneira adequada e apontar novas técnicas de memorização que solucionariam aqueles pontos fracos.

De modo geral, não importa o que você está tentando fazer, vai precisar de um *feedback* para identificar exatamente onde e como está falhando. Sem esse tipo de retorno – seja de você mesmo ou de observadores externos –, você não pode descobrir o que precisa fazer para melhorar ou quão perto você está de alcançar seus objetivos.

A prática intencional requer que o indivíduo saia de sua zona de conforto. Talvez essa seja a parte mais importante da prática intencional. O aluno de música de Oare não mostra qualquer sinal de alguma vez ter se esforçado para ir além do que lhe era familiar e confortável. Em vez disso, suas palavras parecem indicar uma tentativa de prática de certo modo assistemática, sem nenhum empenho para ir além do que aquilo que já era fácil para ele. Essa abordagem simplesmente não funciona.

Nossa experimentação de memória foi planejada de modo a impedir que Steve ficasse muito confortável. À medida que ele aumentava sua capacidade de memória, eu o desafiava com sequências de dígitos cada vez mais longas, de modo que ele estava sempre perto de sua capacidade de retenção dos dígitos. Isso era feito, sobretudo, aumentando o número de dígitos cada vez que ele repetia uma sequência de dígitos correta, e diminuindo esse número quando ele a repetia erroneamente. Mantive o número de dígitos exatamente em torno do que ele era capaz de fazer, apesar de sempre pressioná-lo para que se lembrasse de apenas mais um dígito.

Essa é uma verdade fundamental em relação a qualquer tipo de prática: se você nunca se pressiona para ir além da sua zona de conforto, você nunca se aperfeiçoará. O pianista amador que fez alguns anos de aulas quando era adolescente, mas que, nos últimos 30 anos, tem tocado o mesmo conjunto de canções exatamente da mesma maneira, repetidas vezes, pode ter acumulado 10 mil horas de "prática" ao longo do tempo, mas não é melhor pianista do que era há 30 anos. Na verdade, provavelmente, está piorando.

Há evidências particularmente sólidas desse fenômeno, na medida em que ele se aplica aos médicos.[9] As pesquisas feitas em várias especialidades mostram que os médicos que já praticam a medicina há 20 ou 30 anos se saem pior em certas medidas objetivas de desempenho do que aqueles que saíram da faculdade há somente dois ou três anos. Acontece que as tarefas que a maioria dos médicos realiza na sua prática cotidiana não ajudam em nada a melhorar ou mesmo manter as suas capacidades; poucas de suas atividades os desafiam ou os impulsionam para fora de suas zonas de conforto. Por essa razão, participei de uma conferência de consenso em 2015[10] para identificar novos tipos de educação médica duradoura que irão desafiar os médicos a ajudá-los a manter e aperfeiçoar suas habilidades. Discutiremos o assunto em detalhes no Capítulo 5.

Talvez o meu exemplo favorito dessa lição seja o caso das habilidades no xadrez de Ben Franklin.[11] Franklin foi o gênio americano mais famoso. Ele era um cientista que construiu a reputação com seus estudos de eletricidade, um popular escritor e editor do *Poor Richard's Almanack*, fundador da primeira biblioteca de empréstimo nos Estados Unidos, um perfeito diplomata, e o inventor, entre outras coisas, dos óculos bifocais, do para-raios e do aquecedor de Franklin. Mas sua maior paixão era o xadrez. Foi um dos primeiros jogadores de xadrez nos Estados Unidos e um participante do mais antigo jogo de xadrez sabidamente disputado naquele país. Jogou xadrez por mais de 15 anos e, na medida em que envelhecia, passava cada vez mais tempo jogando. Quando esteve na Europa, jogou com François-André Danican Philidor, o melhor jogador de xadrez da época. E apesar de seu bem conhecido conselho sobre a importância de dormir cedo e acordar cedo, Franklin jogava regularmente das 18 horas até o nascer do sol.

Portanto, Ben Franklin era brilhante e passava milhares de horas jogando xadrez, às vezes contra os melhores jogadores da época. Isso fez dele um grande jogador de xadrez? Não. Ele estava acima da média, mas nunca foi bom o suficiente para se comparar com os melhores jogadores da Europa, muito menos com o melhor. Esse fracasso era uma fonte de grande frustração para ele, que não tinha ideia de como podia melhorar. Hoje compreendemos: ele nunca se pressionou, nunca saiu da sua zona de conforto, nunca experimentou várias horas da prática intencional que seriam necessárias para melhorar. Era como o pianista tocando as mesmas músicas da mesma maneira por 30 anos. Essa é uma receita para a estagnação, não para o aperfeiçoamento.

Sair da zona de conforto significa tentar fazer algo que você não conseguia fazer antes. Às vezes você pode achar relativamente fácil realizar essa coisa nova e então continua se pressionando. Mas às vezes você depara com algo que o deixa paralisado e parece que nunca será capaz de fazê-lo. Encontrar caminhos para contornar essas barreiras é uma das chaves secretas para a prática intencional.

Geralmente a solução não é "se matar de tentar", e sim "tentar de forma diferente". Em outras palavras, é uma questão técnica. No caso de Steve, uma barreira surgiu quando ele atingiu 22 dígitos. Ele os dividia em quatro grupos de quatro dígitos e usava vários truques mnemônicos para se lembrar deles, além de um grupo de ensaio de seis dígitos no final, que ele repetia mais e mais para si mesmo até que conseguisse se lembrar dele pelo som dos números. Mas não conseguia descobrir como passar para 22 dígitos, porque quando tentou manter cinco grupos de quatro dígitos em sua cabeça, acabou se confundindo com a ordem. No final, teve a ideia de usar ao mesmo tempo dois grupos de três dígitos e grupos de quatro dígitos, um avanço que, finalmente, lhe permitiu trabalhar até chegar a usar quatro grupos de quatro dígitos, quatro grupos de três dígitos, e um grupo de ensaio de seis dígitos para um total máximo de 34 dígitos. Então, uma vez que alcançou esse limite, teve que desenvolver outra técnica. Esse foi um padrão regular ao longo de todo o estudo de memorização. Steve se aperfeiçoava até certo ponto, empacava, procurava uma abordagem diferente que pudesse ajudá-lo a superar a barreira, encontrava e, então, melhorava de forma constante até que surgisse outra barreira.

A melhor maneira de superar qualquer barreira é chegar a ela de uma direção diferente, o que certamente é um bom motivo para se trabalhar com um professor ou um treinador. Alguém que já é bem familiarizado com o tipo de obstáculos que você provavelmente vai encontrar poderá sugerir maneiras de superá-los.

E muitas vezes se verifica que a barreira é sobretudo psicológica. A famosa professora de violino Dorothy DeLay relatou, em certa ocasião, o episódio em que um de seus alunos veio lhe pedir ajuda para aumentar a velocidade de execução em uma peça específica, a qual estava previsto para ele tocar em um festival de música. Ele não conseguia tocá-la rápido o suficiente, foi o que disse a ela. Em que velocidade, Dorothy perguntou, você gostaria de tocá-la? O aluno respondeu que gostaria de tocá-la tão rápido quanto Itzhak Perlman, o violinista mundialmente famoso. Antes de mais nada, DeLay conseguiu uma gravação de Perlman tocando a peça e a cronometrou. Então ajustou um metrônomo para uma velocidade lenta e pediu que seu aluno tocasse a peça naquele andamento, o que estava bem dentro de suas habilidades. Em seguida, ela fez com que ele a tocasse repetidas vezes, cada vez aumentando um pouco a velocidade do metrônomo. E a cada repetição o aluno acertou em cheio. Finalmente, depois de ter executado a peça perfeitamente mais uma vez, ela lhe mostrou a configuração do metrônomo: na verdade, ele a havia tocado mais rápido do que Perlman.[12]

Bill Chase e eu várias vezes usávamos uma técnica similar com Steve quando ele atingia uma barreira e achava que não seria capaz de suplantá-la. Uma vez diminuí só um pouco a velocidade em que eu lia os dígitos, e o tempo extra que isso ocasionou possibilitou, de forma significativa, que Steve se lembrasse de mais dígitos. Ele então se convenceu de que o problema não era o número de dígitos, mas sim a rapidez com que os codificava – ou seja, com que chegava à mnemônica para os vários grupos de dígitos que compõem toda a cadeia –, e que ele poderia melhorar o seu desempenho se pudesse acelerar o tempo que levava para alocar os dígitos em sua memória de longo prazo.

Outra vez, dei a Steve sequências que tinham 10 dígitos a mais do que qualquer uma das quais ele havia conseguido se lembrar até aquele momento. Ele ficou surpreso por se lembrar da maioria dos dígitos naquelas sequências – e, especialmente, por se lembrar de mais dígitos inteiros do que jamais havia conseguido antes, mesmo que não fosse perfeito. Ele se convenceu então de que era realmente possível se lembrar de longas sequências de dígitos. Percebeu que seu problema não era ter atingido o limite de sua memória, mas sim que estava falhando em um ou dois grupos de dígitos em toda a cadeia. Ele decidiu que a chave para seguir em frente era codificar os pequenos grupos de dígitos com mais cuidado, e então começou a melhorar outra vez.

Sempre que você estiver tentando se aperfeiçoar em alguma coisa, vai se deparar com esses obstáculos – pontos em que parece impossível progredir ou, pelo menos, em que você não tem nenhuma ideia do que deve fazer para melhorar. É natural. O que não é natural é uma verdadeira parada súbita que seja impossível de contornar, passar por cima ou atravessar. Em todos os meus anos de pesquisa, descobri que é surpreendentemente raro obter provas claras em qualquer campo de que uma pessoa atingiu algum limite que seja imutável em relação ao desempenho. Em vez disso, descobri que, mais frequentemente, as pessoas desistem e param de tentar melhorar.

Cabe aqui uma advertência: embora sempre seja possível seguir em frente e continuar melhorando, nem sempre é fácil. Manter o foco e o esforço exigidos pela prática intencional é um trabalho árduo, e geralmente não é divertido. Então, inevitavelmente, aparece a questão da motivação. Por que algumas pessoas se engajam nesse tipo de prática? O que as faz seguir em frente? Voltaremos a essas questões vitais muitas vezes ao longo do livro.

No caso de Steve, havia vários fatores em ação. Em primeiro lugar, ele estava sendo pago. Mas sempre era possível comparecer às sessões, não cooperar de verdade e ainda assim ser pago. Portanto, embora possa ter sido parte de sua motivação, certamente não era toda ela. Por que ele se esforçava tanto para melhorar? A partir de minhas conversas com Steve, acredito que grande parte disso se devia ao fato de que, uma vez que começou a notar uma melhora após as primeiras sessões, ele realmente gostou de ver os resultados da pontuação de sua memória aumentarem. Sentiu-se bem e queria manter a sensação. Além disso, depois que atingiu certo nível em suas habilidades de memorização, tornou-se uma espécie de celebridade. Surgiram histórias sobre ele em jornais e revistas e passou a participar várias vezes de programas de televisão, inclusive do programa *Today*, o que lhe forneceu outro tipo de *feedback* positivo. Falando de maneira geral, o expressivo *feedback* positivo é um dos fatores cruciais na manutenção da motivação. Pode ser um *feedback* interno, como a satisfação de se ver melhorando em alguma coisa, ou externo, fornecido por outras pessoas, mas faz uma grande diferença para se constatar se a pessoa será capaz de manter o esforço consistente necessário para se aperfeiçoar por meio da prática intencional.

Outro fator a considerar era o fato de que Steve gostava de se desafiar, o que ficava claro pela sua história como corredor de bosques e campos e de trilhas. Todos que o conheciam diriam que ele treinava tão fortemente quanto qualquer um, mas que sua motivação era simplesmente para melhorar seu próprio desempenho e não necessariamente para ganhar corridas. Além disso, por seus anos de corrida, ele sabia o que significava treinar regularmente, semana após semana, mês após mês, e parece improvável que a tarefa de trabalhar em sua memória três vezes por semana durante uma hora a cada vez parecesse particularmente difícil, dado que ele regularmente corria por três horas. Mais tarde, quando eu não estava mais fazendo o trabalho de memória com Steve e com alguns outros alunos, fiz questão de recrutar apenas os indivíduos que haviam treinado intensivamente como atletas, dançarinos, músicos ou cantores. Nenhum deles jamais desistiu de mim.

Portanto, temos aqui a prática intencional descrita em poucas palavras: saia de sua zona de conforto, mas proceda de uma maneira focada, com objetivos claros, um plano para atingir esses objetivos e uma forma de monitorar seu progresso. Ah, e descubra uma maneira de manter sua motivação.

Essa receita é um excelente começo para qualquer um que deseje se aperfeiçoar – mas ainda é apenas um começo.

Os limites da prática intencional

Enquanto Bill Chase e eu ainda continuávamos nosso estudo de memorização de dois anos de duração com Steve Faloon – mas depois que Steve começou a estabelecer recordes de memória na ultrapassagem dos limites de dígitos –, decidimos procurar por outra pessoa que estivesse disposta a assumir o mesmo desafio. Nenhum de nós acreditava que Steve havia nascido com algum dom especial para memorizar dígitos, mas sim que as habilidades que ele desenvolveu podiam ser completamente atribuídas ao treinamento pelo qual passou. E a melhor maneira de prová-lo era executar o mesmo estudo com outro indivíduo e ver se conseguiríamos o mesmo resultado.

A primeira pessoa que se voluntariou foi uma estudante graduada, chamada Renée Elio. Antes de começar, dissemos a ela que seu predecessor havia aumentado drasticamente o número de dígitos que conseguia memorizar, então ela sabia que esse aprimoramento era possível – o que era mais do que Steve sabia quando começou – mas não demos a Renée qualquer informação sobre como Steve fez isso. Ela teria que inventar sua própria abordagem.

Quando começou, ela melhorou a um ritmo que era muito semelhante ao de Steve, e foi capaz de aumentar a sua memória na ultrapassagem dos limites de dígitos para perto de 20 dígitos após cerca de 50 horas de sessões práticas. No entanto, ao contrário de Steve, nesse ponto ela esbarrou numa barreira que não conseguia ultrapassar. Após passar mais ou menos outras 50 horas sem nenhum progresso, ela decidiu se retirar das sessões de treinamento. Ela aumentou sua memória para dígitos até um ponto em que era muito melhor do que uma pessoa inexperiente – e comparável com algumas pessoas com capacidade mnemônica – mas ficou muito aquém do que Steve tinha realizado.

Qual era a diferença? Steve tinha conseguido desenvolver um conjunto de estruturas mentais – várias delas mnemônicas, muito das quais baseadas no tempo de duração, além de um sistema para manter o controle sobre a ordem dos mnemônicos – que lhe permitiam usar sua memória de longo prazo para contornar as limitações habituais da memória de curto prazo e lembrar-se de longas sequências de dígitos. Quando ouvia os dígitos 907, por exemplo, ele os conceituava como um tempo muito bom para duas milhas – 9:07, ou 9 minutos, 7 segundos – e eles deixavam de ser números aleatórios que ele devia submeter à memória de curto prazo, e passavam a ser algo com que ele já estava familiarizado. Como podemos ver, a chave para aperfeiçoar o desempenho mental de quase todos os tipos é o desenvolvimento de estruturas mentais que possibilitem evitar as limitações da memória de curto prazo e lidar efetivamente com grandes quantidades de informação ao mesmo tempo. Foi o que Steve fez.

Renée, desconhecendo como Steve havia procedido, desenvolveu uma abordagem completamente diferente para memorizar os dígitos. Enquanto Steve havia memorizado grupos de três ou quatro dígitos principalmente em termos de tempo de duração, Renée utilizou um elaborado conjunto de mnemônicos que se apoiava em coisas como dias, datas e horas do dia.[13] Uma diferença-chave entre Steve e Renée foi que Steve sempre decidiu antes do tempo qual o padrão que usaria para memorizar os dígitos, quebrando as sequências em três e quatro conjuntos de dígitos, mais um grupo no final com quatro a seis dígitos que ele repetiria para si mesmo infinitas vezes até que tivesse o som do grupo na memória. Para 27 dígitos, por exemplo, ele organizava os dígitos em três conjuntos de quatro dígitos cada, três grupos de três dígitos cada e um conjunto de seis dígitos no final. Nós nos referimos a esse padrão pré-fixado como uma "estrutura de recuperação", e ela permitia a Steve focar em memorizar os três e quatro conjuntos de dígitos individualmente e depois ter em mente onde cada um desses conjuntos individuais se encaixava na estrutura de recuperação. Essa provou ser uma abordagem muito poderosa, uma vez que permitia a ele codificar cada conjunto de três ou quatro dígitos como um tempo de duração ou outro mnemônico, colocá-lo na memória de longa duração, e então não ter que pensar nele novamente até que voltasse ao fim para relembrar todos os dígitos da sequência.

Renée, ao contrário, concebeu seus mnemônicos às pressas, decidindo de acordo com os dígitos que ouvia qual mnemônico usaria para recordá-los. Para uma sequência como 4778245, ela poderia se lembrar dela como abril 7,1978 às 2:45, mas se a sequência fosse 4778295, ela teria que usar abril 7,1978 e então começar uma nova data: fevereiro 9.... Sem o tipo de consistência que a abordagem do Steve oferecia, ela não poderia controlar mais de 20 dígitos.

Depois daquela experiência, Bill e eu decidimos procurar por outra pessoa que fosse o mais parecida possível com Steve em termos da maneira como ele memorizaria as sequências de dígitos. Então recrutamos outro corredor, Dario Donatelli, um membro da equipe de longa distância da Carnegie Mellon e um dos parceiros de treino de Steve. Steve havia dito a Dario que nós estávamos procurando alguém que se comprometesse a ser um participante de longo prazo do nosso estudo de treinamento de memória, e Dario concordou.

Dessa vez, em vez de deixar Dario compreender o treinamento por si mesmo, deixamos Steve ensinar a ele o método para codificar dígitos.

Com essa vantagem inicial, Dario foi capaz de melhorar muito mais rápido do que Steve havia feito, pelo menos no início. Ele chegou aos 20 dígitos em significativamente menos sessões de treinamento, mas começou a diminuir a velocidade depois, e quando atingiu 30 dígitos, parecia que não estava mais sendo beneficiado por seguir o método de Steve, e seu progresso enfraqueceu. Naquele ponto Dario começou a desenvolver sua própria versão do método de Steve. Ele apareceu com maneiras levemente diferentes para codificar as sequências de três e quatro dígitos e, mais importante ainda, projetou uma estrutura de recuperação significativamente diferente que funcionava muito melhor para ele. Não obstante, quando testamos como Dario estava memorizando os dígitos, percebemos que ele estava se apoiando em processos mentais que eram muito similares àqueles que Steve havia desenvolvido, usando a memória de longo prazo para contornar as limitações da memória de curto prazo.[14] Depois de vários anos de treinamento, Dario seria, ao final, capaz de relembrar de mais de uma centena de dígitos, ou cerca de 20 vezes mais do que Steve. Nesse ponto Dario havia se tornado, como Steve antes dele, o melhor nessa habilidade particular que o mundo havia conhecido.

Há uma importante lição aqui: embora geralmente seja possível se aperfeiçoar em certo grau com a prática focada e a permanência fora da sua zona de conforto, não é tudo o que existe. Tentar arduamente não é o bastante. Esforçar-se até o seu limite não é o bastante. Há outros aspectos igualmente importantes para praticar e treinar que muitas vezes são negligenciados.

Uma abordagem específica para a prática e o treinamento tem se mostrado a mais poderosa e efetiva maneira de uma pessoa aprimorar suas habilidades em todas as áreas que foram estudadas. Essa abordagem é a prática deliberada, e em breve nós a descreveremos em detalhe. Mas primeiro vamos dar uma olhada no que está por trás dos surpreendentes tipos de aperfeiçoamento que são possíveis com o tipo certo de prática.

02

APROVEITANDO A ADAPTABILIDADE

■ SE VOCÊ FOR UM HALTEROFILISTA ou apenas alguém que levanta pesos para desenvolver os músculos, é fácil acompanhar os resultados enquanto você desafia seus bíceps, tríceps, quadríceps, peitorais, deltoides, grandes dorsais, trapézios, abdominais, glúteos, panturrilhas e isquiotibiais. Uma medida de fita funciona, ou você pode simplesmente se olhar no espelho e admirar o seu progresso. Se você está correndo, pedalando ou nadando para aumentar sua resistência, pode rastrear seu progresso por seu batimento cardíaco, sua respiração ou por quanto tempo você consegue continuar a se exercitar até que seus músculos falhem devido ao acúmulo de ácido lático.

Mas se seu desafio é mental – tornar-se proficiente em cálculo, por exemplo, ou aprender como tocar um instrumento musical ou falar uma nova língua –, a avaliação de seu desempenho é diferente. Não há uma maneira fácil de observar as mudanças resultantes no seu cérebro à medida que ele se adapta às crescentes demandas que estão sendo colocadas sobre ele. Não há nenhuma sensação de dor no seu córtex no dia seguinte a uma sessão particularmente difícil de treinamento. Você não precisa sair e comprar chapéus novos porque os antigos agora estão muito pequenos para sua cabeça. Você não aumenta seis pontos em sua testa. E, como você não consegue ver quaisquer mudanças em seu cérebro, é fácil assumir que não há realmente muita coisa acontecendo ali.

Tal suposição, no entanto, seria um erro. Há um crescente conjunto de evidências de que tanto a estrutura como a função do cérebro se alteram em resposta a vários tipos de treinamento mental, em muito semelhante à maneira como seus músculos e sistema cardiovascular respondem ao treinamento físico. Com a ajuda de certas técnicas de imagem do cérebro, como imagens por ressonância magnética (IRM), os neurocientistas começaram a estudar a forma como os cérebros de pessoas com habilidades específicas diferem dos cérebros de pessoas sem essas capacidades, bem como a explorar que tipos de treinamento produzem quais tipos de mudanças. Embora ainda exista uma enorme quantidade de coisas a serem aprendidas nessa área, já sabemos o bastante para ter uma ideia clara de como a prática intencional e a prática deliberada trabalham para aumentar as nossas capacidades físicas e mentais, tornando possível fazermos coisas que nunca pudemos fazer antes.

Muito do que sabemos sobre como o corpo se adapta ao treinamento decorre de estudos feitos com corredores, levantadores de pesos e outros atletas. Curiosamente, no entanto, alguns dos melhores estudos produzidos até agora mostrando como o cérebro muda em resposta ao treinamento prolongado não foram realizados com músicos ou jogadores de xadrez ou matemáticos – alguns dos tópicos mais tradicionais em estudos dos efeitos da prática sobre o desempenho –, mas com motoristas de táxi.

Os cérebros dos taxistas de Londres

Poucas cidades do mundo podem enganar um sistema de GPS como Londres. Para começar, não há nenhuma malha de vias que possa ser utilizada para facilitar a orientação e a determinação de uma rota apropriada, como as que você encontra em Manhattan, Paris ou Tóquio. Em vez disso, as principais ruas da cidade formam ângulos estranhos umas com as outras. Eles se curvam e serpenteiam. As ruas de mão única são abundantes, há rotatórias e becos sem saída por todo lugar e, no meio de tudo isso, corre o rio Tâmisa, cruzado por uma dúzia de pontes no centro de Londres, das quais pelo menos uma – e às vezes até mais – você certamente terá que atravessar, não importa o tamanho do percurso que faça através da cidade. E o imprevisível sistema de numeração nem sempre diz a você exatamente onde encontrar um determinado endereço, mesmo que tenha chegado à rua certa.

Então, o melhor conselho aos visitantes é nem pensar em alugar um carro com sistema de navegação e, em vez disso, contar com os taxistas da cidade. Eles estão por toda parte – uns 25 mil, dirigindo seus grandes carros pretos e quadrados, que são o equivalente automotivo a sapatos confortáveis – e são incrivelmente bons para levá-lo do ponto A ao ponto B, da maneira mais eficiente possível, levando em conta não apenas os diferentes percursos possíveis, mas também a hora do dia, o tráfego esperado, trechos em obras e ruas interditadas e quaisquer outros detalhes que possam ser relevantes para a viagem. E os pontos A e B nem precisam ser necessariamente endereços de ruas tradicionais. Suponha que você gostaria de voltar àquela estranha lojinha de chapéus, em Charing Cross, de cujo nome você não consegue recordar – Lord's ou Lear ou algo parecido –, mas você realmente se lembra de que há uma pequena loja ao lado que vende *cupcakes*. Bem, será suficiente. Diga tudo isso ao seu motorista e assim que for "automobilisticamente" possível, você vai se encontrar na frente da Laird London, na rua New Row, nº 23A.

Como você pode imaginar, devido aos desafios de se encontrar um caminho em Londres, não é qualquer um que pode ser taxista. De fato, para se tornar um taxista credenciado em Londres é preciso passar por uma série de exames que foram descritos, coletivamente, como o teste mais difícil do mundo.[1] O teste é administrado pela companhia Transport for London, e essa agência descreve *The Knowledge*[i] – o que um futuro motorista deve aprender – da seguinte maneira:

> Para atingir o padrão exigido para ser credenciado como um motorista de táxi "All London", você vai precisar de um conhecimento profundo, principalmente, da área dentro de um raio de seis milhas de Charing Cross. Você precisa conhecer: todas as ruas; conjuntos habitacionais; parques e espaços abertos; escritórios e departamentos governamentais; centros financeiros e comerciais; instalações diplomáticas; câmara municipal; cartórios; hospitais; igrejas e templos; estádios de esportes e centros de lazer; escritórios de companhias aéreas; estações; hotéis; clubes; teatros; cinemas; museus; galerias de arte; escolas; faculdades e universidades; delegacias de polícia e quartéis; tribunais civis, penais e de legistas; prisões; e locais de interesse para os turistas. Na verdade, qualquer lugar para onde um passageiro de táxi possa pedir para ser levado.

Aquela área dentro de seis milhas de Charing Cross contém aproximadamente 25 mil ruas. Mas um taxista deve se familiarizar com mais do que apenas ruas e prédios. Qualquer ponto de referência é um alvo legítimo. De acordo com uma história, de 2014, sobre motoristas de táxi de Londres, publicada na *New York Times Magazine*, perguntaram a um candidato a motorista de táxi sobre a localização da estátua de dois ratos com um pedaço de queijo; a estátua, localizada na fachada de um prédio, tinha somente 30 cm de altura.

---

[i] *The Knowledge,* ou *O Conhecimento,* uma espécie de manual de tudo o que um taxista londrino precisa saber para ser aprovado no teste de licenciamento para dirigir em Londres. [N.T.]

Por isso mesmo, os candidatos devem demonstrar que podem ir de um ponto ao outro da cidade tão eficientemente quanto possível. Os testes consistem em uma série de "corridas" nas quais o examinador apresenta dois pontos de Londres, e o examinado deve fornecer a localização precisa de cada um deles e depois descrever a melhor rota entre eles, volta por volta, nomeando cada rua na sequência. Cada corrida obtém uma pontuação numérica baseada na precisão, e conforme o potencial motorista acumula pontos, os testes ficam cada vez mais difíceis, com os pontos finais se tornando mais obscuros e as rotas mais longas, mais complicadas e mais intrincadas. Metade ou mais dos motoristas em potencial acaba caindo fora, mas aqueles que ficam e obtêm suas licenças internalizaram Londres a um grau do qual o *Google Maps*, com as suas imagens de satélite, carros com câmera, memória incomensurável e poder de processamento, só pode vagamente se aproximar.

Para dominar o *Knowledge*, os candidatos a motoristas de táxi – que são conhecidos como *Knowledge boys* e, ocasionalmente, *Knowledge girls* – passam anos dirigindo de um lugar a outro em Londres, tomando notas de onde se encontra cada coisa e como chegar daqui até lá. O primeiro passo é dominar uma lista de 320 corridas no guia fornecido aos candidatos a motorista de táxi. Para uma determinada corrida, o candidato geralmente descobrirá primeiro o trajeto mais curto, viajando fisicamente pelas várias rotas possíveis, em geral usando uma moto, e depois irá explorar as áreas em torno do início e do fim da corrida. Isso significa perambular dentro de um quarto de milha ou mais de cada um desses lugares, tomando notas sobre os edifícios e quais pontos de referência estão na vizinhança. Depois de repetir esse processo 320 vezes, o futuro motorista de táxi acumulou um conjunto fundamental das 320 melhores rotas ao redor de Londres e também explorou – tomando notas – praticamente todas as partes da área central dentro de seis milhas de Charing Cross. É um começo, mas os candidatos bem sucedidos continuam a se desafiar para determinar as melhores rotas para muitas outras corridas que não estão na lista e para tomar notas de edifícios e pontos de referência que podem ter perdido antes ou que podem ter aparecido recentemente. Sem dúvida, mesmo depois de ser aprovado em todos os testes e obter a licença, os motoristas de táxi londrinos continuam a ampliar e aprimorar seu conhecimento das ruas de Londres.

A memória e as habilidades de navegação resultantes são nada menos que surpreendentes, e assim os motoristas de táxi de Londres provaram ser irresistíveis para os psicólogos interessados em aprender e, sobretudo, em aprender habilidades de navegação. Sem dúvida, a maioria dos estudos mais aprofundados feitos com os taxistas – e com os que têm mais a nos dizer sobre como o treinamento afeta o cérebro – foi realizada por Eleanor Maguire, uma neurocientista da University College London.

Em um dos seus primeiros trabalhos sobre os taxistas, publicado em 2000, Maguire usou imagens de ressonância magnética para examinar os cérebros de 16 homens motoristas de táxi e compará-los com os cérebros de outros 15 homens com idades similares que não eram motoristas de táxi.[2] Ela examinou, em especial, o hipocampo, aquela parte do cérebro em forma de cavalo-marinho responsável pelo desenvolvimento das memórias. O hipocampo está particularmente envolvido na navegação espacial e na localização de coisas no espaço. (Cada pessoa, na verdade, possui dois hipocampos, um de cada lado do cérebro.) Por exemplo, espécies de pássaros que armazenam alimentos em diferentes lugares e depois precisam se lembrar da localização desses vários esconderijos têm um hipocampo relativamente maior do que o de pássaros proximamente aparentados que não armazenam alimentos em diferentes lugares.[3] Mais precisamente, o tamanho do hipocampo é totalmente flexível em pelo menos algumas espécies de pássaros e pode crescer em até 30% em resposta às experiências de armazenamento de alimentos.[4] Mas a mesma coisa seria verdade em seres humanos?

Maguire descobriu que uma parte específica do hipocampo – a parte posterior, ou traseira – era maior nos motoristas de táxi do que nos outros indivíduos.[5] Além disso, quanto mais tempo uma pessoa havia passado como motorista de táxi, maior era o hipocampo posterior.[6] Em outro estudo que Maguire realizou poucos anos depois, ela comparou os cérebros dos motoristas de táxi londrinos com os dos motoristas de ônibus de Londres.[7] Como os taxistas, os motoristas de ônibus passam o dia dirigindo ao redor de Londres; a diferença entre eles é que os motoristas de ônibus repetem sempre as mesmas rotas e assim nunca têm que calcular o melhor caminho para se chegar do ponto A ao ponto B. Maguire descobriu que o hipocampo posterior dos motoristas de táxi era significativamente maior do que aquela mesma parte no cérebro dos motoristas de ônibus. A implicação clara foi que seja qual for o fator responsável por essa diferença no tamanho do hipocampo posterior, ele não está associado ao ato de dirigir em si, mas sim relacionado especificamente com as habilidades de navegação que o trabalho exige.

Isso, no entanto, ainda deixou uma ponta solta: talvez os motoristas de táxi que participaram dos estudos já tivessem começado com hipocampos posteriores maiores que dariam a eles uma vantagem para encontrar os caminhos em Londres. E o teste abrangente pelo qual passaram não teria sido nada mais do que um processo de seleção que concentrou a atenção naqueles motoristas potenciais que estavam naturalmente mais bem equipados para aprender os caminhos pelo labirinto que é Londres.

Maguire abordou essa questão[8] de uma maneira muito simples e vigorosa: ela acompanhou um grupo de potenciais motoristas de táxi desde o momento em que eles começaram o treinamento para a obtenção de suas licenças até o ponto em que todos eles haviam passado nos testes e se tornado taxistas credenciados ou, ao contrário, tinham desistido e partido para alguma coisa diferente. Ela recrutou 79 potenciais taxistas – todos eles homens – que estavam apenas começando o treinamento, bem como 31 homens com idades similares para servirem de grupo de controle. Quando ela escaneou o cérebro de todos eles, não encontrou diferenças no tamanho do hipocampo posterior dos motoristas potenciais e no do grupo de controle.

Quatro anos mais tarde, ela voltou aos dois grupos de indivíduos. Nessa época, 41 deles haviam sido credenciados como motoristas de táxi de Londres, enquanto 38 haviam interrompido o treinamento ou sido reprovados nos testes. Assim, nesse momento, havia três grupos a serem comparados: os novos taxistas que haviam aprendido o bastante sobre as ruas de Londres para passar na série de testes, os que não haviam passado e o grupo que não havia treinado de modo algum.[9] Mais uma vez Maguire escaneou seus cérebros e calculou o tamanho do hipocampo posterior em cada um deles.

O que ela descobriu não seria uma surpresa se ela estivesse medindo bíceps em pessoas que modelavam o corpo, mas não era o que ela estava medindo – estava medindo os tamanhos de diferentes partes do cérebro – e então os resultados foram impressionantes. O volume do hipocampo posterior havia se tornado significativamente maior no grupo daqueles que continuaram seu treinamento e se tornaram taxistas credenciados. Em contraposição, não houve mudança no tamanho do hipocampo posterior entre os potenciais taxistas que não se licenciaram (porque simplesmente pararam de treinar ou porque não conseguiram passar nos testes) ou entre os indivíduos que nunca tiveram nada que ver com o programa de treinamento para taxistas. Os anos passados em dominar o *Knowledge* definitivamente aumentaram a parte do cérebro que é responsável pela navegação de um lugar para outro.

O estudo de Maguire, que foi publicado em 2011, talvez seja a mais dramática evidência que nós temos de que o cérebro humano cresce e muda em resposta ao treinamento intenso. Além disso, a clara implicação de seu estudo é que os neurônios extras e outro tecido no hipocampo posterior dos taxistas credenciados sustentam suas capacidades de navegação aumentadas. Você pode pensar no hipocampo posterior de um motorista de táxi de Londres como o equivalente neural de braços e ombros de um ginasta do sexo masculino muito desenvolvidos. Anos de trabalho em ringues, cavalos de ginástica, barras paralelas e exercícios de solo constroem músculos que são maravilhosamente adequados para os tipos de movimentos que o atleta realiza sobre esses diferentes tipos de aparelhos – e que, de fato, tornam possível para ele fazer todos os tipos de movimentos de ginástica que simplesmente não estavam ao seu alcance quando começou a treinar. Os hipocampos posteriores dos motoristas de táxi são igualmente "aumentados", mas com tecido cerebral, não fibra muscular.

Adaptabilidade

Até a primeira década do século XXI, a maioria dos cientistas negaria sem rodeios que algo como o que Maguire tinha visto no cérebro dos taxistas de Londres fosse possível. A crença geral era de que, uma vez que uma pessoa atingisse a idade adulta, o que estava escrito no seu cérebro estava praticamente fixado. Certamente, todos entendiam que era preciso haver ajustes aqui e ali quando você aprendia algo novo, mas esses pensamentos seriam pouco mais do que o fortalecimento de algumas conexões neurais e o enfraquecimento de outras, porque a estrutura geral do cérebro e de suas várias redes neurais já estava fixada. Essa ideia passou de mão em mão com a crença de que diferenças individuais nas habilidades eram devidas, principalmente, a diferenças geneticamente determinadas nas fiações do cérebro e que a aprendizagem era apenas uma maneira de alcançar o seu potencial genético. Uma metáfora comum descreve o cérebro como um computador: aprender era como carregar alguns dados ou instalar um *software* – isso permitiria a você fazer coisas que não podia fazer antes, mas seu desempenho final sempre seria limitado por algumas coisas como o número de *bytes* em sua memória de acesso randômico (RAM) e a capacidade de sua unidade central de processamento (CPU).

Em contraposição, a adaptabilidade do corpo sempre foi mais fácil de ser reconhecida, como pudemos ver. Um dos meus exemplos favoritos de adaptabilidade física envolve as flexões. Se você é um homem relativamente preparado nos seus 20 anos, você pode ser capaz de fazer 40 ou 50 flexões; se você conseguir fazer 100, pode impressionar seus amigos e, provavelmente, ganhar algumas apostas. Então, você acha que pode adivinhar o recorde mundial de flexões – 500 ou 1.000? Em 1980, Minoru Yoshida, do Japão, fez 10.507 flexões ininterruptamente. Depois disso o *Guinness World Records* parou de aceitar petições para o número de flexões feitas sem períodos de descanso e mudou para o maior número de flexões realizadas em 24 horas com descansando permitido. Em 1993, Charles Servizio, dos Estados Unidos, estabeleceu o número que permanece como recorde mundial nessa categoria, fazendo 46.001 flexões em 21 horas e 21 minutos.

Ou considere a barra. Mesmo rapazes em boa forma geralmente conseguem fazer apenas 10 ou 15, embora se você realmente estiver trabalhando nisso, pode elevar seu número até 40 ou 50. Em 2014, Jan Kares, da República Tcheca, fez 4.654 puxadas na barra em 12 horas.

Resumindo, o corpo humano é incrivelmente adaptável. Não são apenas os músculos esqueléticos, mas também o coração, os pulmões, o sistema circulatório, as reservas de energia do corpo, e muito mais – tudo o que entra na força física e na resistência. Pode haver limites, mas não há nenhuma indicação de que já chegamos a eles.

Pelos trabalhos de Maguire e os de outros pesquisadores, estamos aprendendo agora que o cérebro tem um grau e uma variedade de adaptabilidade muito semelhantes.

Algumas das mais antigas observações desse tipo de adaptabilidade – ou "plasticidade", como diriam os neurocientistas – aparecem em estudos de como o cérebro de pessoas cegas ou surdas[10] se "reprogramam" para encontrar novos usos para as partes do cérebro que são normalmente dedicadas a processar visões e sons, mas que nessas pessoas não têm nada a fazer. A maioria das pessoas cegas não pode ver por causa de problemas com os olhos ou o nervo ótico, mas o córtex visual e outras partes do cérebro ainda estão plenamente funcionais. Apenas não estão recebendo estímulos dos olhos. Na verdade, se o cérebro fosse conectado como um computador, essas regiões visuais ficariam ociosas para sempre. Sabemos agora, no entanto, como o cérebro redireciona alguns de seus neurônios[11] de modo que essas áreas que, de outra forma, não seriam usadas são postas a trabalhar fazendo outras coisas, especialmente coisas relacionadas com o restante dos sentidos com que as pessoas cegas devem contar para obter informações sobre o que está a seu redor.

Para ler, por exemplo, o cego passa as pontas de seus dedos sobre os pontos em relevo que formam o alfabeto Braille. Quando pesquisadores usam máquinas de imagens de ressonância magnética para examinar os cérebros de pessoas cegas enquanto elas leem palavras em Braille, uma das partes do cérebro que eles veem se acender é o córtex visual. Em pessoas com visão normal, o córtex se acenderia em resposta a um impulso que viesse dos olhos, não da ponta dos dedos, mas no cego, o córtex visual ajuda a interpretar as sensações que essas pessoas obtêm ao percorrer com a ponta dos dedos os pontos em relevo que formam as letras do Braille.[12]

Curiosamente, não é apenas nas áreas do cérebro que, de outra forma, não seriam utilizadas que ocorrem religações. Se você pratica bastante alguma atividade, seu cérebro vai adaptar neurônios para ajudar nessa tarefa, mesmo que eles já tenham outro trabalho a fazer. Talvez a mais convincente evidência disso venha de uma experiência feita no final dos anos 1990, quando um grupo de pesquisadores examinou as partes do cérebro que controlavam vários dedos nas mãos de um grupo de leitores de Braille altamente habilidosos.

Os sujeitos eram leitores de Braille que usavam três dedos – isto é, usavam seus dedos indicadores para ler os padrões de pontos que compõem as letras individuais, os seus dedos médios para distinguir os espaços entre as letras, e seus dedos anelares para acompanhar a linha específica que estavam lendo. A estrutura na parte do cérebro que controla as mãos normalmente é configurada para que cada dedo individualmente tenha uma parte distinta do cérebro dedicada a ele, que é o que torna possível para nós dizermos, por exemplo, que dedo está sendo tocado pela ponta de um lápis ou por uma tachinha sem olharmos para os nossos dedos. Os indivíduos que participavam desse estudo eram instrutores de Braille que usavam seus dedos para ler o Braille, várias horas por dia. O que os pesquisadores descobriram foi que esse uso constante dos três dedos fez com que as áreas do cérebro dedicadas a cada um daqueles dedos crescessem tanto, que acabavam se sobrepondo. Como resultado, as pessoas eram excepcionalmente sensíveis ao toque nesses dedos – podiam detectar um toque muito mais suave do que as pessoas que tinham visão –, mas muitas vezes não podiam dizer qual dos três dedos tinha sido tocado.[13]

Esses estudos da plasticidade de pessoas cegas – e os estudos similares com surdos – nos dizem que a estrutura e a função do cérebro não são fixas. Elas mudam em resposta ao uso. É possível dar forma ao cérebro – o seu cérebro, o meu cérebro o cérebro de qualquer um – da maneira que desejamos, por meio do treinamento consciente e deliberado.

Os pesquisadores estão apenas começando a explorar as várias maneiras como essa plasticidade pode ser posta em prática. Um dos mais impressionantes resultados até hoje pode ter implicações para qualquer um que sofra de hipermetropia relacionada com a idade – o que representa quase completamente todos com idade superior a 50 anos. O estudo, que foi realizado por neurocientistas e pesquisadores de visão americanos e israelitas, foi relatado em 2012.[14] Esses cientistas montaram um grupo de voluntários de meia-idade, todos com dificuldade de focar objetos próximos. O nome oficial dessa condição é presbiopia, e ela resulta de um problema com o próprio olho, que perde a elasticidade em suas lentes, tornando mais difícil focalizar bem o bastante para perceber pequenos detalhes. Também há uma dificuldade associada em detectar contrastes entre áreas de luz e sombra, que exacerba a dificuldade de foco. As consequências são uma bênção para os optometristas e oculistas e um incômodo para a multidão com mais de 50 anos de idade, já que quase todos precisam de óculos para ler ou realizar trabalhos de curta distância.

Os pesquisadores fizeram com que os indivíduos viessem ao laboratório mais ou menos três vezes por semana durante três meses e passassem 30 minutos em cada visita treinando a visão. Pedia-se a eles que identificassem uma pequena imagem contra um fundo que era muito semelhante na sombra a uma mancha; ou seja, havia muito pouco contraste entre a imagem e o fundo. Reconhecer essas imagens requeria uma intensa concentração e esforço. Ao longo do tempo as pessoas aprenderam a determinar mais rápida e acuradamente a presença dessas imagens. No fim de três meses, essas pessoas eram testadas para ver que tamanho elas podiam ler. Em média eram capazes de ler letras 60% menores do que as que podiam ler no começo do treinamento. E cada um dos sujeitos havia melhorado. Além disso, depois do treinamento, cada pessoa era capaz de ler um jornal sem óculos, algo que a maioria delas não conseguia fazer anteriormente. E também eram capazes de ler mais rápido do que antes.

Surpreendentemente, nenhuma dessas melhorias foi causada por mudanças nos olhos, que tinham a mesma rigidez e dificuldade de focalização de antes. Em vez disso, a melhora foi devida a mudanças na parte do cérebro que interpreta sinais visuais a partir dos olhos. Embora os pesquisadores não pudessem apontar exatamente onde essas mudanças se localizavam, acreditavam que o cérebro aprendeu a "decifrar" imagens. As imagens embaçadas resultam de uma combinação de duas diferentes fraquezas na visão – a incapacidade de ver pequenos detalhes e a dificuldade de detectar diferenças no contraste. Ambas as questões podem ser auxiliadas pelo processamento de imagem que ocorre no cérebro, o qual funciona quase da mesma maneira que um *software* de processamento de imagem em um computador ou uma câmera podem dar ênfase a uma imagem por meio de técnicas de manipulação de contraste. Os pesquisadores que desenvolveram o estudo acreditam que seus exercícios de treinamento ensinaram os cérebros dos sujeitos da pesquisa a fazer um melhor trabalho de processamento, o qual, por sua vez, permitiu aos sujeitos discernirem detalhes menores sem nenhuma melhoria no sinal originário dos olhos.

Desafiando a homeostase

Primeiramente, por que o corpo e o cérebro humanos são tão adaptáveis? Tudo se origina, ironicamente, no fato de que as células e os tecidos do indivíduo tentam manter tudo da mesma forma, tanto quanto possível.

O corpo humano tem uma preferência pela estabilidade. Ele mantém uma temperatura interna estável. Mantém estável a pressão sanguínea e a velocidade cardíaca. Mantém os níveis de glicose no sangue e o equilíbrio do pH (nível de acidez/alcalinidade) estáveis. Mantém um peso razoavelmente constante no dia a dia. É claro que nenhuma dessas coisas é completamente estática – o ritmo do pulso aumenta com os exercícios, por exemplo, e o peso do corpo sobe e desce com uma reação emocional além do normal ou uma dieta – mas essas mudanças em geral são temporárias e o corpo, ao final, volta para o lugar onde estava. O termo técnico para isso é "homeostase", que se refere, simplesmente, à tendência de um sistema – qualquer tipo de sistema, mas, na maioria das vezes, uma criatura viva ou alguma parte de uma criatura viva – a agir de uma forma que mantém a sua própria estabilidade.

As células individuais também gostam de estabilidade. Elas mantêm certo nível de água e também regulam o balanço de íons positivos e negativos, em especial os íons de sódio e de potássio e de várias pequenas moléculas, controlando quais íons e moléculas permanecem e quais saem através da membrana da célula. Mais importante para nós é o fato de que as células requerem um ambiente estável para funcionar com eficiência. Se os tecidos circundantes ficam muito frios ou muito quentes, se o seu nível de fluido se altera muito além do limite preferido, se o nível de oxigênio cai muito ou se o fornecimento de energia ficar muito baixo, danifica-se o funcionamento das células. E se as mudanças são muito grandes e duram muito tempo, as células começam a morrer.

O corpo é equipado com vários mecanismos de retroalimentação que agem para manter o *status quo*. Considere o que acontece quando você começa a praticar algum tipo de atividade física vigorosa. A contração das fibras musculares faz com que as células musculares individuais expandam seus suprimentos de energia e oxigênio, que são novamente supridos por vasos sanguíneos das proximidades. Mas agora o nível de oxigênio e de energia na corrente sanguínea cai, o que leva o corpo a tomar várias medidas em resposta. A taxa de respiração sobe para aumentar os níveis de oxigênio no sangue e eliminar mais dióxido de carbono. Vários depósitos de energia são convertidos no tipo de fornecimento de energia que os músculos podem usar e jogar para dentro da corrente sanguínea. Enquanto isso, a circulação sanguínea aumenta a fim de melhor distribuir os suprimentos de oxigênio e de energia para essas partes do corpo que precisam delas.

Contanto que o exercício físico não seja tão intenso que extenue os mecanismos de homeostase do corpo, ele vai fazer muito pouco para estimular mudanças físicas imediatas no corpo. Da perspectiva do corpo, não há nenhuma razão para mudar; tudo está funcionando como deveria.

Mas passa a ser uma questão diferente quando você se envolve em uma atividade física prolongada e vigorosa que empurra o corpo para além do ponto em que os mecanismos de homeostase podem compensar. Os sistemas e as células de seu corpo se encontram em estados anormais, com níveis excepcionalmente baixos de oxigênio e dos vários compostos relacionados com a energia, como a glicose, a adenosina difosfato (ADP) e a trifosfato de adenosina (ATP). O metabolismo de várias células já não pode mais se comportar como de costume, por isso existem diferentes conjuntos de reações bioquímicas acontecendo nas células, produzindo uma sequência de produtos bioquímicos completamente diferentes daqueles que a célula produz normalmente. As células não estão felizes com esse estado alterado de coisas, e reagem convocando alguns genes diferentes do DNA das células. (A maioria dos genes no DNA de uma célula é inativa num dado momento, e a célula irá "ligar" e "desligar" vários genes, dependendo do que ela precisa naquela hora.) Esses genes recentemente ativados irão ligar ou reforçar vários sistemas bioquímicos no interior da célula, o que vai alterar o seu comportamento de formas que são destinadas a responder ao fato de que as células e os sistemas circundantes foram empurrados para fora da sua zona de conforto.

Os detalhes exatos do que acontece dentro de uma célula em resposta a tais estresses são extremamente complicados, e os pesquisadores só agora estão começando a desembaraçá-los. Por exemplo, em uma experiência com ratos,[15] os cientistas conduziram um estudo contando

112 genes[16] diferentes que foram ligados quando a carga de trabalho em um determinado músculo nas pernas traseiras dos animais foi significativamente elevada. A julgar pelos genes específicos que foram ligados, a resposta incluía coisas como uma mudança no metabolismo das células do músculo, alterações na sua estrutura e uma mudança na taxa em que novas células musculares eram formadas. O resultado eventual de todas essas mudanças foi um fortalecimento dos músculos dos ratos, de modo que eles poderiam lidar com o aumento da carga de trabalho.[17] Eles haviam sido empurrados para fora da sua zona de conforto, e os músculos responderam ficando fortes o suficiente para estabelecer uma nova zona de conforto. A homeostase havia sido reestabelecida.

Esse é o padrão geral de como a atividade física cria mudanças no corpo: quando um sistema do corpo – certos músculos, o sistema cardiovascular, ou outra coisa – é estressado até o ponto em que a homeostase não pode mais ser mantida, o corpo responde com mudanças que intencionam restabelecê-la Suponha, por exemplo, que você começa um programa de exercícios de aeróbica – digamos, correr três vezes por semana por meia hora de cada vez, mantendo a velocidade dos seus batimentos cardíacos no nível recomendado de 70% do máximo de sua frequência cardíaca (que funciona um pouco acima de 140 batimentos por minuto em adultos jovens). A manutenção da atividade irá, entre outras coisas, conduzir a níveis mais baixos de oxigênio nos capilares que abastecem os músculos de suas pernas. Seu corpo responderá desenvolvendo novos capilares para prover mais oxigênio às células dos músculos em suas pernas e levá-las de volta para sua zona de conforto.

É dessa forma que o desejo do corpo pela homeostase pode ser aproveitado para conduzir mudanças: empurre-o com força suficiente e por tempo suficiente, e ele responderá mudando, de maneira a tornar esse impulso mais fácil de ser controlado. Você vai começar a ficar um pouco mais forte, construir um pouco mais de resistência, desenvolver um pouco mais de coordenação. Mas há uma cilada: uma vez que as mudanças compensatórias tenham ocorrido – novas fibras musculares tenham crescido e se tornado mais eficientes, novos capilares tenham se desenvolvido, e assim por diante –, o corpo passa a poder lidar novamente com a atividade física que o tinha estressado anteriormente. Está novamente confortável. As mudanças pararam. Então, para manter as mudanças acontecendo, você tem que continuar aumentando a aposta: correr mais, correr mais rápido, correr ladeira cima. Se você não continuar se pressionando, pressionando e pressionando um pouco mais, o corpo vai resolver se acomodar na homeostase, embora a um nível diferente de antes, e você vai parar de melhorar.

Isso explica a importância de ficar exatamente fora de sua zona de conforto: você precisa se pressionar continuamente para manter as mudanças compensatórias do corpo em andamento, mas se se pressionar muito fora de sua zona de conforto, arrisca-se a se ferir e, na verdade, a regredir.

Esta, pelo menos, é a forma como o corpo responde à atividade física. Os cientistas sabem muito menos sobre como o cérebro muda em resposta a desafios mentais. Uma diferença importante entre o corpo e o cérebro é que as células no cérebro adulto geralmente não se dividem e formam novas células cerebrais.[18] Há algumas exceções, como no hipocampo, onde novos neurônios podem crescer, mas na maioria das partes do cérebro as mudanças que ocorrem em resposta a um desafio mental – tal como o treinamento de contraste utilizado para melhorar a visão das pessoas – não incluem o desenvolvimento de novos neurônios. Em vez disso, o cérebro passa a religar essas redes de várias maneiras – reforçando ou enfraquecendo as várias conexões entre os neurônios e também adicionando novas conexões ou se livrando das antigas.[19] Também pode haver um aumento na quantidade de mielina, o revestimento de isolamento que se forma em torno de células nervosas e permite que os sinais nervosos viajem mais rapidamente; a mielinização pode aumentar a velocidade dos impulsos nervosos em mais de 10 vezes. Como essas redes de neurônios são responsáveis por pensamento, memórias, controle de movimentos, interpretação de sinais sensoriais e todas as outras funções do cérebro, a religação e a aceleração dessas redes podem tornar possível a realização de várias coisas – ler um jornal sem óculos, por exemplo, ou determinar rapidamente a melhor rota de um ponto A até um ponto B – que a pessoa não conseguia fazer antes.

No cérebro, quanto maior o desafio, maior a mudança – até certo ponto. Estudos recentes mostraram que aprender uma nova habilidade é muito mais eficaz para desencadear mudanças estruturais no cérebro do que simplesmente continuar a praticar uma habilidade que já foi aprendida.[20] Por outro lado, pressionar-se muito e por longo tempo pode levar ao esgotamento e à aprendizagem ineficaz. O cérebro, como o corpo, muda muito mais rapidamente naquele ponto ideal em que é pressionado para sair de sua zona de conforto – mas não demais.

Modelando o cérebro

O fato de que o cérebro e o corpo humanos respondem a desafios desenvolvendo novas habilidades enfatiza a eficácia da prática proposital e deliberada. O treinamento de um motorista de táxi de Londres, de um ginasta olímpico ou de um violinista numa academia de música é, em essência, um método de aproveitar a adaptabilidade do cérebro e do corpo para desenvolver habilidades que, de outra forma, estariam fora de alcance.

O melhor lugar para se verificar isso em ação é no desenvolvimento da habilidade musical. Ao longo das últimas duas décadas, os pesquisadores do cérebro estudaram detalhadamente como a formação musical afeta o cérebro e como esses efeitos, por sua vez, possibilitam um desempenho musical extraordinário.[21] O melhor estudo conhecido foi publicado em 1995 no jornal *Science*.[22] Trabalhando em parceria com quatro cientistas alemães, o psicólogo Edward Taub, da Universidade do Alabama, em Birmingham, recrutou seis violinistas, dois violoncelistas e um violonista, todos eles destros, para escanear seus cérebros. Também recrutou um grupo de seis pessoas que não eram musicistas para servir de controle, com quem os músicos seriam comparados. Taub queria ver se havia alguma diferença entre os dois grupos nas áreas do cérebro que eram dedicadas a controlar os seus dedos.

Taub estava mais interessado nos dedos das mãos esquerdas dos músicos. Tocar violino, violoncelo ou violão requeria excepcional controle daqueles dedos. Os dedos se movem para cima e para baixo do braço do instrumento e de corda a corda, às vezes em velocidades incríveis, e eles devem ser posicionados com extrema precisão. Além disso, muitos dos sons obtidos dos instrumentos, tal como o vibrato, envolvem certo movimento de deslizamento ou vibração de um dedo no lugar certo, que geralmente exige extensa prática para ser dominado. O polegar esquerdo tem menos responsabilidades, apenas fornecendo a pressão na parte de trás do braço, e a mão direita geralmente tem muito menos a fazer do que a esquerda – na maioria das vezes somente segura o arco, no caso dos violinistas e violoncelistas, e dedilha ou puxa as cordas, no caso dos violonistas. Em resumo, a maioria do treinamento de um instrumentista de cordas visa melhorar o controle dos dedos da mão esquerda. A pergunta de Taub era: que efeito teria no cérebro?

A equipe de Taub usou a magnetoencefalografia – uma máquina que mapeia a atividade cerebral por meio da detecção de pequenos campos magnéticos no cérebro – para determinar quais partes do cérebro dos sujeitos controlavam quais dedos. Concretamente, os pesquisadores deveriam tocar cada um dos dedos de um sujeito e observar quais partes do cérebro responderiam a cada toque.[23] Descobriram que a região do cérebro que controla o lado esquerdo era significativamente maior nos músicos do que nos não músicos – e, em especial, que as regiões do cérebro que controlam os dedos tinham assumido o comando de uma seção da região do cérebro que era normalmente dedicada à palma da mão. Além disso, quanto mais cedo um músico havia começado a tocar o seu instrumento, tanto maior tinha sido essa expansão. Em contrapartida, os pesquisadores não encontraram diferenças no tamanho da região do cérebro que controla os dedos da mão direita entre os músicos e os não músicos.

A implicação era clara: os anos de prática em um instrumento de cordas fizeram com que a área do cérebro que controla os dedos da mão esquerda se expandisse gradualmente, resultando em maior habilidade para controlar aqueles dedos.

Nos 20 anos que se seguiram àquele estudo, outros pesquisadores expandiram os resultados e descreveram uma variedade de maneiras pelas quais a formação musical afeta a estrutura e a função do cérebro. Por exemplo, o cerebelo – uma parte do cérebro que desempenha um importante papel no controle dos movimentos – é maior nos músicos do que nos não músicos. Da mesma forma, quanto maior o número de horas de treinamento a que o músico se submeteu, tanto maior é o seu cerebelo.[24] Os músicos têm mais massa cinzenta – o tecido do cérebro que contém os neurônios – do que os não músicos, em várias partes do córtex, inclusive na região somatossensorial (o toque e outros sentidos), na região parietal superior (estímulos sensoriais das mãos) e na região pré-motora do córtex (planejamento dos movimentos e orientação de movimentos no espaço).[25]

Os detalhes do que acontece exatamente com cada região do cérebro podem ser assustadores para quem não é treinado em neurociência, mas o quadro geral é claro: a formação musical modifica a estrutura e a função do cérebro de várias formas que resultam num aumento da capacidade de tocar música. Em outras palavras, as formas mais eficazes de prática estão fazendo muito mais do que simplesmente ajudá-lo a aprender a tocar um instrumento musical; elas estão efetivamente aumentando a sua *habilidade* para tocar. Com tal prática você estará modificando as partes do cérebro que usa quando toca uma música e, em certo sentido, aumentando o seu próprio "talento" musical.

Embora um número menor desse tipo de pesquisa tenha sido feito em outras áreas que não a música, em todas as áreas que os cientistas vêm estudando, as descobertas são as mesmas: os resultados do treinamento de longo prazo em alterações nas partes do cérebro que são relevantes para uma habilidade particular estão sendo desenvolvidos.

Alguns desses estudos focaram em habilidades puramente intelectuais, como a habilidade matemática. Por exemplo, o lóbulo parietal inferior tem significativamente mais massa cinzenta nos matemáticos do que em não matemáticos.[26] Essa parte do cérebro está envolvida em cálculos matemáticos e na visualização de objetos no espaço, algo que é importante em muitas áreas da matemática. Também acontece de ela ser uma parte do cérebro que capturou a atenção dos neurocientistas que examinaram o cérebro de Albert Einstein. Eles descobriram que o lóbulo parietal inferior de Einstein era significativamente maior do que a média e que sua forma era particularmente incomum, o que os levou a especular que esse lóbulo parietal inferior deve ter desempenhado um papel crucial na sua habilidade de desenvolver raciocínio matemático abstrato.[27] Pode ser que pessoas como Einstein simplesmente tenham nascido com lóbulos parietais inferiores mais vigorosos do que o usual e, assim, tenham certa capacidade inata de se saírem bem em raciocínio matemático? Você pode pensar que sim, mas os pesquisadores que desenvolveram o estudo sobre o tamanho dessa parte do cérebro em matemáticos e não matemáticos descobriram que quanto mais você trabalhar como matemático, mais massa cinzenta você terá no lóbulo parietal inferior direito – o que sugere que o tamanho aumentado era o produto de um pensamento matemático ampliado, e não alguma característica com que a pessoa havia nascido.[28]

Inúmeros estudos examinaram habilidades que têm ambos os componentes, mental e físico, como a de tocar um instrumento. Uma pesquisa recente examinou os cérebros de pilotos de planadores *versus* não pilotos e descobriu que o cérebro dos pilotos tinha mais área cinzenta em várias regiões diferentes, incluindo o córtex pré-motor ventral esquerdo, o córtex cingulado anterior e o campo ocular suplementar.[29] Essas regiões parecem estar envolvidas em coisas como aprender a controlar a alavanca de comando que se usa para pilotar um planador, comparar os sinais visuais que se obtém ao voar com os sinais de equilíbrio do corpo que indicam a orientação do planador e controlar os movimentos dos olhos.

Mesmo no caso daquilo que geralmente pensamos serem habilidades "puramente físicas", como a natação ou a ginástica, o cérebro desempenha um papel importante, porque essas atividades exigem cuidadoso controle dos movimentos do corpo, e a pesquisa constatou que a prática produz alterações no cérebro. Por exemplo, a espessura cortical, uma forma de medir a quantidade de massa cinzenta em uma área do cérebro, é maior em mergulhadores competitivos do que em não mergulhadores em três regiões específicas, as quais desempenham um papel na visualização e no controle dos movimentos do corpo.[30]

Embora os detalhes específicos variem de habilidade para habilidade, o padrão geral é consistente: o treinamento regular leva a mudanças nas partes do cérebro que são desafiadas pelo treinamento. O cérebro se adapta a esses desafios se reconectando de forma a aumentar sua habilidade para executar as funções requeridas pelos desafios. Essa é a mensagem básica que deve ser extraída da pesquisa sobre os efeitos do treinamento no cérebro, mas há uns poucos detalhes adicionais que são dignos de nota.

Primeiramente, os efeitos do treinamento no cérebro podem variar de várias maneiras com o passar da idade. A maneira mais importante é que os cérebros jovens – de crianças e adolescentes – são mais adaptáveis do que os cérebros adultos, então o treinamento tem efeitos maiores em pessoas jovens. Em razão de o cérebro jovem estar se desenvolvendo de várias maneiras, o treinamento nas idades mais precoces pode realmente moldar o curso do desenvolvimento posterior, levando a significativas mudanças. Esse é o "efeito do galho curvado". Se você curvar ligeiramente um galho pequeno para além de seu padrão normal de crescimento, pode causar uma grande mudança na posição final do ramo que irá crescer a partir daquele galho; curvar um ramo que já está desenvolvido terá um efeito muito menor.

Um exemplo desse efeito é que os pianistas adultos geralmente têm mais substância branca em certas regiões do cérebro do que os que não são musicistas, sendo a diferença totalmente devida ao período de tempo de prática gasto na infância.[31] Quanto mais cedo uma criança é iniciada no piano, mais substância branca terá quando adulta. Então, embora você possa aprender a tocar piano quando adulto, isso não resultará na mesma quantidade extra de substância branca que seria produzida se você aprendesse a tocar quando criança. Até o momento ninguém sabe quais são as implicações práticas disso, mas, falando de maneira geral, maior quantidade de substância branca faz com que os sinais nervosos sejam transmitidos mais rapidamente, por isso parece provável que praticar piano enquanto criança vai levar a certas vantagens neurológicas que você simplesmente não pode obter com a mesma prática enquanto adulto.

Um segundo detalhe digno de nota é que o desenvolvimento de certas partes do cérebro por meio de um treinamento prolongado pode ter um custo: em muitos casos, as pessoas que desenvolveram uma habilidade ou uma capacidade em um grau extraordinário parecem ter regredido em outra área. O estudo de Maguire sobre os motoristas de táxi de Londres talvez forneça o melhor exemplo.[32] No fim de quatro anos, quando os futuros motoristas haviam terminado o curso, tornando-se taxistas credenciados, ou haviam desistido, Maguire testou a memória deles de duas maneiras. Uma delas envolvia conhecer a localização de vários pontos de referência londrinos, e nessa questão aqueles que haviam se tornado motoristas credenciados se saíram muito melhor do que os outros sujeitos. A segunda maneira foi um teste padrão de memória espacial – lembrar-se de uma figura complexa após um tempo de 30 minutos – e nisso os motoristas credenciados se saíram muito pior do que o grupo que nunca tinha sido treinado para se tornar motorista de táxi. Por outro lado, os que haviam desistido alcançaram quase o mesmo placar que os indivíduos que nunca haviam treinado. Uma vez que os três grupos haviam se saído igualmente bem nesse teste de memória no início do período de quatro anos, a única explicação era que os taxistas credenciados, por terem desenvolvido sua memória das ruas de Londres, fizeram alguma coisa que causou um declínio em outro tipo de memória. Embora não saibamos com certeza qual a causa, parece que o treinamento intenso levou o cérebro deles a dedicar um segmento altamente grande a esse tipo de memória, deixando menos massa cinzenta para ser dedicada a outras espécies de memórias.

Finalmente, as mudanças cognitivas e físicas causadas pelo treinamento requerem manutenção. Pare de treinar, e elas começam a ir embora. Os astronautas que passaram meses no espaço sem gravidade para opor resistência, voltaram para a Terra e tiveram dificuldades para andar.[33] Os atletas que precisaram parar de treinar por causa de um osso quebrado ou uma ruptura de ligamento perderam muito de sua força e resistência nos membros que não podiam exercitar. Coisas semelhantes foram vistas em atletas que se voluntariaram em estudos nos quais tinham que permanecer deitados na cama por mais ou menos um mês.[34] A força desaparece. A velocidade diminui. A resistência definha.

E algo semelhante acontece com o cérebro. Quando Maguire estudou um grupo de motoristas de táxi aposentados, em Londres, descobriu que eles tinham menos massa cinzenta nos seus hipocampos posteriores do que os motoristas de táxi ativos, embora eles ainda tivessem mais do que os indivíduos aposentados que nunca tinham sido motoristas de táxi.[35] Uma vez que esses motoristas de táxi tinham parado de usar sua memória de navegação todos os dias, as mudanças no cérebro que tinham sido o resultado desse trabalho começaram a desaparecer.

Construindo seu próprio potencial

Uma vez que compreendemos a adaptabilidade do cérebro e do corpo dessa maneira, começamos a pensar sobre o potencial humano sob uma luz completamente diferente, e isso aponta para uma abordagem do aprendizado completamente diferente.

Considere isto: muitas pessoas vivem vidas que não são particularmente desafiadoras fisicamente. Elas se sentam numa cadeira, ou caso se movimentem, não é muito. Não correm e pulam, não levantam objetos pesados ou arremessam coisas a longas distâncias e não realizam manobras que exigem um enorme equilíbrio e coordenação. Assim, elas se contentam com um baixo nível de capacidades físicas – o suficiente para as atividades do dia a dia, talvez até mesmo caminhadas ou andar de bicicleta ou jogar golfe ou tênis nos fins de semana, mas longe do nível das capacidades físicas que um atleta altamente treinado possui. Essas pessoas "normais" não conseguem correr 1,5 km em menos de cinco minutos ou 16 km em menos de uma hora, não conseguem arremessar uma bola de beisebol a 90 m ou bater uma bola de golfe a 274 m; elas não conseguem fazer saltos triplos nos trampolins altos ou saltos triplos nos patins de gelo ou cambalhotas triplas para trás em uma rotina da ginástica de solo. Esses são os tipos de coisas que requerem ainda mais prática do que a maioria das pessoas está disposta a dedicar, mas – e isso é importante – esses também são os tipos de habilidades que *podem* ser desenvolvidos, porque o corpo humano é muito adaptável e responsivo ao treinamento. A razão pela qual a maioria das pessoas não possui essas extraordinárias capacidades físicas não é porque elas não têm aptidões para essas habilidades, mas sim porque elas estão satisfeitas em viver em sua rotina de homeostase confortável e nunca realizam o trabalho que é exigido para sair disso. Elas vivem no mundo do "bom o suficiente".

O mesmo é verdade para todas as atividades mentais nas quais nos engajamos, de escrever um relatório a dirigir um carro, de lecionar uma classe a administrar uma organização, de vender casas a realizar uma cirurgia do cérebro. Nós aprendemos o suficiente para sobreviver em nossas vidas do dia a dia, mas, uma vez que chegamos nesse ponto, raramente nos pressionamos para ir além do suficientemente bom. Fazemos muito pouca coisa que desafie os nossos cérebros para desenvolverem nova massa cinzenta, ou substância branca, ou para religar seções inteiras da maneira como faz um motorista de táxi aspirante de Londres ou um aluno de violino. Na maior parte das vezes isso está ok. "Bom o suficiente" geralmente é bom o bastante. Mas é importante lembrar que *a op*ção existe. Se você quiser se tornar significativamente melhor em alguma coisa, você pode.

E aqui está a diferença-chave entre a abordagem tradicional ao aprendizado e as abordagens para a prática intencional ou prática deliberada: a abordagem tradicional não é designada para desafiar a homeostase. Ela assume, conscientemente ou não, que a aprendizagem se resume ao cumprimento de seu potencial inato e que você pode desenvolver uma habilidade ou capacidade especial sem ficar muito longe de sua zona de conforto. Desse ponto de vista, tudo o que você está fazendo com a prática – na verdade, tudo o que você pode fazer – é alcançar um potencial determinado.

Com a prática deliberada, no entanto, o objetivo não é apenas alcançar seu potencial, mas construí-lo, tornar possíveis as coisas que não eram possíveis antes. Isso requer desafiar a homeostase – sair de sua zona de conforto – e forçar seu cérebro e seu corpo a se adaptarem. Porém, uma vez que você faça isso, aprender não é mais apenas uma maneira de cumprir algum destino genético; torna-se uma forma de assumir o controle de seu destino e moldar o seu potencial da forma como você quiser.

A próxima questão óbvia é: qual é a melhor maneira de desafiar a homeostase e desenvolver esse potencial? Passaremos a maior parte do restante deste livro respondendo a essa questão, mas antes de fazermos isso, precisamos resolver uma questão que nós evitamos neste capítulo: o que exatamente estamos tentando melhorar em relação aos nossos cérebros? É bastante óbvio o que leva a habilidades físicas melhoradas. Se você construir mais e maiores fibras musculares, você fica mais forte. Se você melhorar as reservas de energia dos seus músculos, a sua capacidade pulmonar, a capacidade de bombeamento do seu coração e a capacidade de seu sistema circulatório, você constrói sua resistência. Mas que mudanças você está fazendo no seu cérebro enquanto treina para se tornar um musicista, um matemático, um motorista de táxi ou um cirurgião? Surpreendentemente, há um tema comum às mudanças em todas essas áreas, e a compreensão disso é a chave para entender como as pessoas desenvolvem habilidades extraordinárias em qualquer área da atuação humana com um componente mental – o qual, quando você pensa nisso, é o mesmo para todas elas. Discutiremos isso a seguir.

03

REPRESENTAÇÕES MENTAIS

■ EM 27 DE ABRIL DE 1924, pouco antes das 2 da tarde, o grande mestre russo Alexander Alekhine instalou-se numa confortável cadeira de couro em frente a uma grande sala no Hotel Alamac em Nova York e se preparou para jogar com 26 dos melhores jogadores de xadrez daquela região.[1] Os desafiantes sentaram-se em duas longas mesas atrás de Alekhine. Na frente de cada desafiante havia um tabuleiro de xadrez em que seria jogada a partida daquele jogador com Alekhine. Este não podia ver nenhum dos tabuleiros. Cada vez que um jogador fazia um movimento, um mensageiro gritava o número do tabuleiro e o movimento feito, em voz alta o suficiente para que Alekhine pudesse ouvi-lo, e então, quando Alekhine anunciava sua resposta, o mensageiro reproduzia no tabuleiro pertinente o movimento que Alekhine havia determinado.

Eram 26 tabuleiros, 832 peças individuais e 1.664 casas para manter sob controle – tudo isso sem tomar notas nem ter qualquer tipo de ajuda de memória – e ainda assim Alekhine nunca falhou. A demonstração continuou por mais de 12 horas, com um curto intervalo para o jantar, e quando o último jogo terminou, pouco depois das duas horas da manhã, Alekhine havia ganhado 16, perdido cinco e jogado pelo empate em mais cinco.

Esse tipo de jogo de xadrez, em que um dos jogadores – e às vezes ambos – não pode ver o tabuleiro e deve jogar de memória é chamado de "xadrez com olhos vendados", mesmo que não haja literalmente nenhum par de olhos vendados.[2] Os mestres do xadrez têm jogado às cegas por mais de mil anos, na maioria das vezes como uma forma de se exibir, embora algumas vezes como uma maneira de conceder vantagens ao jogar com adversários menos qualificados. Alguns desses antigos mestres de xadrez até jogavam esse xadrez de olhos vendados contra dois, três ou quatro oponentes simultaneamente, mas foi somente no final do século XIX que uns poucos grandes mestres começaram a levar realmente a sério essa modalidade, jogando com 12 ou mais oponentes de uma só vez. O recorde atual é de 46 tabuleiros, e foi estabelecido em 2011 por Marc Lang, da Alemanha, com 25 vitórias, 2 derrotas e 19 empates.[3] Apesar de tudo, a exibição de Alekhine em 1924 ainda é considerada a mais impressionante competição simultânea de olhos vendados de todos os tempos, por causa da qualidade dos desafiantes e do número de suas vitórias contra essa forte concorrência.

O xadrez às cegas oferece um dos mais dramáticos exemplos do que é possível conseguir com a prática intencional. Aprender um pouco mais sobre o xadrez de olhos vendados pode nos dar uma clara ideia dos tipos de mudanças neurológicas que decorrem dessa prática.

O mestre acidental do xadrez de olhos vendados

Embora Alekhine tenha se tornado interessado no xadrez de olhos vendados numa idade precoce e disputado seu primeiro jogo às cegas quando tinha 12 anos, a grande maioria do seu treinamento durante toda a vida não foi dedicada ao xadrez às cegas, mas sim ao xadrez usual.

Alekhine, que nasceu em outubro de 1892, começou a jogar xadrez quando tinha 7 anos.[4] Na época em que tinha 10, jogava torneios por correspondência e passava a maior parte de cada dia analisando as posições em detalhes, mesmo quando estava na escola. Como não podia levar o tabuleiro de xadrez para a classe, escrevia a posição que estava estudando em um pedaço de papel e tratava de decifrá-la durante as horas que passava na escola. Uma vez, durante uma aula de álgebra, ele se levantou de repente com um largo sorriso no rosto. "Bem, você o resolveu?", perguntou o professor, referindo-se ao problema de álgebra que havia passado para a classe. "Sim", respondeu Alekhine. "Sacrifiquei o cavalo, o bispo se moveu... e as brancas ganharam!"[5]

Inicialmente, ele se interessou pelo xadrez às cegas ao mesmo tempo em que começou a participar de torneios por correspondência.[6] O evento que despertou o interesse de Alekhine pelo xadrez de olhos vendados foi uma exibição que aconteceu em 1902, em Moscou, feita pelo campeão americano de xadrez, Harry Nelson Pillsbury, que estabeleceu um recorde mundial naquela mesma exibição jogando 22 jogos simultaneamente. Como Alekhine descreveria mais tarde, seu irmão Alexei era um dos oponentes de Pillsbury naquele dia, embora os registros do jogo que temos hoje não tragam nenhuma indicação de que Alexei realmente jogou. De qualquer modo, a demonstração causou uma forte impressão no jovem Alekhine, e um par de anos mais tarde ele próprio começou a experimentar o xadrez às cegas. Como ele escreveria mais tarde, foi uma consequência natural do seu hábito de pensar sobre as posições do xadrez enquanto estava na sala de aula. No início, traçava as posições e usava os esboços para trabalhar os melhores movimentos, mas depois descobriu que podia estudar as posições tão bem quanto sem o uso de diagramas – ou seja, que conseguia manter o tabuleiro de xadrez inteiro na sua memória e mover as peças ao redor de sua mente, tentando vários lances de jogadas.

Ao longo do tempo, Alekhine chegou ao ponto em que conseguia jogar jogos inteiros em sua mente, sem necessidade de olhar para um tabuleiro de xadrez e, na medida em que ficava mais velho, começou a jogar vários jogos às cegas no mesmo espírito da demonstração de Pillsbury. Aos 16 anos, Alekhine já conseguia jogar quatro ou cinco jogos às cegas simultaneamente, mas ele não levou adiante, preferindo se concentrar em melhorar seu desempenho nos jogos normais. Naquele momento, estava claro para ele que, se trabalhasse com bastante afinco, poderia se tornar um dos melhores jogadores de xadrez do mundo. E Alekhine, a quem nunca faltou confiança em suas habilidades no xadrez, não viu razão para parar exatamente em "um dos melhores". Seu objetivo era ser *o melhor* jogador – o campeão mundial de xadrez.

Alekhine ia bem no seu caminho rumo ao objetivo quando começou a Primeira Guerra Mundial, uma interrupção que reacendeu seu interesse pelo xadrez às cegas. No início de agosto de 1914, Alekhine e muitos outros mestres de xadrez estavam jogando em um grande torneio em Berlim, quando a Alemanha declarou guerra à Rússia e à França. Muitos dos jogadores de xadrez estrangeiros foram presos, e Alekhine se viu em uma prisão, com meia dúzia de outros melhores jogadores de xadrez russos – mas sem tabuleiros. Então, até que fossem liberados e mandados de volta para a Rússia – no caso de Alekhine, demorou mais de um mês –, os mestres do xadrez se entretinham jogando xadrez às cegas uns com os outros.

De volta à Rússia, Alekhine serviu com a unidade da Cruz Vermelha na linha de frente austríaca, onde, em 1916, sofreu um grave ferimento na coluna e foi capturado pelos austríacos. Estes o mantiveram preso a uma cama de hospital, por vários meses, enquanto suas costas se curavam. De novo, ele tinha pouca coisa para fazer além de jogar xadrez para entretê-lo, e deu um jeito para que alguns jogadores locais o visitassem e jogassem com ele. Durante esse período, jogou regularmente o xadrez às cegas, talvez para dar a si mesmo alguma desvantagem contra seus adversários menos qualificados. Quando voltou à Rússia, Alekhine negligenciou novamente o xadrez às cegas até emigrar para Paris em 1921.

Nessa época, Alekhine estava buscando ativamente o Campeonato Mundial de Xadrez, e precisava de alguma maneira para se sustentar enquanto não o conquistava. Uma de suas poucas opções era fazer demonstrações de xadrez e, então, ele começou a realizar partidas simultâneas às cegas. Na primeira delas, que aconteceu em Paris, ele jogou contra 12 oponentes, o que era três ou quatro vezes mais do que ele já havia enfrentado. No final de 1923, ele estava em Montreal e decidiu quebrar o recorde norte-americano de jogos de xadrez de olhos vendados simultâneos. O recorde norte-americano naquela época era de 20 jogos e pertencia a Pillsbury, então Alekhine jogou 21 jogos. Como se saiu bem, decidiu partir para o recorde mundial, que na época era de 25 jogos. Isso o levou à demonstração no Hotel Alamac. Durante os anos seguintes, Alekhine quebrou o recorde mundial mais duas vezes – com 28 jogos em 1925 e 32 jogos em 1933 – mas ele sempre argumentou que o xadrez às cegas não passava de uma maneira de chamar a atenção para o jogo de xadrez e, é claro, para si mesmo.[7] Nunca foi algo que ele fizesse um esforço especial para desenvolver, mas sim algo que cresceu à margem de seu esforço incansável para dominar o jogo e se tornar o melhor do mundo.

Alekhine atingiu esse objetivo afinal, derrotando José Raúl Capablanca, em 1927, no campeonato mundial. Manteve esse título até 1935 e depois novamente de 1937 a 1946, e muitas classificações o colocaram entre os 10 melhores jogadores de xadrez de todos os tempos. Mas quando as pessoas classificam os maiores jogadores de xadrez de olhos vendados de todos os tempos, o nome de Alekhine está, geralmente, na posição mais alta da lista – mesmo que o xadrez às cegas nunca tenha sido o seu foco principal.

Se olharmos para a história global do xadrez de olhos vendados, veremos que esse mesmo fato é verdade para a maioria dos jogadores de xadrez às cegas em toda a sua história. Eles trabalharam para se tornarem mestres do xadrez e se descobriram, com pouco ou nenhum esforço, capazes de jogar xadrez com os olhos vendados.

À primeira vista, a maneira como tantos desenvolveram a habilidade de jogar xadrez às cegas pode parecer nada mais do que um acessório, uma interessante nota de rodapé na história do xadrez. Mas, se você olhar mais de perto, descobrirá que essa conexão é na verdade uma pista que aponta para os excepcionais processos mentais que colocam os mestres de xadrez em um patamar separado dos novatos e tornam possível a sua incrível capacidade de analisar posições do xadrez e se concentrar nos melhores movimentos. Além disso, os mesmos tipos de processos mentais altamente desenvolvidos são vistos em atores *experts* em vários campos e são a chave para a compreensão de suas extraordinárias habilidades.

Antes de mergulharmos nesse ponto, no entanto, deixe-nos fazer um rápido desvio para examinar com maiores detalhes o tipo de memória que os *experts* em xadrez têm para lidar com peças arrumadas em um tabuleiro.

O segredo para vencer no xadrez

Desde o começo dos anos 1970, os pesquisadores buscaram entender como os grandes mestres se lembravam das posições do xadrez com tamanha exatidão. Os primeiros estudos do teste de repetição de dígitos de Steve Faloon foram feitos por meu mentor, Herb Simon, trabalhando com Bill Chase, que mais tarde seria meu colaborador nos estudos de memorização.

Já se sabia que os grandes mestres, tendo apenas alguns segundos para estudar um tabuleiro de xadrez da forma como ele aparece no meio de um jogo, vão se lembrar corretamente da posição da maior parte das peças e serão capazes de reproduzir as áreas mais importantes do tabuleiro quase perfeitamente.[8] Essa capacidade parecia desafiar os limites muito bem conhecidos da memória de curto prazo. Em contrapartida, alguém que está apenas começando a jogar xadrez pode se lembrar da posição de apenas poucas peças e não consegue chegar perto da reconstrução do arranjo das peças no tabuleiro.

Herb e Bill fizeram uma pergunta simples: os *experts* em xadrez estão recordando a posição de cada peça, ou estão realmente se lembrando de padrões em que as peças individuais são vistas como parte de um todo maior? Para responder a essa questão, Herb e Bill realizaram um experimento simples, mas efetivo.[9] Testaram um jogador de xadrez de nível nacional (isto é, um mestre de xadrez), um jogador de xadrez de nível médio e um jogador de xadrez novato em dois tipos de tabuleiros, um que tinha as peças arrumadas em um padrão extraído de um jogo real e o outro com um arranjo de peças aleatório e misturado de modo que não fazia nenhum sentido para o xadrez. Quando foram mostrados os tabuleiros com arranjos de uma ou duas dezenas de peças dispostas num padrão de metade ou de final de um jogo de xadrez, o mestre conseguiu se lembrar das posições de cerca de dois terços das peças após cinco segundos de estudo, o novato conseguiu se lembrar apenas de cerca de quatro, e o jogador de nível médio ficou no meio. Quando foram mostrados os tabuleiros de xadrez com as peças dispostas de forma aleatória, o jogador novato se saiu um pouco pior – apenas cerca de duas peças estavam corretas. Não há surpresa nisso. O surpreendente, no entanto, foi que nem o jogador de nível médio nem o mestre de xadrez se saíram muito melhor do que o novato na tentativa de lembrar as posições das peças arrumadas aleatoriamente em um tabuleiro. Eles também só conseguiram se lembrar de duas ou três peças corretamente. A vantagem dos jogadores experientes havia desaparecido. Estudos mais recentes de grupos grandes de jogadores de xadrez reiteraram as descobertas originais.[10]

Algo muito similar aconteceu com a memória verbal.[11] Se você pede a alguém para se lembrar literalmente de uma variedade aparentemente aleatória de palavras, começando com a primeira palavra – "estava cheiravam frente que sua a amendoins ele bem fome comendo dificilmente mulher a tão em podia que ele conter" –, a pessoa média vai se lembrar apenas das seis primeiras daquelas palavras. Se, no entanto, você ler as mesmas palavras rearranjadas numa sentença que torna claro o sentido – "A mulher em frente a ele estava comendo amendoins que cheiravam tão bem que ele dificilmente podia conter sua fome" – alguns adultos se lembrarão de todas as palavras em perfeita ordem, e a maioria das pessoas se lembrará da maior parte da sentença. Qual é a diferença? O segundo arranjo traz um significado que nos permite dar sentido às palavras usando "representações mentais" preexistentes. Elas não são aleatórias: significam alguma coisa, e o significado auxilia a memória. De forma semelhante, os mestres de xadrez não desenvolvem alguma memória inacreditável para o lugar onde as peças individuais se situam no tabuleiro. Em vez disso, sua memória é muito dependente do contexto: é só para padrões do tipo que apareceria em um jogo normal.

A capacidade de reconhecer e de se lembrar de padrões significativos decorre da maneira como os jogadores de xadrez desenvolvem suas habilidades. Qualquer um que leve a sério a questão do desenvolvimento de habilidades num tabuleiro de xadrez passará incontáveis horas estudando os jogos disputados pelos mestres. Você analisa em profundidade uma posição, prevê o próximo movimento e, se estiver errado, volta e descobre onde errou. A pesquisa tem mostrado que o período de tempo gasto nesse tipo de análise – não o tempo gasto em jogar xadrez com os outros – é o único e mais importante previsor da habilidade de um jogador de xadrez. Geralmente, leva-se cerca de 10 anos nesse tipo de prática para alcançar o nível de grande mestre.

Esses anos de prática tornam possível para os jogadores de xadrez reconhecer padrões de peças de xadrez – não apenas suas posições, mas a interação entre elas, num piscar de olhos. Eles são velhos amigos. Bill Chase e Herb Simon chamavam esses padrões de "blocos", e o fato importante sobre eles é que são mantidos na memória de longo prazo.

Simon estimou que, no momento em que um jogador de xadrez se torna um mestre, ele acumulou cerca de 50 mil desses blocos.[12] Um mestre que examina uma posição de xadrez vê um conjunto de blocos que estão interagindo com outros blocos, inclusive em outros padrões. A pesquisa mostrou que esses blocos são organizados hierarquicamente, com grupos de blocos dispostos em padrões de alto nível.[13] A hierarquia é análoga à estrutura organizacional de um negócio ou outra grande instituição, com indivíduos organizados em equipes, que são organizadas em unidades, que são organizadas em departamentos, e assim por diante, com as peças de nível superior sendo mais abstratas e mais distantes do nível inferior, onde a verdadeira ação acontece (que, no caso do exemplo do xadrez, é o nível das peças individuais do jogo).

A maneira como os grandes mestres processam e dão sentido às posições do xadrez é um exemplo de uma representação mental. É sua maneira de "ver" o tabuleiro, e ela é bastante diferente de como um novato veria o mesmo tabuleiro.

Quando perguntados sobre o que veem quando estão examinando mentalmente uma posição do xadrez, os grandes mestres não falam sobre visualizar as peças físicas do xadrez num tabuleiro como fariam se estivessem contando com alguma espécie de "memória fotográfica" da posição. Isso seria uma representação de "nível inferior". Em vez disso, suas descrições são muito mais vagas, polvilhadas com termos como "linhas de força" e "poder".[14] Uma coisa fundamental sobre essas representações é que elas permitem a um jogador de xadrez codificar as posições das peças no tabuleiro de uma forma muito mais eficiente do que simplesmente se lembrar de que peça está em qual quadrado. Essa codificação eficiente fundamenta a habilidade de um mestre para olhar de relance um tabuleiro de xadrez e se lembrar das posições da maior parte das peças e, em particular, a capacidade de jogar xadrez às cegas.

Duas outras características dessas representações são dignas de nota, por serem exemplos de temas que aparecerão repetidamente enquanto exploramos o mundo mais amplo das representações mentais.

Em primeiro lugar, as representações mentais são mais do que apenas maneiras de codificar posições. Elas permitem ao mestre de xadrez dar uma olhada num jogo em andamento e perceber imediatamente qual lado tem a vantagem, que direções o jogo deve tomar e o que um bom movimento ou movimentos podem significar. Isso acontece porque as representações incluem, além da posição das peças e das interações entre elas, os vários pontos fracos e fortes das posições e movimentos dos dois jogadores que provavelmente serão eficazes em tais posições. Uma das coisas que destacam mais claramente os grandes mestres dos novatos ou dos jogadores de nível médio é a capacidade que eles têm de divisar movimentos potenciais muito melhores quando examinam uma posição pela primeira vez.

A segunda característica notável dessas representações mentais é que, embora um mestre de xadrez analise inicialmente a posição em termos de padrões gerais – o que é suficiente quando se joga com um adversário mais fraco –, as representações também permitem que o mestre concentre sua atenção nas peças individuais e mentalmente as movimente pelo tabuleiro para ver como tais movimentos iriam alterar os padrões. Assim, o mestre pode rapidamente examinar sequências de possíveis movimentos e realizar contramovimentos detalhadamente, procurando pelo movimento específico que irá oferecer a melhor chance de vencer. Em resumo, além de as representações mentais proporcionarem ao mestre uma visão da floresta, algo que falta aos novatos, elas também permitem que ele se concentre nas árvores, quando necessário.

Representações mentais

As representações mentais não existem apenas para os mestres de xadrez; todos nós as usamos constantemente. Uma representação mental é uma estrutura mental que corresponde a um objeto, uma ideia, um conjunto de informações, ou qualquer outra coisa, concreta ou abstrata, sobre a qual o cérebro está pensando. Um simples exemplo é uma imagem visual. Mencione a *Mona Lisa*, por exemplo, e muitas pessoas irão imediatamente "ver" uma imagem da pintura em suas mentes; aquela imagem é sua representação mental da *Mona Lisa*. As representações de algumas pessoas são mais detalhadas e precisas do que as de outras, e elas podem comunicar, por exemplo, detalhes sobre o pano de fundo, sobre onde a Mona Lisa está sentada, sobre o seu penteado e suas sobrancelhas.

Um exemplo de certa forma mais complexo de uma representação mental é uma palavra – *cachorro*, por exemplo. Suponha que você nunca ouviu falar de um cachorro e nunca viu nada como ele. Talvez você tenha nascido em algum lugar isolado – digamos, uma ilha deserta – onde não há animais de quatro patas de espécie alguma, apenas pássaros, peixes e insetos. Quando você é introduzido ao conceito de *cachorro* pela primeira vez tudo consiste apenas em dados isolados, e a palavra *cachorro* realmente não significa muito para você; é apenas um rótulo para esse conjunto de conhecimento desconectada. Cachorros são peludos, têm quatro patas, são comedores de carne, correm em bandos, os pequenos são chamados de filhotes, podem ser domados, e assim por diante. Gradualmente, no entanto, à medida que você passa um tempo perto de cachorros e começa a entendê-los, toda essa informação torna-se um conceito global integrado que é representado pela palavra *cachorro*. Agora, quando você ouve a palavra, você não tem que procurar em seus bancos de memória para se lembrar de todos os vários detalhes sobre cachorros; em vez disso, o conjunto das informações é imediatamente acessível. Você adicionou *cachorro* não apenas ao seu vocabulário, mas ao seu conjunto de representações mentais.

Uma grande parte da prática deliberada envolve o desenvolvimento de representações mentais cada vez mais eficientes que você possa usar em qualquer atividade que esteja praticando. Quando Steve Faloon estava treinando para aperfeiçoar sua habilidade de se lembrar de longas sequências de dígitos, ele desenvolveu maneiras cada vez mais sofisticadas de codificar esses dígitos mentalmente – ou seja, criou representações mentais. Quando os motoristas de táxi de Londres estão aprendendo a navegar eficientemente de qualquer ponto A para qualquer ponto B na cidade, eles desenvolvem mapas mentais da cidade cada vez mais sofisticados – ou seja, construindo representações mentais.

Mesmo quando a habilidade que está sendo praticada é essencialmente física, um fator fundamental é o desenvolvimento das representações mentais adequadas. Considere um mergulhador competitivo trabalhando em um novo mergulho. A maior parte da prática é dedicada a formar uma imagem mental clara de como o mergulho deve ser a cada momento e, mais importante, como ele deve se sentir em termos do posicionamento do corpo e do impulso. É claro que a prática deliberada também levará a mudanças físicas no próprio corpo – por exemplo, o desenvolvimento das pernas, dos músculos abdominais, das costas, dos ombros e de outras partes do corpo em mergulhadores –, mas, sem as representações mentais necessárias para produzir e controlar os movimentos do corpo corretamente, as mudanças físicas não teriam nenhuma utilidade.

Um fator-chave sobre as representações mentais é que elas são essencialmente de "domínio específico", isto é, aplicam-se somente à habilidade para a qual foram desenvolvidas. Foi o que vimos com Steve Faloon: as representações que ele planejou para se lembrar das sequências de dígitos não contribuíram em nada para aperfeiçoar sua memória de letras. Do mesmo modo, as representações mentais de um jogador de xadrez não vão lhe dar nenhuma vantagem sobre outros testes que envolvam habilidades visuoespaciais gerais,[15] e as representações mentais de um mergulhador serão inúteis para o basquete.

Isso explica um fato crucial sobre o desempenho do *expert* em geral: não existe essa coisa de desenvolvimento de uma habilidade geral. Você não treina sua memória; você treina sua memória para cadeias de dígitos, ou para coleções de palavras, ou para rostos de pessoas. Você não treina para se tornar um atleta; você treina para se tornar um ginasta, ou um corredor, ou um maratonista, ou um nadador, ou um jogador de basquete. Você não treina para se tornar um médico; você treina para se tornar um diagnosticador, ou um patologista, ou um neurocirurgião. Naturalmente, algumas pessoas se tornam especialistas em memória global, ou atletas em inúmeros esportes, ou médicos com um conjunto geral de habilidades, mas fazem isso por treinarem em várias áreas diferentes.

Como os detalhes das representações mentais podem diferir dramaticamente entre diferentes campos, é difícil oferecer uma definição abrangente que não seja muito vaga, mas, na essência, essas representações são padrões preexistentes de informação – fatos, imagens, regras, relacionamentos e assim por diante – que são mantidos na memória de longo prazo e que podem ser usados para responder rápida e efetivamente a certos tipos de situações. O que todas as representações mentais têm em comum é que tornam possível processar grandes quantidades de informação rapidamente, apesar das limitações da memória de curto prazo. Na verdade, pode-se definir uma representação mental como uma estrutura conceitual concebida para contornar as restrições habituais que a memória de curto prazo coloca no processamento mental.

O melhor exemplo que vimos desse fato é a habilidade de Steve Faloon de recordar 82 dígitos quando teria sido possível se lembrar de apenas sete ou oito se tivesse que confiar somente na memória de curto prazo. Ele fez isso codificando os dígitos que estava ouvindo, três ou quatro de uma vez, em memórias com significado em sua memória de longo prazo e depois associando essas memórias com a estrutura de recuperação, o que permitia a ele se lembrar de qual grupo de dígitos seguiria qual. Para fazer tudo isso, ele precisava de representações mentais não apenas para os grupos de números de três ou quatro dígitos que estava retendo, mas também para a recuperação da estrutura em si, que ele visualizada como uma espécie de árvore bidimensional com os grupos de três e quatro dígitos colocados nas extremidades dos ramos individuais.

Mas memorizar listas é apenas o exemplo mais simples de como a memória de curto prazo entra em ação nas nossas vidas. Constantemente temos de reter e processar muitas peças de informação ao mesmo tempo: as palavras em uma frase cujo sentido queremos descobrir, as posições das peças em um tabuleiro de xadrez ou os diferentes fatores que devemos levar em conta quando dirigimos um carro, como a nossa velocidade e impulso, as posições e velocidades de outros veículos, as condições de visibilidade da estrada, onde o nosso pé deve estar para acertar o acelerador ou o freio, quanta força devemos aplicar nos pedais, com que rapidez devemos girar o volante, e assim por diante. Qualquer atividade relativamente complicada requer a manutenção de mais informação em nossas cabeças do que a memória de curto prazo permite, então estamos sempre construindo representações mentais de uma forma ou de outra, sem sequer estarmos cientes disso. Na verdade, sem as representações mentais, não poderíamos andar (movimentos musculares demais para coordenar), não poderíamos falar (idem no que diz respeito aos movimentos musculares, além da não compreensão das palavras), não poderíamos viver nenhum tipo de vida humana.

Então todas as pessoas têm e usam as representações mentais. O que coloca os atores *experts* num patamar que está além do patamar de todas as outras pessoas é a qualidade e a quantidade de suas representações mentais. Durante anos de prática, eles desenvolveram representações altamente complexas e sofisticadas de várias situações suscetíveis de serem encontradas em seus campos – tal como o vasto número de arranjos de peças de xadrez que podem aparecer durante os jogos. Essas representações lhes permitem tomar decisões mais rápidas e mais acuradas e responder mais rápida e efetivamente a uma dada situação. Isso, acima de qualquer outro fator, explica a diferença de desempenho entre novatos e *experts*.

Considere o modo como os jogadores profissionais de beisebol são capazes de rebater consistentemente as bolas que são lançadas para eles em velocidades que podem ultrapassar 144 km por hora – algo impossível para alguém que não tenha passado anos treinando essa habilidade em particular. Esses rebatedores têm apenas uma fração de segundo para decidir se vão balançar o braço e, em caso afirmativo, para que lado vão balançá-lo. Eles não têm uma visão melhor do que uma pessoa comum, e os seus reflexos não são mais rápidos.[16] O que eles têm é um conjunto de representações mentais, desenvolvidas ao longo de anos batendo arremessos e obtendo *feedback* imediato sobre as suas expectativas relativas a um arremesso. Essas representações lhes permitem reconhecer rapidamente que tipo de arremesso está vindo e para onde ele provavelmente vai quando os alcançar. Assim que eles veem o braço do lançador mudar de direção e a bola sair da sua mão, eles têm condição de avaliar – sem ter que fazer qualquer tipo de cálculo consciente – se aquela vai ser uma bola rápida, deslizante ou curva e, aproximadamente, para onde ela está se dirigindo. Em essência, eles aprenderam a ler a forma como o arremessador lançará a bola, assim têm menos necessidade de realmente ver como a bola viaja antes de determinar se e para onde balançar o taco. O restante de nós, analfabetos no que diz respeito a lançamentos de beisebol, simplesmente não é capaz de tomar essas decisões antes que a bola chegue à luva do apanhador.

Então aqui está uma parte importante da resposta à pergunta que fizemos no fim do último capítulo: o que exatamente está sendo alterado no cérebro com a prática deliberada? A principal característica que coloca os *experts* num patamar diferente do resto de nós é que seus anos de prática mudaram o circuito neural de seus cérebros para produzir representações mentais altamente especializadas, as quais, por sua vez, possibilitam o desenvolvimento de uma memória incrível, o padrão de reconhecimento, a resolução de problemas e outros tipos de habilidades avançadas necessárias para que eles se sobressaiam em seus campos de atuação específicos.

A melhor maneira de compreender exatamente o que são essas representações mentais e como elas funcionam é, de forma suficientemente adequada, desenvolver uma boa representação mental do conceito de *representação mental*. E, assim como no caso do *cachorro*, a melhor maneira de desenvolver uma representação mental de representações mentais é gastar um tempinho para conhecê-las, acariciá-las, dar uma tapinha em suas cabecinhas e ver como elas executam os seus truques.

Reconhecendo e respondendo aos padrões

Em praticamente todas as áreas, uma característica do desempenho do *expert* é a capacidade de ver padrões em um conjunto que pareceria aleatório ou confuso para as pessoas com representações mentais menos desenvolvidas. Em outras palavras, os *experts* veem a floresta quando todos os outros veem apenas as árvores.

Talvez seja mais óbvio em equipes esportivas. Considere o futebol, por exemplo. Você tem 11 jogadores de um lado, movendo-se em todas as direções, de uma forma que para aqueles que não são iniciados parece um caos vertiginoso, sem um padrão perceptível, além do fato óbvio de que alguns jogadores são atraídos para a bola de futebol sempre que ela se aproxima. Para aqueles que conhecem e amam o jogo, no entanto, e particularmente para aqueles que são bons jogadores, esse caos não é de modo algum um caos. Tudo é um padrão maravilhosamente sutil e em constante mudança, criado enquanto os jogadores se movem em resposta à bola e aos movimentos dos outros jogadores. Os melhores jogadores reconhecem e respondem aos padrões quase instantaneamente, tirando vantagem da fraqueza e das brechas assim que elas aparecem.

Para estudar esse fenômeno, eu e dois colegas, Paul Ward e Mark Williams, pesquisamos a acuidade com que os jogadores de futebol podem predizer o que virá a seguir, a partir do que já aconteceu no campo.[17] Para fazer isso, mostramos a eles vídeos de partidas reais de futebol e repentinamente paramos o vídeo bem no momento em que um jogador havia acabado de receber a bola. Então pedíamos aos nossos sujeitos que previssem o que iria acontecer a seguir. Será que o jogador que estava com a bola iria segurá-la, tentaria um chute ao gol ou passaria a bola a um companheiro de equipe? Descobrimos que quanto mais talentosos eram os jogadores, muito melhores eram em decidir o que o jogador com a bola deveria fazer. Também testamos a memória dos jogadores para que situassem onde estavam localizados os jogadores mais relevantes e em que direção eles estavam se movimentando, pedindo a eles que se lembrassem do máximo que pudessem a partir do último quadro do vídeo antes que este fosse interrompido. Novamente, os melhores jogadores superaram os mais fracos.

Concluímos que a vantagem que os melhores jogadores tinham para predizer eventos futuros estava relacionada com sua habilidade de vislumbrar os resultados mais prováveis e rapidamente filtrar esses resultados e chegar a uma ação mais promissora. Em resumo, os melhores jogadores têm uma habilidade mais altamente desenvolvida para interpretar o padrão da ação no campo. Essa habilidade permite que eles percebam quais são os jogadores cujos movimentos e interações importam mais, o que lhes permite tomar melhores decisões sobre para onde se dirigir no campo, sobre quando passar a bola e para quem passá-la, e assim por diante.

Algo muito similar é válido para o futebol americano, embora seja principalmente o *quarterback* quem precisa desenvolver as representações mentais dos eventos no campo. Isso explica por que os *quarterbacks* mais bem-sucedidos são geralmente aqueles que gastam mais tempo na sala de projeção, assistindo e analisando as partidas de sua própria equipe e de seus adversários. Os melhores *quarterbacks* ficam de olho no que está acontecendo em todos os lugares do campo e, depois do jogo, em geral, conseguem se lembrar da maioria das jogadas da partida, fornecendo descrições dos movimentos de muitos jogadores de cada equipe. Mais importante ainda, as representações mentais eficazes permitem que um *quarterback* tome boas decisões rapidamente: se deve passar a bola, para quem deve passar, quando passar, e assim por diante. Ser capaz de tomar a decisão certa em um décimo de segundo mais rápido pode ser a diferença entre uma boa jogada ou uma jogada desastrosa – entre, digamos, um passe concluído e uma interceptação.

Outro fato importante sobre as representações mentais foi mostrado em um estudo de 2014, feito por pesquisadores alemães que examinavam a escalada feita em recintos fechados.[18] Nesse esporte, que é projetado para imitar e servir como treinamento para a escalada ao ar livre, é preciso subir uma parede vertical usando vários apoios. Esses apoios exigem diferentes tipos de agarras, incluindo uma agarra aberta, uma agarra de bolso, um puxador lateral e uma agarra corrugada. Para cada agarramento, o alpinista deve posicionar suas mãos e dedos de forma diferente. Se usar a agarra errada num apoio, você estará mais propenso a cair.

Usando técnicas psicológicas padrão, os pesquisadores examinaram o que acontecia no cérebro dos alpinistas quando eles inspecionavam os vários apoios. Inicialmente, eles notaram que, ao contrário dos novatos, os alpinistas experientes identificavam automaticamente cada apoio de acordo com o tipo de agarra que ele requeria. Em suas representações mentais dos vários apoios, todos os apoios que requeriam uma agarra corrugada, por exemplo, eram colocados juntos em um grupo e eram distinguidos das agarras que requeriam, digamos, uma agarra de bolso, as quais eram mentalmente colocadas em um grupo separado. Esse agrupamento era feito inconscientemente, do mesmo modo como você pode olhar para um poodle e um cão dinamarquês e saber instantaneamente que ambos são membros da mesma categoria sem realmente precisar dizer a si mesmo "ambos são cães".

Em outras palavras, escaladores experientes desenvolveram representações mentais dos apoios que lhes permitem saber, sem um pensamento consciente, que tipo de agarra deveria ser usado para cada apoio que eles viam. Além disso, os pesquisadores descobriram que, quando escaladores experientes viam um apoio em particular, seus cérebros enviavam um sinal para suas mãos, preparando-as para tomar a forma da agarra correspondente – novamente sem pensamento consciente. Os escaladores inexperientes não tinham calculado conscientemente qual o tipo de agarra apropriado para cada apoio. A habilidade dos escaladores experientes para analisar automaticamente os apoios usando uma representação mental lhes permite escalar mais rapidamente e com menos chance de falhar. Novamente, uma melhor representação mental leva a um melhor desempenho.

Decifrando a informação

Para os *experts* que acabamos de descrever, o principal benefício das representações mentais reside na forma como elas os ajudam a lidar com a informação: compreendendo-a e interpretando-a, guardando-a na memória, organizando-a, analisando-a e tomando decisões com ela. O mesmo é verdade para todos os *experts* – e a maioria de nós é *expert* em alguma coisa, quer percebamos ou não.

Por exemplo, quase todos que estão lendo isto agora são "experts" em leitura, e para chegar a esse nível precisaram desenvolver certas representações mentais. Começaram com a aprendizagem da correspondência entre letras e sons. Nesse ponto a leitura era uma questão de pronunciar diligentemente cada palavra, letra por letra. Com a prática, começa-se a reconhecer palavras inteiras por si mesmas. G-A-T-O tornou-se simplesmente *gato*, graças a uma representação mental que codificou o padrão das letras nessa palavra e associou esse padrão tanto com o som da palavra quanto com a ideia de um animal pequeno, peludo, que mia e muitas vezes não se dá muito bem com cães. Juntamente com as representações mentais para as palavras, desenvolve-se uma variedade de outras representações mentais que são essenciais na leitura. Você aprendeu a reconhecer o começo e o fim de uma sentença, de modo que pode quebrar a sequência de palavras em blocos que tenham significado individual, e aprendeu que certas coisas que pareciam assinalar o fim de uma frase – Sr., Sra., Dr., e assim por diante – geralmente não o fazem. Você internalizou vários padrões que lhe permitem inferir o significado de palavras que nunca viu antes e usar o contexto para dar sentido às coisas quando uma palavra é digitada incorretamente ou é mal utilizada ou deixada de fora. E agora, quando você lê, vai fazer tudo isso de forma inconsciente, e as representações mentais que se agitam sob a superfície não são notadas, mas são essenciais.

Apesar de quase todos vocês que estão lendo este livro serem *experts* em leitura, no sentido de que são plenamente capazes de reconhecer os sinais que estão na página como correspondendo às palavras e frases em seu idioma, alguns de vocês serão mais *experts* do que os outros na tarefa de compreensão e assimilação da informação contida neste livro. E, novamente, isso tem relação com o quanto suas representações mentais lhe permitem superar as limitações da memória de curto prazo e reter o que está lendo.

Para ver o porquê, considere o que acontece quando você testa um grupo de indivíduos, fazendo-os ler um artigo de jornal sobre algo um pouco especializado – por exemplo, um jogo de futebol ou de beisebol – e, em seguida, questione-os para ver de quanto do artigo eles se lembram. Você poderia imaginar que os resultados vão depender principalmente da habilidade verbal geral dos sujeitos (que está intimamente relacionada ao QI), mas você estaria errado. Os estudos têm mostrado que o fator-chave na determinação da compreensão de uma pessoa de uma história que trate de um jogo de futebol ou de beisebol é equivalente a quanto essa pessoa já entende do esporte.[19]

A razão é clara: se você não sabe muito sobre o esporte, então todos os detalhes que você ler serão essencialmente um pacote de fatos não relacionados, e lembrar-se deles não será muito mais fácil do que se lembrar de uma lista de palavras aleatórias. Mas se você entende do esporte, já estabeleceu uma estrutura mental para que ele faça sentido, organizou a informação e a combinou com todas as outras informações relevantes que você já assimilou. A nova informação se torna parte de uma história contínua e, como tal, move-se rápida e facilmente dentro de sua memória de longo prazo, permitindo que você se lembre, mais do que acredita ser possível, de uma informação que aparece em um artigo, o que não aconteceria se você não fosse familiar com o jogo que ele descreve.

Quanto mais você estuda um assunto, mais detalhadas se tornam as suas representações mentais e melhor você se sai na assimilação de novas informações. Assim, um *expert* em xadrez pode olhar para uma série de movimentos na notação de xadrez que são sem sentido para a maioria das pessoas – I. e4 e5 2. Nf3 Nc6 3. Bb5 a6... – e acompanhar e entender um jogo inteiro. Do mesmo modo, um músico *expert* pode olhar uma partitura musical para uma nova composição e saber como ela irá soar antes mesmo de tocá-la. E se você for um leitor que já está familiarizado com o conceito de *prática deliberada* ou conhece uma área mais ampla da Psicologia da Aprendizagem, provavelmente vai achar que é mais fácil assimilar as informações contidas neste livro do que os outros leitores. De qualquer maneira, ler este livro e pensar sobre os tópicos que eu estou discutindo irá ajudá-lo a criar novas representações mentais, o que, por sua vez, tornará mais fácil para você ler e aprender mais sobre este assunto no futuro.

Encontrando uma resposta

De vez em quando, o *New York Times* publica uma coluna chamada "Pense como um médico", escrito por Lisa Sanders, médica e autora. Cada coluna aborda um mistério médico, um caso real que inicialmente desconcertou os clínicos que depararam com ele – a versão jornalística de um episódio de *House*. Sanders dá aos leitores informações suficientes para que o resolvam por si próprios – assumindo que os leitores tenham todas as ferramentas de que precisam, tais como conhecimento médico e a habilidade de inferir a partir de sintomas para diagnosticar – e, em seguida, convida-os a enviarem respostas. Numa coluna posterior, revela a resposta correta, explica como os médicos originais chegaram a ela e anuncia quantos leitores deram a resposta certa. Essas colunas sempre atraem centenas de respostas de leitores – e apenas algumas delas estão corretas.

Para mim, o mais fascinante sobre a coluna não são os mistérios médicos ou suas soluções, mas sim as ideias que a coluna oferece para o processo de pensamento do diagnóstico. A um médico que deve fazer um diagnóstico, particularmente num caso complexo, é dado a um grande número de fatos sobre a condição do paciente, e ele deve absorver esses fatos e, então, combiná-los com conhecimentos médicos relevantes para chegar a uma conclusão. Esse médico deve fazer pelo menos três coisas diferentes: assimilar fatos sobre o paciente, recordar o conhecimento médico relevante e usar os fatos e o conhecimento médico para identificar possíveis diagnósticos, escolhendo o que está certo. Para todas essas atividades, uma representação mental mais sofisticada torna o processo mais rápido e mais eficiente – e, às vezes, torna-o possível. Ponto.

Para ver como funciona, vou pegar emprestado um dos mistérios médicos de Sanders – um que apenas um pequeno grupo de leitores resolveu corretamente, dos mais de 200 que enviaram respostas.[20] Um oficial de polícia de 39 anos procurou seu médico reclamando de uma intensa dor de ouvido – ele sentia como se houvesse uma faca em seu ouvido – e também notou que a sua pupila direita estava menor do que a esquerda. Ele já tinha tido dor de ouvido uma vez antes desse episódio e havia recorrido a um pronto-socorro, onde diagnosticaram o problema como uma infecção e o medicaram com antibióticos. Quando a infecção melhorou, depois de alguns dias, ele não pensou mais no assunto, mas a dor de ouvido reapareceu dois meses depois, e dessa vez os antibióticos não resolveram o problema. O médico achou que a dor era provavelmente provocada por uma sinusite, mas por causa do problema com a pupila, o paciente foi encaminhado para um oftalmologista. Este não pôde fazer um diagnóstico e encaminhou o paciente para um especialista. O especialista, um neuro-oftalmologista, imediatamente reconheceu a pequena pupila como sintoma de uma síndrome específica, mas não tinha ideia do que poderia causar a síndrome em um homem normalmente saudável – e como isso tudo podia estar relacionado com uma dor de ouvido intensa. Então ele fez várias perguntas ao paciente: você sentiu fraqueza em algum lugar? E quanto à dormência ou formigamento? Você tem levantado pesos recentemente? Quando o paciente respondeu que esteve levantando pesos durante vários meses, o médico fez mais uma pergunta: você sentiu qualquer dor grave na cabeça ou no pescoço após o levantamento? Sim, ele tinha sentido uma intensa dor de cabeça após o treino, algumas semanas antes. O médico finalmente conseguiu descobrir o que estava errado.

Em primeiro lugar, o passo essencial para resolver esse mistério pode parecer ter sido o reconhecimento de qual síndrome pode provocar que uma pupila seja menor do que a outra, mas na verdade foi bastante óbvio: exigia ter aprendido sobre essa síndrome em algum momento e ser capaz de se lembrar de seus sintomas. É a chamada "síndrome de Horner", e é causada por uma avaria em um nervo que corre atrás do olho. O dano prejudica a capacidade do olho de se dilatar e muitas vezes limita o movimento da pálpebra que cobre aquele olho – e, de fato, quando o especialista olhou de perto, pôde ver que a pálpebra não estava totalmente aberta. Vários leitores identificaram a síndrome de Horner corretamente, mas não foram capazes de descobrir como a síndrome podia estar ligada à dor de ouvido.

Nessa espécie de desafio em particular – que reúne várias pistas – as representações mentais dos médicos *experts* vêm à tona. Um médico diagnosticando um paciente com um complexo conjunto de sintomas deve compreender uma grande quantidade de informações sem saber de antemão quais delas são mais relevantes e quais podem ser pistas falsas. É impossível assimilar todas aquelas informações como fatos aleatórios – as limitações da memória de curto prazo não vão permitir –, por essa razão as informações devem ser entendidas levando-se em conta o conhecimento médico relevante. Mas o que é relevante? Antes que um diagnóstico seja feito, é difícil saber o que os vários pedaços de informação clínica podem implicar e com quais tipos de condições médicas é provável que estejam relacionados.

Alunos de Medicina, cujas representações mentais de diagnósticos médicos ainda são rudimentares, tendem a associar sintomas com as condições médicas particulares com que estão familiarizados e pular rapidamente para as conclusões. Eles falham por gerar múltiplas opções. Até mesmo muitos médicos menos experientes fazem a mesma coisa. Então, quando o oficial de polícia foi ao pronto-socorro reclamando de uma dor de ouvido, o médico assumiu que o problema era uma infecção de algum tipo – o que teria sido a resposta correta na maioria dos casos – e não se preocupou com o fato aparentemente irrelevante de que uma das pupilas do paciente não estava funcionando da maneira correta.

Ao contrário dos estudantes de Medicina, os diagnosticadores *experts* construíram sofisticadas representações mentais que lhes permitem considerar inúmeros fatos diferentes de uma só vez, mesmo fatos que a princípio possam não parecer relevantes. Essa é uma importante vantagem das representações mentais altamente desenvolvidas: você pode assimilar e considerar um número muito maior de informações de uma só vez. A pesquisa sobre *experts* em diagnóstico descobriu que eles tendem a ver sintomas e outros dados relevantes não como pedaços isolados de informação, mas como partes de padrões maiores – praticamente da mesma maneira que os grandes mestres veem padrões entre as peças de xadrez, em vez de um agrupamento aleatório de peças.

E do mesmo modo que as representações dos mestres de xadrez lhes permitem gerar rapidamente um grande número de movimentos possíveis e, então, focar no melhor, os diagnosticadores experientes trazem à baila um número possível de diagnósticos e depois analisam as várias alternativas para selecionar o mais provável.[21] Naturalmente, o médico pode, em última análise, decidir que nenhuma das opções funciona, mas o processo de raciocínio através de cada uma delas pode muito bem ter levado a outras possibilidades. Essa habilidade de gerar vários diagnósticos prováveis e cuidadosamente considerar cada um deles distingue o *expert* em diagnósticos de todo o resto.

A solução para o mistério médico descrito no *New York Times* requer, precisamente, esse tipo de abordagem: primeiro trazer à baila possíveis explicações de por que um paciente deve ter tanto a síndrome de Horner quanto uma dor cortante no ouvido, e depois analisar cada possibilidade para encontrar a resposta certa. Um AVC foi uma possibilidade, mas o paciente não tinha nada em seu passado que indicasse que ele poderia ter tido um acidente vascular cerebral. Herpes-zóster também pode produzir os dois sintomas do paciente, mas ele não tinha nenhum dos habituais sinais de herpes-zóster, tais como bolhas ou uma erupção cutânea. Uma terceira possibilidade era um rasgo na parede da artéria carótida, que corre lado a lado com o nervo afetado na síndrome de Horner e também passa perto da orelha. Um ligeiro rasgo na artéria pode permitir que o sangue vaze através das paredes internas da artéria, causando uma protuberância na sua parede exterior, que pode pressionar o nervo que vai para o rosto e, em casos raros, também comprime um nervo que vai para o ouvido. Com isso em mente, o especialista perguntou ao paciente as questões sobre o levantamento de peso e dores de cabeça. Sabe-se que o halterofilismo, por vezes, pode rasgar a artéria carótida, e um rasgo desse tipo seria normalmente associado com algum tipo de dor de cabeça ou dor de garganta. Quando o paciente respondeu que sim, o especialista decidiu que um rasgo na artéria carótida era o diagnóstico mais provável. Um exame de ressonância magnética constatou esse diagnóstico e o paciente passou a usar medicamentos para afinar o sangue a fim de prevenir a formação de um coágulo, e foi dito a ele que evitasse qualquer tipo de esforço por vários meses, o que faria com que o vaso sanguíneo se curasse.

A chave para o diagnóstico bem-sucedido não foi meramente ter o conhecimento médico necessário, mas ter o conhecimento organizado e acessível de maneira a permitir ao médico trazer à baila possíveis diagnósticos e apontar para o mais provável. A organização da informação do cirurgião é um tema que aparece repetidamente no estudo dos atores *experts*.

Isso é verdade mesmo para alguma coisa banal como vendas de seguros. Um estudo recente examinou o conhecimento sobre múltiplas linhas de seguro (vida, casa, automóvel e comercial) em 150 corretores.[22] Não foi surpresa que os corretores mais bem-sucedidos – como foi determinado por seus volumes de vendas – sabiam mais sobre os vários produtos de seguros do que os corretores de menor sucesso. Porém, mais precisamente, os pesquisadores descobriram que os corretores altamente bem-sucedidos tinham muito mais "estruturas de conhecimento" complexas e integradas – o que estamos chamando de representações mentais – do que os corretores de menor sucesso. Em particular, os melhores corretores tinham muito mais estruturas "se... então" altamente desenvolvidas: se essas coisas são verdadeiras sobre um cliente, então, diga isso ou faça aquilo. Em virtude de o seu conhecimento sobre seguro ser mais bem organizado, os melhores agentes conseguiam descobrir o que fazer em qualquer situação mais rapidamente e com mais precisão, e isso os tornava corretores muito mais eficazes.

Planejamento

Antes de começar a subir, escaladores experientes olham a parede inteira e visualizam o caminho que vão tomar, vendo a si mesmos se deslocando de um apoio a outro.[23] A habilidade de criar uma representação mental detalhada de uma escalada antes de iniciá-la é algo que se desenvolve apenas com a experiência.

De maneira mais geral, as representações mentais podem ser utilizadas para planejar uma grande variedade de áreas, e quanto melhor a representação, mais eficaz o planejamento.

Os cirurgiões, por exemplo, sempre irão visualizar uma cirurgia inteira antes de fazer a primeira incisão.[24] Eles usam escâneres de ressonância magnética, tomografia computadorizada e outras imagens para dar uma olhada dentro do paciente e identificar potenciais pontos de conflito, e depois estabelecem um plano de ataque. O desenvolvimento das representações mentais de um cirurgião é uma das mais desafiadoras – e mais importantes – coisas que um cirurgião pode fazer, e os cirurgiões mais experientes geralmente criam representações mais sofisticadas e mais efetivas desses procedimentos. As representações não apenas guiam o cirurgião, mas também servem para fornecer um sinal de alerta quando algo inesperado e potencialmente perigoso acontece durante a cirurgia. Quando uma cirurgia real diverge da representação mental do cirurgião, ele sabe desacelerar, repensar as opções e, se necessário, formular um novo plano em resposta às novas informações.

Relativamente poucos de nós escalamos montanhas ou realizamos cirurgias, mas quase todo mundo escreve, e o processo da escrita nos oferece um excelente exemplo de como representações mentais podem ser usadas no planejamento. Eu mesmo me tornei bastante familiar com essa arena ao longo do último par de anos, enquanto trabalhava neste livro, e muitas das pessoas que o leram terão escrito alguma coisa ultimamente, quer tenha sido uma carta pessoal ou uma nota de negócio, uma postagem de blog ou um livro.

Existe um número considerável de pesquisas sobre as representações que as pessoas usam quando escrevem, e a pesquisa tem demonstrado uma profunda diferença entre os métodos usados por escritores *experts* e aqueles usados por novatos. Considere, por exemplo, a resposta que um aluno da sexta série deu quando foi questionado sobre a estratégia que usava ao escrever uma redação[25]:

> Eu tenho um monte de ideias e escrevo até que meu suprimento de ideias esteja esgotado. Depois eu tento pensar em outras ideias até o ponto em que não consigo mais nenhuma ideia que valha a pena colocar no papel, e então eu o termino.

Esta abordagem é realmente muito típica, não apenas para alunos da sexta série, mas para muitas pessoas que não escrevem para viver. A representação da escrita é simples e direta: há um tema e há vários pensamentos que o escritor tem sobre o tema, muitas vezes organizados livremente por relevância ou importância, mas às vezes por categoria ou algum outro padrão. Uma representação ligeiramente mais sofisticada pode incluir algum tipo de introdução no início e uma conclusão ou resumo no final, mas é só isso.

Essa abordagem da escrita é chamada de "revelação do conhecimento"[26] porque é pouco mais do que dizer ao leitor o que quer que venha à sua cabeça.

Escritores *experts* procedem de maneira muito diferente. Considere como meu coautor e eu organizamos este livro. Primeiro tivemos que descobrir o que queríamos que este livro fizesse. O que queríamos que os leitores aprendessem sobre *expertise*? Que conceitos e ideias era importante introduzir? Como as ideias de um leitor sobre treinamento e potencial poderiam mudar por meio da leitura deste livro? Responder a perguntas como essas nos deu nossa primeira representação mental bruta do livro – nossos objetivos para ele, o que queríamos que ele realizasse. É claro que, na medida em que trabalhávamos mais e mais no livro, essa imagem inicial evoluiu, mas esse foi um começo.

Depois, começamos a esboçar como alcançaríamos nossos objetivos para este livro. Que temas gerais precisaríamos cobrir? Obviamente precisávamos explicar o que é a prática deliberada. Como faríamos isso? Bem, primeiro precisaríamos explicar como as pessoas normalmente praticam e quais as limitações dessa abordagem, e então discutiríamos a prática intencional, e assim por diante. Nesse ponto, estávamos antevendo várias abordagens que poderíamos usar para alcançar nossos objetivos para o livro e pesando-as para ver quais opções pareceriam melhores.

Na medida em que fizemos nossas escolhas, aprimoramos gradualmente nossa representação mental do livro até que tivéssemos algo que parecia corresponder a todos os nossos objetivos. A maneira mais simples de imaginar nossa representação mental nesse estágio é voltar a pensar na velha técnica de resumo que aprendemos no ensino médio. Nós preparávamos um resumo dos capítulos, cada um focando em um tema específico e abrangendo vários aspectos daquele tema. Mas a representação do livro que nós havíamos criado era de longe mais rica e mais complexa do que um simples resumo. Sabíamos, por exemplo, por que cada parte estava lá e o que queríamos alcançar com ela. E tínhamos uma clara ideia da estrutura e lógica do livro – por que um tópico seguia o outro – e as conexões entre as várias partes.

Descobrimos que esse processo também nos forçava a pensar cuidadosamente sobre como nós mesmos podemos conceituar a prática deliberada. Começamos com o que parecia ser uma ideia clara da prática deliberada e como explicá-la, mas, na medida em que tentávamos descrevê-la brevemente de uma forma não técnica, às vezes descobríamos que simplesmente não estava funcionando tão bem quanto gostaríamos.

Esse fato nos levava a repensar a melhor maneira de explicar um conceito ou defender uma ideia.

Por exemplo, quando apresentamos nossa proposta inicial para nossa agente, Elyse Cheney, ela e seus colegas tiveram problemas para entender claramente a prática deliberada. Em especial, eles não percebiam o que separava a prática deliberada de outras formas de práticas, além do fato de que ela é mais eficaz. Não era culpa deles, mas era uma indicação de que nós não havíamos tornado nossa explicação tão imediatamente compreensível como pensávamos. Fomos, assim, levados a repensar a forma como estávamos apresentando a prática deliberada – em essência, a trazer à baila uma nova e melhor representação mental de como pensávamos sobre isso e de como queríamos que os outros pensassem a respeito. Logo nos ocorreu que o papel das representações mentais continha a chave para apresentar a prática deliberada como queríamos.

Inicialmente, tínhamos visto as representações mentais apenas como um aspecto da prática deliberada entre muitos que apresentaríamos para o leitor, mas agora começamos a vê-las como uma característica central – talvez *a* característica central – do livro. O principal propósito da prática deliberada é desenvolver representações mentais eficazes e, como discutiremos brevemente, as representações mentais, por sua vez, desempenham um papel-chave na prática deliberada. A mudança-chave que ocorre em nossos cérebros adaptáveis em resposta à prática deliberada é o desenvolvimento de melhores representações mentais, as quais, por sua vez, abrem novas possibilidades para o desempenho aperfeiçoado. Em resumo, passamos a ver nossa explicação das representações mentais como a pedra angular do livro, sem o que o resto do livro não poderia se sustentar.

Houve uma interação constante entre a escrita do livro e nossa conceituação do tema, e na medida em que nós procuramos maneiras de tornar nossas mensagens mais claras para o leitor, chegamos a novas maneiras de nós mesmos pensarmos sobre a prática deliberada. Os pesquisadores se referem a esse tipo de escrita como "transformação do conhecimento", em oposição à "revelação do conhecimento", porque o processo de escrita muda e agrega ao conhecimento que o escritor tinha quando começou.

É um exemplo de uma maneira na qual os atores *experts* usam representações mentais para aperfeiçoar seus desempenhos: monitoram e avaliam seus desempenhos e, quando necessário, modificam suas representações mentais a fim de torná-las mais eficientes. Quanto mais eficazes forem as representações mentais, melhor será o desempenho. Desenvolvemos certa representação mental do livro, mas descobrimos que ela nos levou a um desempenho (as explicações na nossa proposta original) que não era tão bom como queríamos, por isso usamos o *feedback* que havíamos obtido antes e modificamos a representação de acordo com ele. Isso, por sua vez, nos levou e uma explicação muito melhor da prática deliberada.

E assim foi durante todo o processo de escrita do livro. Apesar de estar constantemente evoluindo, nossa representação mental do livro nos orientou e esclareceu nossas decisões sobre a nossa escrita. Na medida em que continuamos, avaliamos cada parte – nos estágios finais, com a ajuda do nosso editor, Eamonn Dolan – e quando encontrávamos pontos fracos, ajustávamos a representação para corrigir o problema.

Obviamente, a representação mental para um livro é muito maior e mais complexa do que uma representação para uma carta pessoal ou uma postagem em um blog. No entanto, o padrão geral é o mesmo: escrever bem, desenvolver uma representação mental que esteja à frente do tempo para orientar nossos esforços e, então, monitorar e avaliar esses esforços e estar pronto para modificar aquela representação, se necessário.

Representações mentais no aprendizado

Em geral, as representações mentais não são apenas o resultado do aprendizado de uma habilidade; elas também podem nos ajudar a aprender. Algumas das melhores evidências para isso vêm do campo do desempenho musical. Vários pesquisadores têm examinado o que diferencia os melhores músicos dos que não são tão bons, e uma das maiores diferenças está na qualidade das representações mentais criadas pelos melhores deles.[27] Quando estão praticando uma nova peça, os músicos iniciantes e intermediários geralmente carecem de uma boa e clara ideia de como a música deveria soar, enquanto os músicos avançados têm uma representação mental muito detalhada da música, que eles usam para orientar sua prática e, em última análise, sua execução da peça. Eles usam suas representações mentais especialmente para fornecer seu próprio *feedback*, de modo que sabem a proximidade que estão para conseguir executar a peça corretamente e o que precisam fazer para melhorar. Os alunos principiantes e intermediários podem ter uma incipiente representação da música que lhes permite dizer, por exemplo, quando pressionam uma nota errada, mas precisam do *feedback* de seus professores para identificar os erros mais sutis e os pontos fracos.

Mesmo entre os alunos de música principiantes, parece que as diferenças na qualidade de como a música é executada fazem uma diferença de quanto a prática pode ser eficiente. Há cerca de 15 anos dois psicólogos australianos, Gary McPherson e James Renwick, estudaram várias crianças com idades entre 7 e 9 anos que estavam aprendendo a tocar diversos instrumentos: flauta, trompa, corneta, clarinete e saxofone. Parte do estudo foi feita para filmar as crianças enquanto elas se exercitavam em casa e depois analisar as sessões práticas para compreender o que as crianças fizeram para tornar sua prática mais ou menos eficiente.[28]

Os pesquisadores contaram, em especial, o número de erros que um aluno cometia na execução de uma peça pela primeira vez, depois pela segunda vez e, então, utilizaram a melhora da primeira para a segunda vez como uma medição de quão efetivamente o aluno estava praticando. Descobriram uma grande variação no resultado total da melhora. De todos os alunos que estudaram, uma garota que tocava corneta e estava no seu primeiro ano de aprendizagem do instrumento foi quem cometeu mais erros: 11 por minuto, em média, nas primeiras vezes em que executou as peças durante as sessões de treino. A partir de um segundo momento, ela ainda estava cometendo os mesmos erros em 70% do tempo – percebendo e corrigindo apenas 3 em cada 10 erros. Em contrapartida, o melhor músico do primeiro ano, um menino que estava aprendendo saxofone, cometeu apenas 1,4 erros por minuto nas primeiras vezes em que tocou as peças. Do segundo momento em diante, estava cometendo os mesmos erros em apenas 20% do tempo – corrigindo 8 em cada 10 erros. A diferença na porcentagem de correções é particularmente impressionante, pois o aluno de saxofone já estava fazendo muito menos erros, então ele tinha muito menos espaço para melhorar.

Ambos tinham atitude positiva e estavam motivados para melhorar, então McPherson e Renwick concluíram que, em grande parte, as diferenças entre os estudantes provavelmente têm a ver com a forma como os alunos são capazes de detectar seus erros – ou seja, a eficiência de suas representações mentais das peças musicais. O aluno de saxofone tinha uma clara representação mental da peça, que lhe permitia reconhecer a maioria dos seus erros, lembrar-se deles na próxima vez e corrigi-los. A aluna de corneta, por outro lado, não parecia ter uma representação mental bem desenvolvida do que ela estava tocando. Os pesquisadores disseram que a diferença entre os dois não se situava em desejo ou esforço. A aluna de corneta simplesmente não tinha as mesmas ferramentas com as quais pudesse se aperfeiçoar como tinha o aluno de saxofone.

McPherson e Renwick não tentaram compreender a natureza precisa das representações mentais, mas outra pesquisa indica que as representações poderiam ter assumido várias formas. Uma seria a representação auditiva – uma clara ideia de como uma peça deveria soar. Os músicos de todos os níveis usam isso para orientar sua prática e sua interpretação, e os melhores músicos têm representações muito mais detalhadas, que incluem não apenas a altura do som e o comprimento das notas a serem tocadas, mas seu volume, subida e descida, entonação, vibrato, *tremolo* e o relacionamento harmônico com outras notas, incluindo as notas tocadas em outros instrumentos por outros músicos. Os bons músicos não apenas reconhecem essas várias qualidades do som musical, mas sabem como produzi-las em seus instrumentos – uma compreensão que requer sua própria espécie de representação mental, a qual, por sua vez, é muito intimamente ligada às representações mentais dos próprios sons.

Os alunos que McPherson e Renwick estudaram provavelmente também tinham desenvolvido, em um grau ou outro, representações mentais que conectavam notas escritas em uma partitura musical com o dedilhado necessário para tocar essas notas. Assim, se um saxofonista acidentalmente colocasse seus dedos numa posição errada para uma nota, ele provavelmente o notaria não apenas porque o instrumento produziu o som errado, mas também porque seu dedilhado se "desviou" – isto é, não estava compatível com sua representação mental de onde os dedos deveriam estar colocados.

Embora o estudo de McPherson e Renwick tenha a vantagem de ser muito pessoal – ao final, praticamente sentimos como se conhecêssemos a garota que toca corneta e o saxofonista –, apresenta a desvantagem de ter observado apenas um número pequeno de músicos em uma escola. Felizmente, seus resultados são respaldados por um estudo britânico de mais de três mil alunos de música[29] que vão de iniciantes a *experts* prontos para entrar em uma universidade com nível de conservatório.

Os pesquisadores descobriram, entre outras coisas, que os estudantes de música mais talentosos eram mais capazes de determinar quando tinham cometido erros e mais capazes de identificar partes mais difíceis em que precisavam concentrar seus esforços. Isso implica que os alunos têm representações mentais mais altamente desenvolvidas da música que estavam executando e de seus próprios desempenhos, o que lhes permitia monitorar sua prática e identificar erros. Além disso, quanto mais avançado era o aluno de música, mais técnicas de prática eficientes ele tinha. A dedução é que eles estavam usando suas representações mentais não apenas para identificar erros, mas também para combinar técnicas de prática apropriadas com os tipos de dificuldades que estavam tendo com a música.

Em qualquer área, não apenas na execução musical, a relação entre habilidade e representações mentais é um círculo virtuoso: quanto mais habilidoso você se torna, melhores são suas representações mentais, e quanto melhor forem suas representações mentais, mais eficientemente você pode praticar para aprimorar sua habilidade.

Podemos ver uma descrição mais detalhada de como um *expert* usa representações mentais por meio de uma colaboração de longo prazo entre Roger Chaffin, psicólogo da Universidade de Connecticut, e Gabriela Imreh, pianista internacionalmente conhecida, residente em New Jersey. Durante anos eles trabalharam juntos para compreender o que se passa na cabeça de Imreh enquanto ela estuda, pratica e executa uma peça de música.[30]

A maior parte do trabalho de Chaffin com Imreh me faz lembrar de como monitorei o desenvolvimento das representações mentais de Steve Faloon para memorizar sequências de dígitos. Ele a observa enquanto ela está aprendendo uma nova peça musical e faz com que ela expresse seus processos de pensamento enquanto ela determina como vai tocá-la. Ele também filmou essas sessões de prática de modo que tem pistas adicionais sobre como Imreh está abordando sua tarefa.

Em uma série de sessões, Chaffin acompanhou Imreh enquanto ela passou mais de 30 horas treinando o terceiro movimento do Concerto Italiano de Johann Sebastian Bach, que ela estava programada para tocar pela primeira vez. A primeira coisa que Imreh fez quando passou os olhos pela partitura foi desenvolver o que ele chamou de uma "imagem artística" – uma representação de como a peça deveria soar quando ela a executasse. Imreh não estava chegando despreparada a essa peça – já a tinha ouvido muitas vezes –, mas o fato de ter sido capaz de criar essa imagem mental da peça simplesmente lendo a partitura indica como suas representações mentais do piano são altamente desenvolvidas. Onde a maioria de nós teria visto símbolos musicais em uma página, ela ouviu a música em sua cabeça.

Grande parte do que Imreh fez desse ponto em diante foi compreender como executar a peça de modo que ela correspondesse à sua imagem artística. Começou percorrendo a peça inteira e decidindo exatamente que dedilhado deveria usar. Onde fosse possível, usaria o dedilhado-padrão que os pianistas aprendem para uma série específica de notas, mas havia lugares que requeriam se afastar do padrão, porque ela queria que aquela passagem em particular soasse de uma determinada maneira. Ela testava diferentes opções, escolhia uma e anotava na partitura. Também identificou diferentes momentos na composição que Chaffin chamou de "momentos decisivos expressivos" – por exemplo, um ponto em que sua execução passava de luminosa e animada para comedida e séria. Mais tarde ela selecionou pistas na música – passagens curtas antes de um ponto decisivo ou uma passagem tecnicamente difícil que, quando ela as alcançava, serviam como instruções para que se preparasse para o que estava por vir. Além disso, selecionou vários lugares onde adicionou interpretações sutis da música.

Mas, colocando todos esses diferentes elementos em um mapa global da peça, Imreh conseguiu fazer justiça tanto à floresta quanto às árvores. Ela formou uma imagem de como a peça inteira deveria soar, ao mesmo tempo em que deu a si mesma uma imagem clara dos detalhes aos quais precisava para prestar bastante atenção enquanto estivesse tocando. Sua representação mental combinava o que ela pensava sobre como a música deveria soar com o que tinha descoberto sobre como fazê-la soar daquela maneira. Embora as representações mentais dos outros pianistas talvez diferissem das de Imreh em aspectos específicos, é provável que, no geral, suas abordagens fossem muito semelhantes.

Suas representações mentais também permitiram a Imreh lidar com um dilema fundamental com que qualquer pianista clássico depara ao aprender uma peça.[31] É crucial que o músico pratique e memorize a peça de tal maneira que sua execução possa ser feita quase automaticamente, com os dedos de cada mão tocando as notas adequadas com pouca ou quase nenhuma direção consciente da parte do pianista. Dessa maneira, a peça pode ser executada impecavelmente no palco, diante da uma plateia, mesmo se o pianista estiver nervoso ou excitado. Por outro lado, o pianista deve ter certa dosagem de espontaneidade, a fim de se conectar e se comunicar com o público. Imreh fez isso usando seu mapa mental da peça. Ela iria tocar a maior parte da peça assim como a praticou, com seus dedos passando por movimentos bem ensaiados, mas ela sempre saberia exatamente em que parte da peça estava porque identificou várias passagens que serviram como pontos de referência. Alguns desses seriam pontos de referência de desempenho que assinalariam para Imreh que, por exemplo, uma mudança no dedilhado estava se aproximando, enquanto outros eram o que Chaffin chamou de "pontos de referência expressivos". Estes indicavam lugares onde ela podia variar a sua execução para capturar uma emoção específica, dependendo de como se sentia e de como a audiência estava respondendo, o que lhe permitia manter a espontaneidade dentro dos limites exigentes do desempenho de uma peça complicada diante de uma plateia ao vivo.

Atividades físicas também são atividades mentais

Como acabamos de perceber a partir de vários estudos, os músicos contam com suas representações mentais para melhorar tanto os aspectos físicos quanto aspectos cognitivos de suas especialidades. E as representações mentais são essenciais para atividades que consideramos como quase puramente físicas. Na verdade, qualquer *expert* em algum campo pode ser merecidamente considerado como um intelectual altamente dotado naquele campo específico. Tal se aplica a praticamente qualquer atividade em que a posição e o movimento do corpo de uma pessoa são avaliados quanto à sua expressão artística por juízes humanos. Pense na ginástica, no mergulho, na patinação artística, ou na dança. Os artistas nessas áreas devem desenvolver representações mentais claras de como seus corpos devem se mover para produzir a aparência artística de suas rotinas de desempenho. Mas mesmo nas áreas em que a forma artística não é explicitamente julgada, ainda é importante treinar o corpo para que ele se mova de maneira particularmente eficiente. Os nadadores aprendem a dar braçadas de modo que elas maximizem a propulsão e minimizem o arrasto. Os corredores aprendem a dar passos largos de modo a maximizar sua velocidade e resistência enquanto conservam energia. Os saltadores com varas, os jogadores de tênis, os atletas marciais, os jogadores de golfe, os lançadores do beisebol, os arremessadores de três pontos no basquete, os levantadores de peso, os praticantes de tiro ao prato e os praticantes de esqui alpino – para todos esses atletas a boa forma é a chave para um bom desempenho, e os atletas com as melhores representações mentais terão uma vantagem sobre o resto.

Nessas áreas também estão presentes as regras do círculo virtuoso: aperfeiçoar a habilidade melhora a representação mental, e a representação mental ajuda a aperfeiçoar a habilidade. Há um certo componente da "galinha e do ovo" nisso. Considere a patinação artística: é difícil ter uma representação mental clara de como deve ser um salto duplo de Axel até que você o tenha feito e, da mesma forma, é difícil fazer um salto duplo de Axel sem que se tenha uma boa representação mental dele. Soa paradoxal, mas de fato não é. Você trabalha gradualmente até conseguir executar pouco a pouco um salto duplo de Axel, montando as representações mentais na medida em que progride.

É como uma escadaria que você sobe à medida que a constrói. Cada passo da sua subida o coloca em uma posição para construir o próximo passo. Então você constrói o passo seguinte e está de novo em posição para construir o próximo passo. E assim por diante. Suas representações mentais atuais orientam o seu desempenho e lhe permitem, ao mesmo tempo, monitorar seu julgamento e sua atuação. Na medida em que você se pressiona para fazer algo novo – desenvolver uma nova habilidade ou aperfeiçoar uma habilidade antiga – também estará expandindo e aguçando suas representações mentais, o que, por sua vez, possibilitará que você faça mais do que podia fazer antes.

04

O PADRÃO DE OURO

■ O QUE ESTÁ FALTANDO na prática intencional? O que é necessário além de simplesmente se concentrar e se esforçar para ir além de sua zona de conforto? Vamos falar a este respeito.

Como vimos no Capítulo 1, uma vez que a prática intencional é feita por diferentes pessoas, ela pode ter resultados muito diferentes. Steve Faloon alcançou o ponto em que conseguia se lembrar de mais de 82 dígitos, enquanto Renée, trabalhando tão arduamente quanto Steve, não conseguiu ultrapassar o limite de 20. A diferença está nos detalhes dos tipos de prática que Steve e Renée usaram para melhorar suas memórias.

Desde o momento em que Steve demonstrou pela primeira vez que era possível memorizar longas sequências de números, dezenas de competidores de memória desenvolveram memórias para dígitos superiores às que Steve havia conseguido. De acordo com o World Memory Sports Council,[1] que supervisiona as competições internacionais de memória, existem hoje pelo menos cinco pessoas que conseguiram se lembrar de 300 ou mais dígitos em uma competição de memória, e várias dezenas que memorizaram pelo menos 100 dígitos. A partir de novembro de 2015, o recorde mundial para esse evento foi mantido por Tsogbadrakh Saikhanbayar, da Mongólia, que conseguiu se lembrar de 432 dígitos na Competição Aberta de Memória de Adulto de Taiwan, em 2015. É cinco vezes mais do que o recorde de Steve. Tal como acontece na disparidade entre Renée e Steve, a diferença-chave entre o desempenho de Steve e o da nova geração de gênios da memória está nos detalhes do treinamento.

Isso é parte de um padrão geral. Em cada área, algumas abordagens de treinamento são mais eficientes do que outras. Neste capítulo iremos explorar o método mais efetivo entre todos: a prática deliberada. É o padrão de ouro, o ideal a ser aspirado por qualquer um que esteja aprendendo uma habilidade.

Um campo altamente desenvolvido

Algumas atividades, como tocar música em grupos de música pop, resolver palavras cruzadas e praticar dança folclórica, não têm uma abordagem de treinamento padrão. Não importa quais sejam os métodos, eles parecem ser negligentes e produzir resultados imprevisíveis. Outras atividades, como a execução da música clássica, a matemática e o balé, são abençoadas com métodos de treinamento altamente desenvolvidos, além de amplamente aceitos. Se alguém segue esses métodos cuidadosa e diligentemente, quase certamente se tornará um especialista. Passei minha carreira estudando este segundo tipo de campo.

Esses campos têm várias características em comum. Em primeiro lugar, sempre há maneiras objetivas – tais como ganhar ou perder um campeonato de xadrez, ou uma corrida com disputa cabeça a cabeça – ou pelo menos maneiras semiobjetivas – como a avaliação por juízes *experts* – para medir o desempenho. Faz sentido: se não há nenhuma concordância no que é um bom desempenho e nenhuma maneira de dizer quais mudanças aperfeiçoariam um desempenho, então torna-se muito difícil – às vezes, impossível – desenvolver métodos de treinamento efetivos. Se você não sabe com certeza o que constitui um aperfeiçoamento, como poderá desenvolver métodos que aprimorem o desempenho? Em segundo lugar, esses campos tendem a ser bastante competitivos, de modo que os protagonistas têm forte incentivo para praticar e melhorar. Em terceiro lugar, esses campos são geralmente bem estabelecidos, com as habilidades relevantes sendo desenvolvidas há décadas ou até mesmo séculos. Finalmente, em quarto lugar, esses campos têm um subconjunto de protagonistas que também servem como professores e treinadores e que, ao longo do tempo, desenvolveram séries cada vez mais sofisticadas de técnicas de treinamento que tornam possível que o nível de habilidade do campo aumente progressivamente. A melhoria das habilidades e o desenvolvimento de técnicas de treinamento seguem em frente de mãos dadas com as novas técnicas de treinamento que levam a novos níveis de realização e novas conquistas, as quais, por sua vez, geram inovações em treinamento. (O círculo virtuoso outra vez.) Esse desenvolvimento conjunto de habilidades e técnicas de treinamento tem – pelo menos até agora – sempre sido feito por meio de tentativa e erro, com profissionais que experimentam várias maneiras de melhorar, mantendo o que funciona e descartando o que não funciona.

Nenhum campo se agarra mais firmemente a esses princípios do que o da formação musical, especialmente no caso do violino e do piano. Além de competitivo, é também um campo em que o desenvolvimento das habilidades necessárias e dos métodos de treinamento subsiste por várias centenas de anos. E também é uma área que, pelo menos no caso do violino e do piano, geralmente requer 20 ou mais anos de prática constante, se você quiser conquistar o seu lugar entre os melhores do mundo.

Em suma, é um campo natural – e muito provavelmente o melhor – de estudo para qualquer pessoa que deseje compreender o desempenho do *expert*. E, felizmente, é o campo que estudei nos anos posteriores ao final de minha pesquisa sobre o desempenho do *expert* em memória.

No outono de 1987, assumi um cargo no Instituto para o Desenvolvimento Humano Max Planck. Depois de terminar meus estudos sobre memória com Steve Faloon, tinha continuado a estudar outros exemplos de memória excepcional, como a dos garçons que podiam se lembrar das ordens detalhadas de muitos clientes sem anotá-las,[2] e dos atores de teatro que precisavam aprender muitas linhas de texto cada vez que começavam a trabalhar com uma nova peça.[3] Em cada caso, estudei as representações mentais que aquelas pessoas desenvolveram para construir sua memória, mas todas elas tinham importantes limitações: eram "amadoras" que não se submeteram a nenhum treinamento formal, mas apenas o descobriram enquanto seguiam em frente. Que tipos de conquistas poderiam ser possíveis com métodos de formação formais e rigorosos? Quando me mudei para Berlim, tive de repente a oportunidade de observar exatamente a aplicação de tais métodos nos músicos.

A oportunidade surgiu graças à presença da Universität der Künste Berlin – ou, em português, a Universidade de Artes de Berlim – que ficava situada não muito longe do Instituto Max Planck. A universidade tinha 360 alunos em quatro faculdades – artes, arquitetura, música e artes cênicas –, e a academia de música, em particular, é altamente considerada tanto por seu ensino quanto por seu corpo discente. Seus alunos incluem maestros como Otto Klemperer e Bruno Walter, dois gigantes da regência do século XX, e o compositor Kurt Weill, mais conhecido pela Ópera dos Três Vinténs e, especialmente, por sua música popular "Mack the Knife". Ano após ano, a academia despeja pianistas, violinistas, compositores, maestros e outros músicos que irão ocupar seus lugares entre a elite dos artistas da Alemanha e do mundo.

No Instituto Max Planck, recrutei dois colaboradores – Ralf Krampe, um aluno de pós-graduação do instituto, e Clemens Tesch-Römer, um membro do pós-doutorado do mesmo instituto –, e juntos planejamos uma investigação no campo do desenvolvimento da realização musical.[4] Originalmente, o plano era focar na motivação dos alunos de música. Eu estava particularmente curioso para saber se as motivações dos músicos explicariam a quantidade de treinamento em que eles se empenhavam – e, assim, explicar, pelo menos em parte, o grau de sua realização. Ralf, Clemens e eu escolhemos nos limitar aos alunos de violino da academia. Pelo fato de a escola ser bem conhecida por produzir violinistas de classe mundial, muitos desses alunos provavelmente se classificariam entre os melhores do mundo dentro de uma década ou duas. Nem todos eles seriam tão bem-sucedidos, é claro. A academia tinha uma variedade de alunos de violino que iam do bom ao muito bom e ao ótimo, o que nos deu a oportunidade de comparar a motivação dos vários alunos com os seus níveis de realização.

Inicialmente, solicitamos aos professores da academia de música que identificassem os alunos que tinham potencial para carreiras como solistas internacionais, a nata dos violinistas profissionais. Esses eram as prováveis futuras superestrelas, os alunos que intimidavam todos os seus colegas. Os professores nos indicaram 14 nomes. Destes, três não eram fluentes em alemão – e, portanto, seria difícil entrevistá-los –, e uma estava grávida e não seria capaz de praticar normalmente. Ficamos, assim, com 10 melhores alunos – sete mulheres e três homens. Os professores também identificaram alguns alunos de violino que eram muito bons, mas não superestrelas. Selecionamos 10 deles e os combinamos com os primeiros 10 alunos, levando em conta idade e sexo. Esses eram os "melhores" alunos. Finalmente, selecionamos outros 10 violinistas combinados por idade e sexo, todos do departamento de educação musical da faculdade. Esses alunos provavelmente acabariam como professores de música e, apesar de serem músicos certamente habilidosos quando comparados com o resto de nós, eram claramente menos qualificados do que os violinistas de qualquer um dos outros dois grupos. Muitos dos professores de música tinham se candidatado, sem sucesso, ao programa de solista e, em seguida, tinham sido aceitos no programa de professor de música. Este foi o nosso grupo "bom", o que nos deu três grupos que tinham obtido resultados muito diferentes nos níveis de desempenho: bom, um dos melhores e o melhor.[5]

Também recrutamos 10 violinistas de meia-idade da Berliner Philharmoniker (a atual Filarmônica de Berlim) e da Rundfunk-Sinfonieorchester Berlin, duas orquestras com reputação internacional. Os professores de música da academia nos disseram que seus melhores alunos, muito provavelmente, acabariam atuando em uma dessas orquestras ou em conjuntos de qualidade similar em outros lugares da Alemanha; desse modo, os violinistas dessas orquestras serviam como um olhar para o futuro – um vislumbre do que os melhores violinistas na academia de música acabariam se tornando nos próximos 20 ou 30 anos.

Nosso objetivo era compreender o que separava os alunos violinistas verdadeiramente excepcionais daqueles que eram simplesmente bons. A visão tradicional defendia que as diferenças entre os indivíduos que atuavam nesses níveis mais elevados seriam devidas principalmente ao talento inato. Assim, as diferenças na quantidade e no tipo de prática – em essência, as diferenças de motivação – não teriam importância nesse nível. Nós queríamos ver se essa visão tradicional estava errada.

O desafio do violino

É difícil descrever a dificuldade de tocar um violino – e, desse modo, explicar quanta habilidade um bom violinista realmente possui – para alguém cujo único contato com o violino foi ouvir o instrumento sendo tocado por um profissional. Nas mãos certas, nenhum instrumento soa mais bonito do que ele, mas coloque-o nas mãos erradas e ele soará como se você estivesse pisando no rabo de um gato e ouvindo os sons resultantes. Tentar apenas uma única nota aceitável em um violino – uma que não guinche, não chie, nem assobie, que não seja nem bemol nem sustenido, que capte o tom do instrumento – requer uma grande dose de prática, e aprender a tocar bem aquela única nota é apenas o primeiro passo de uma longa e desafiadora jornada.

As dificuldades começam com o fato de que o braço do violino não tem trastes, aquelas arestas de metal encontradas no braço de um violão ou guitarra que o dividem em notas separadas e garantem que, desde que o instrumento esteja afinado, cada nota tocada não soará nem bemol nem sustenido. Como o violino não tem trastes, o violinista deve colocar os seus dedos exatamente no ponto certo do braço para produzir a nota desejada. A uma décima sexta parte de polegada fora da marca, a nota vai ser bemol ou sustenido. Se o dedo estiver muito longe da posição correta, o resultado é uma nota completamente diferente daquela desejada. E isso é apenas uma nota; cada nota acima e abaixo no braço do violino exige a mesma precisão. Os violinistas passam incontáveis horas executando escalas a fim de que possam mover os dedos da sua mão esquerda corretamente, de uma nota para a próxima, seja para cima ou para baixo em uma única corda ou movendo-se de uma corda para outra. E uma vez que estejam confortáveis com a colocação de seus dedos exatamente no lugar certo do braço, há várias sutilezas de dedilhados para dominar, começando com o vibrato, que é uma reverberação – e não um deslizamento – da ponta do dedo na corda, para cima e para baixo, o que faz com que a nota fique vibrante. Mais horas e horas de prática.

Além disso, o dedilhado é realmente a parte mais fácil. O uso adequado do arco acrescenta outro patamar de dificuldade. Como o arco é tensionado contra uma corda, a crina do arco pega a corda e a empurra um pouco, então a deixa escapar, pega-a novamente, deixa-a escapar, e assim por diante centenas ou mesmo milhares de vezes por segundo, dependendo da frequência das vibrações da corda. A maneira particular com que a corda se move em resposta à ação do arco, que empurra e solta, dá ao violino o seu som distintivo. Os violinistas controlam o volume da sua música, variando a pressão do arco na corda, mas a pressão deve permanecer dentro de um determinado intervalo; se a pressão for muita, o resultado é um ruído de guincho terrível, e se for muito pouca, produzirá um som que, embora seja menos ofensivo, não é considerado aceitável. Para complicar ainda mais, a faixa de pressões aceitáveis varia de acordo com a posição do arco ao longo da corda. Quanto mais próximo o arco estiver do cavalete, mais força é necessária para ficar dentro do ponto ideal.

Os violinistas devem aprender a mover o arco pelas cordas em uma variedade de maneiras diferentes, a fim de diversificar o som que ele produz. A pessoa pode puxar o arco suavemente através das cordas, parar momentaneamente, movimentar rapidamente para trás e para frente, erguer e deixar cair novamente nas cordas, ricochetear delicadamente nas cordas, e assim por diante – ao todo, isso representa mais de uma dúzia de técnicas de arco. O *spiccato*, por exemplo, implica quicar o arco em uma corda, saltando e voltando a quicar, enquanto o arco é movimentado para trás e para frente através da corda, produzindo uma série de notas curtas, em *staccato*. *Sautillé* é uma versão mais rápida do *spiccato*. Depois há ainda o *jeté, collé, détaché, martelé, legato, louré*, e outras técnicas, cada uma delas com seu som distintivo. Além disso, é fundamental levar em conta que todas essas técnicas do arco devem ser feitas em estreita coordenação com a mão esquerda, uma vez que é ela quem dedilha as cordas.

Essas não são habilidades que podem ser alcançadas em um ano ou dois de prática. Na verdade, todos os alunos que estudamos tocavam há bem mais de uma década – em geral começaram com 8 anos – e todos tinham seguido o padrão de treinamento que é normal para as crianças atualmente. Ou seja, começaram com lições sistemáticas e focadas desde muito cedo, tendo aulas com um professor de música geralmente uma vez por semana. Durante esse encontro semanal, o desempenho atual dos alunos era avaliado pelo professor, que identificava um par de metas imediatas de aperfeiçoamento e atribuía algumas atividades práticas que um aluno motivado seria capaz de atingir com a prática solitária durante a semana que antecederia a próxima aula.

Uma vez que a maioria dos alunos passa o mesmo período de tempo a cada semana com seu professor de música – uma hora –, a principal diferença no treinamento de um aluno em relação aos outros está no período de tempo que dedica à prática solitária. Entre os alunos mais dedicados – tais como aqueles que acabaram estudando na Academia de Berlim – não é incomum que, na idade de 10 a 11 anos, eles passem 15 horas por semana focados na prática, tempo em que estão seguindo os ensinamentos planejados por seus professores para desenvolverem técnicas específicas. E, à medida que se tornam mais velhos, os alunos mais comprometidos geralmente aumentam o seu período de tempo de treinamento semanal.

Um dos aspectos que diferenciam o treinamento em violino do treinamento em outras áreas – futebol, por exemplo, ou álgebra – é que o conjunto de habilidades esperadas de um violinista é inteiramente padronizado, como o são muitas das instruções técnicas. Dado que a maioria das técnicas de violino têm décadas ou mesmo séculos de idade, esse campo teve a chance de concentrar a atenção na forma correta ou "melhor" maneira de segurar o violino, de movimentar a mão durante o vibrato, de movimentar o arco durante o *spiccato*, e assim por diante. As várias técnicas podem não ser fáceis de controlar, mas é possível mostrar a um aluno exatamente o que ele deve fazer e como deve fazê-lo para dominá-las.

Tudo o que isso significa é que os alunos de violino da Universidade de Artes de Berlim oferecem uma oportunidade quase perfeita para testar o papel que a motivação representa no desenvolvimento de desempenho do *expert* e, em termos mais gerais, para identificar o que diferencia os bons intérpretes dos muito melhores.

Bom *versus* melhor *versus* o melhor

Para procurar essas diferenças, entrevistamos detalhadamente cada um dos 30 alunos violinistas que faziam parte do nosso estudo. Perguntamos a eles sobre seus históricos musicais — quando começaram a estudar música, quem eram seus professores, quantas horas por semana eles passavam realizando treinamento solitário em cada idade, quais competições eles venceram, e assim por diante. Pedimos a eles que nos dessem suas opiniões sobre a importância das diversas atividades na melhoria de seu desempenho — treinar sozinho, praticar em um grupo, tocar sozinho por diversão, tocar em um grupo para se divertir, atuar solo, atuar em um grupo, ter aulas, dar aulas, ouvir música, estudar teoria musical, e assim por diante. Perguntamos a eles quanto esforço essas várias atividades requeriam e quanto prazer imediato eles obtinham enquanto as estavam desenvolvendo. Pedimos a eles que calculassem quanto tempo passaram em cada uma dessas atividades durante a semana anterior. Finalmente, devido ao fato de estarmos interessados em quanto tempo passaram em treinamento ao longo dos anos, pedimos que calculassem, para cada ano, desde que começaram a estudar música, quantas horas por semana, em média, passaram realizando prática solitária.

Também pedimos aos 30 alunos de música que registrassem diariamente cada um dos próximos sete dias, detalhando exatamente como passaram o seu tempo. Nos diários eles registrariam suas atividades progressivamente em intervalos de 15 minutos: dormir, comer, ir para a aula, estudar, praticar sozinho, praticar com os outros, atuar, e assim por diante. Quando eles terminaram, tivemos um quadro bastante detalhado de como passaram seus dias, bem como uma ideia muito boa de seu histórico de prática.[6]

Os alunos de todos esses três grupos deram respostas similares para a maioria das perguntas. Praticamente todos os alunos se mostraram de acordo, por exemplo, sobre a prática solitária ser o fator mais importante na melhoria do seu desempenho. Seguiram-se fatores como praticar com os outros, ter aulas, executar uma peça (especialmente uma execução solo), ouvir música e estudar teoria musical. Muitos deles também apontaram que uma boa noite de sono era muito importante para o seu aperfeiçoamento. Devido ao fato de o treinamento ser tão intenso, eles precisavam recarregar suas baterias com uma noite inteira bem dormida – e muitas vezes com um cochilo à tarde.

Uma das nossas descobertas mais significativas foi a de que a maioria dos fatores identificados pelos alunos como importantes para o aperfeiçoamento também era considerada trabalho intensivo e não muito divertido; as únicas exceções foram ouvir música e dormir. Todos, desde os alunos muito melhores até os futuros professores de música concordaram: o aperfeiçoamento era duro, e eles não se divertiam com o trabalho que precisavam fazer para melhorar. Em suma, não havia nenhum aluno que gostasse apenas de praticar e, desse modo, precisasse de menos motivação do que os outros. Esses alunos eram motivados a treinar intensamente e com concentração total porque viam essa prática como essencial para o aperfeiçoamento de seu desempenho.

A outra descoberta crucial foi que havia apenas uma diferença importante entre os três grupos. Essa diferença era o número total de horas que os alunos dedicavam à prática solitária.

Utilizando as estimativas dos alunos sobre a quantidade de horas dedicada por semana à prática solitária desde que começaram a tocar violino, calculamos o número total de horas que eles passaram praticando sozinhos até a idade de 18 anos, idade em que, geralmente, entraram para a academia de música. Apesar de as memórias nem sempre serem confiáveis, os alunos dedicados desse tipo geralmente reservam períodos fixos para a prática diária em uma agenda semanal – e eles o fazem desde muito cedo na formação musical –, desse modo achamos que é provável que os seus cálculos retrospectivos de quanto tempo passaram praticando em várias idades seriam relativamente precisos.[7]

Descobrimos que os melhores alunos de violino haviam passado, em média, significativamente mais tempo praticando do que alguns dos melhores alunos e que os dois grupos principais – "melhores" e "os melhores" – passaram muito mais tempo na prática solitária do que os alunos de educação musical. Especificamente, os alunos de educação musical tinham praticado uma média de 3.420 horas no violino até a época em que completaram 18 anos; aqueles que estavam entre os melhores alunos de violino haviam praticado uma média de 5.301 horas; e os melhores alunos de violino tinham praticado uma média de 7.410

horas. Ninguém tinha sido negligente – até o menos talentoso dos alunos contava em milhares o número de horas de prática, muito mais do que qualquer um que tocasse violino apenas por diversão – mas essas eram, claramente, grandes diferenças no tempo dedicado à prática.

Olhando mais de perto, descobrimos que as principais diferenças no tempo da prática entre os três grupos de alunos surgiram nos anos de pré-adolescência e juventude. Essa é uma época particularmente desafiadora para os jovens conseguirem manter a prática de sua música, por causa dos muitos interesses que competem pela sua disponibilidade de tempo – estudar, fazer compras, sair com os amigos, participar de festas e assim por diante. Nossos resultados indicam que esses pré-adolescentes e adolescentes que puderam manter e até mesmo aperfeiçoar seu pesado horário de prática durante esses anos terminaram no grupo dos melhores violinistas da academia.

Também calculamos os horários de prática estimados para os violinistas de meia-idade que trabalham na Filarmônica de Berlim e na Rundfunk-Sinfonieorchester Berlin e descobrimos que o tempo que haviam passado praticando antes da idade de 18 anos – uma média de 7.336 horas – era quase idêntico ao que os melhores alunos de violino da academia de música tinham relatado.

Há um sem-número de fatores que não incluímos no nosso estudo que podiam ter influenciado – e de fato, provavelmente, *influenciaram* – os níveis de habilidades dos violinistas nos diferentes grupos. Por exemplo, os alunos que tiveram sorte o bastante para trabalhar com professores excepcionais teriam, provavelmente, progredido mais rapidamente do que aqueles que trabalharam com professores que eram apenas bons.

Mas duas coisas eram visivelmente claras para o estudo. Em primeiro lugar, para se tornar um excelente violinista são precisos vários milhares de horas de prática. Não encontramos nenhum atalho e nenhum "prodígio" para alcançar um nível de *expert* com relativamente pouca prática. Em segundo lugar, mesmo entre esses músicos privilegiados – todos os quais tinham sido admitidos na melhor academia de música da Alemanha –, os violinistas que passaram significativamente um maior número de horas treinando a sua técnica estavam, em média, mais realizados do que aqueles que tinham passado menos tempo praticando.

O mesmo padrão que vimos entre os alunos violinistas tem sido visto entre os atores em outras áreas. Observar esse padrão com precisão depende de se obter uma boa estimativa do número total de horas de prática que a pessoa investiu para desenvolver uma habilidade – o que nem sempre é fácil de fazer – e também de ser capaz de dizer com alguma objetividade quem é bom, um dos melhores e o melhor em um determinado campo, o que também nem sempre é fácil de fazer. Mas quando consegue fazer essas duas coisas, você geralmente descobre que os melhores intérpretes são os que passaram a maior parte do tempo em diversos tipos de prática intencional.

Há apenas poucos anos, eu e dois colegas, Carla Hutchinson e Natalie Sachs-Ericsson (que também é minha mulher), estudamos um grupo de dançarinos de balé para ver que papel a prática desempenhava em seu êxito pessoal.[8] Os dançarinos com quem trabalhamos faziam parte do Balé Bolshoi da Rússia, do Balé Nacional do México e de três companhias nos Estados Unidos: o Balé de Boston, o Teatro de Dança do Harlem e o Balé de Cleveland. Fornecemos questionários a todos eles para saber quando começaram a treinar e quantas horas por semana eles dedicavam à prática – que consistia principalmente no tempo de treinamento passado em um estúdio sob a direção de um instrutor – e excluímos especificamente ensaios e apresentações. Julgávamos o nível de habilidade de um dançarino determinando em que tipo de companhia de balé ele ou ela se apresentava – uma companhia regional, como a do Balé de Cleveland, ou uma companhia nacional, como a do Teatro de Dança do Harlem, ou uma companhia internacional, como a do Bolshoi ou a do Balé de Boston – e também determinando o nível mais alto que o bailarino havia atingido dentro da companhia, se era um primeiro bailarino, um solista, ou apenas um membro do grupo de artistas. A idade média dos dançarinos era de 26 anos, porém o mais jovem tinha 18 anos, então, de modo a ter uma comparação justa, olhamos a quantidade acumulada de prática com a idade de 17 anos e o nível de habilidade atingido aos 18 anos.

Embora nós estivéssemos trabalhando com medidas bastante incipientes – tanto do total de horas de prática quanto das habilidades dos dançarinos –, ainda havia uma relação bem forte entre a quantidade de tempo investido na prática e a ascensão de uma bailarina no mundo do balé, apontando que aqueles que mais praticavam eram os melhores dançarinos, pelo menos de acordo com as companhias em que dançavam e com as posições que ocupavam nessas trupes. Não havia nenhuma diferença significativa entre os dançarinos de diferentes países em termos do número de horas de prática eles precisavam para alcançar certo nível de proficiência.

Do mesmo modo que os violinistas, o único fator que determinava significativamente um nível de habilidade final de uma bailarina individual era o número total de horas dedicado à prática. Quando calculamos quanto tempo os dançarinos haviam passado praticando durante 20 anos, descobrimos que tinham atingido em média mais de 10.000 horas de prática. No entanto, alguns dançarinos haviam trabalhado muito mais tempo do que essa média, enquanto outros haviam trabalhado muito menos. Essa diferença no treinamento corresponde à diferença entre o bom, um dos melhores e o melhor, entre os dançarinos. Novamente não descobrimos nenhum sinal de alguém que tenha nascido com a sorte de ter um talento que tornasse possível alcançar os níveis mais altos do balé sem que fosse preciso trabalhar arduamente ou até mais arduamente do que qualquer outra pessoa. Outros estudos sobre os dançarinos de balé mostraram a mesma coisa.

Até agora é seguro concluir, a partir dos muitos estudos realizados sobre uma ampla variedade de disciplinas, que ninguém desenvolve habilidades extraordinárias sem se submeter a enormes quantidades de prática. Não conheço nenhum cientista sério que duvide dessa conclusão. Não importa a área que você estude – música, dança, esportes, jogos competitivos ou qualquer outra coisa com medidas objetivas de desempenho –, você descobrirá que os melhores atores dedicaram um tremendo período de tempo para desenvolver suas habilidades. Sabemos a partir de estudos sobre os melhores jogadores de xadrez do mundo, por exemplo, que quase nenhum deles alcançou o nível de grande mestre com menos de uma década de estudos intensos.[9] Mesmo Bobby Fischer, que na época foi a pessoa mais jovem entre todas a se tornar um grande mestre[10] e que muitos consideram o maior jogador de xadrez da história, estudou xadrez durante nove horas antes de alcançar o nível de grande mestre. Desde a façanha de Fisher, outros conseguiram obter o *status* de grande mestre com idades cada vez mais jovens, uma vez que os avanços nos métodos de treinamento e de prática tornaram possível ao indivíduo se aperfeiçoar ainda mais rapidamente, mas ainda são precisos muitos anos de prática continuada para uma pessoa se tornar um grande mestre.

Os princípios da prática deliberada

Nos campos mais altamente desenvolvidos – aqueles que se beneficiaram de muitas décadas ou até mesmo séculos de sólido aprimoramento, com uma geração passando para a próxima as lições e as habilidades que aprenderam –, a aproximação à prática individualizada é surpreendentemente uniforme. Não importa para onde você olhe – a atuação musical, o balé ou os esportes, como patinação artística ou ginástica –, vai descobrir que o treinamento segue um conjunto de princípios muito similar. Aquele estudo com os alunos de violino de Berlim me apresentou a esse tipo de prática que chamei de "prática deliberada",[11] e desde então eu a tenho estudado em relação a muitos outros campos. Quando meus colegas e eu publicamos nossos resultados sobre os alunos de violino, descrevemos a prática deliberada como se segue.

Começamos percebendo que o nível de desempenho em áreas como a atuação musical e as atividades esportivas aumentou enormemente ao longo do tempo e que, conforme os indivíduos desenvolviam habilidades e desempenhos maiores e mais complexos, os professores e treinadores criaram vários métodos para ensinar essas habilidades. A melhora no desempenho geralmente tem andado de mãos dadas com o desenvolvimento dos métodos de ensino e, atualmente, qualquer pessoa que deseje se tornar um *expert* em um desses campos vai precisar da ajuda de um instrutor. Devido ao fato de poucos alunos poderem arcar com os custos de um professor em tempo integral, o padrão é ter aulas uma ou algumas vezes por semana, em que os professores atribuem ao aluno uma série de atividades práticas que ele deve realizar entre as aulas. Essas atividades são geralmente projetadas tendo em mente as capacidades atuais do aluno e têm a intenção de pressioná-lo para que se mova um pouco além do nível de sua habilidade atual. Foram essas atividades práticas que meus colegas e eu definimos como "prática deliberada".

Em resumo, estávamos dizendo que a prática deliberada é diferente da prática intencional de duas importantes maneiras: em primeiro lugar, ela requer um campo que já esteja razoavelmente bem desenvolvido – ou seja, um campo no qual os melhores atores alcançaram um nível de desempenho que os coloca claramente distantes de pessoas que estão apenas entrando no campo. Estamos nos referindo a atividades como a execução musical (obviamente), balé e outros tipos de dança, xadrez e muitos esportes individuais e coletivos, particularmente os esportes nos quais os atletas são pontuados por seu desempenho individual, como ginástica, patinação artística ou prática de mergulho. Quais as áreas que não se qualificam? Praticamente qualquer área em que haja pouca ou nenhuma competição direta, como a jardinagem e outros passatempos, por exemplo, além de muitos dos empregos em locais de trabalho atuais – como gerente de negócios, professor, eletricista, engenheiro, consultor, e assim por diante. Essas não são áreas onde você provavelmente vai encontrar conhecimento acumulado sobre a prática deliberada, simplesmente porque não há critérios objetivos para um desempenho superior.

Em segundo lugar, a prática deliberada requer um professor que possa fornecer as atividades práticas projetadas para ajudar um aluno a melhorar seu desempenho. É claro que, antes que esses professores possam existir, deve haver indivíduos que tenham atingido certo nível de desempenho com métodos de prática que possam ser transmitidos aos outros.

Com essa definição, estamos esboçando uma clara distinção entre a prática intencional – na qual uma pessoa tenta duramente se esforçar para melhorar – e a prática que é ao mesmo tempo intencional e *informada*. A prática deliberada é, em particular, informada e orientada pelas melhores realizações dos atores e por uma compreensão do que esses atores *experts* fazem para se destacar. A prática deliberada é a prática intencional que sabe para onde está indo e como chegar lá.

Resumidamente, a prática deliberada é caracterizada pelos seguintes traços:

- A prática deliberada desenvolve habilidades que outras pessoas já descobriram como desenvolver e para as quais as técnicas de treinamento eficazes já foram estabelecidas. O regime da prática deve ser concebido e supervisionado por um professor ou treinador que esteja familiarizado com as habilidades dos atores *experts* e com a forma como essas habilidades podem ser mais bem desenvolvidas.

- A prática deliberada acontece fora da zona de conforto do indivíduo e requer que o aluno experimente constantemente atividades que estão além de suas habilidades atuais. Dessa forma, ela demanda um esforço que se aproxima do máximo, o que, geralmente, não é agradável.

- A prática deliberada envolve objetivos bem definidos e específicos e frequentemente implica a melhoria de algum aspecto do desempenho-alvo; não visa a alguma melhoria geral indefinida. Uma vez que uma meta global tenha sido estabelecida, um professor ou treinador irá desenvolver um plano para fazer uma série de pequenas mudanças que irão se somar a uma mudança maior desejada. Ao melhorar algum aspecto do alvo do desempenho, permite-se que o ator veja que suas atuações foram aprimoradas pelo treinamento.

- A prática deliberada é deliberada, isto é, requer a totalidade da atenção e das ações conscientes de uma pessoa. Não basta simplesmente seguir as orientações de um professor ou treinador. O aluno deve se concentrar no objetivo específico para a sua atividade prática, de modo que os ajustes possam ser feitos para controlar a prática.

- A prática deliberada envolve *feedback* e modificação dos esforços em resposta àquele *feedback*. Inicialmente, no processo de treinamento boa parte do *feedback* virá do professor ou treinador, que irá monitorar o progresso, apontar os problemas e oferecer caminhos para resolvê-los. Com o passar do tempo e a experiência, os alunos devem aprender a monitorar a si próprios, detectar erros e corrigi-los apropriadamente. Esse automonitoramento requer representações mentais eficazes.

- A prática deliberada simultaneamente produz e depende de representações mentais eficazes. O aprimoramento do desempenho anda de mãos dadas com o aprimoramento das representações mentais. À medida que o desempenho de um indivíduo melhora, as representações se tornam mais detalhadas e mais eficazes e, por sua vez, possibilitam que ele melhore ainda mais. As representações mentais propiciam que o indivíduo monitore como está se saindo, tanto na prática quanto no desempenho real. Elas mostram o caminho correto para fazer alguma coisa e permitem perceber quando se está fazendo algo errado e, assim, corrigi-lo.

- A prática deliberada quase sempre envolve a construção ou a modificação de habilidades previamente adquiridas, concentrando-se em aspectos peculiares dessas habilidades e trabalhando especificamente para melhorá-los. Ao longo do tempo, esse aperfeiçoamento passo a passo acabará por levar a um desempenho de *expert*. Por causa da maneira com que essas novas habilidades são construídas sobre habilidades existentes anteriormente, é importante que os professores abasteçam os iniciantes com as habilidades fundamentais corretas, a fim de minimizar as chances de que mais tarde, quando já se encontrar em um nível mais avançado, o aluno tenha que reaprender aquelas habilidades fundamentais.

Aplicando os princípios da prática deliberada

Como foi dito, a prática deliberada é uma forma muito especializada de prática. Você precisa de um professor ou um treinador que aponte as técnicas de prática projetadas para ajudá-lo a se aperfeiçoar em habilidades muito específicas. Esse professor ou treinador deve se basear em um corpo de conhecimento altamente desenvolvido sobre a melhor maneira de ensinar essas habilidades. E o próprio campo deve possuir um conjunto de habilidades altamente desenvolvido que esteja disponível para ser ensinado. Há relativamente poucos campos – interpretação musical, xadrez, balé, ginástica, e o resto dos campos de costume – nos quais todas essas coisas são verdadeiras e possíveis de se envolverem na prática deliberada no sentido mais estrito.

Mas não se preocupe – mesmo que a prática deliberada no sentido mais estrito não seja possível em seu campo, você ainda pode usar os princípios da mesma como um guia para desenvolver o tipo de prática mais eficaz possível em sua área.

Para dar um exemplo simples, vamos voltar mais uma vez à memorização de sequências de dígitos. Quando Steve estava trabalhando para melhorar o número de dígitos de que podia se lembrar, ele, obviamente, não estava usando a prática deliberada para melhorar. Naquela época não havia ninguém que pudesse se lembrar de 40 ou 50 dígitos, e havia recordes de apenas um pequeno grupo de pessoas que conseguiu se lembrar de mais de 15.[12] Não havia nenhum método de treinamento conhecido e, naturalmente, não havia nenhum professor oferecendo aulas. Steve teve que calcular isso por tentativa e erro.

Atualmente, muitas pessoas – centenas ou mais – treinam para se lembrar de sequências de dígitos a fim de participar de competições de memória. Algumas pessoas conseguem se lembrar de 300 ou mais dígitos. Como elas fazem isso? Não pela prática deliberada, pelo menos no seu sentido mais estrito. Até onde eu sei, não há nenhum instrutor de memória de dígitos por aí.

No entanto, hoje em dia, algo é diferente do que era quando Steve Faloon estava treinando: agora existem algumas técnicas muito conhecidas para treinar a sua memória para longas sequências de dígitos. Essas técnicas tendem a ser variantes do método que Steve desenvolveu – ou seja, elas dependem da memorização de pedaços de dois, três ou quatro dígitos e, em seguida, de organizar esses grupos em uma estrutura de recuperação, de forma que eles possam ser recordados em ordem, mais tarde.

Eu vi esse tipo de técnica em ação quando trabalhei com Yi Hu para estudar um dos melhores memorizadores de dígitos do mundo, Feng Wang, da China.[13] Em 2011, no Campeonato Mundial de Memória, Feng estabeleceu o que foi então o recorde mundial, relembrando-se de 300 dígitos citados a um ritmo de um por segundo. Logo que o assistente do professor Hu testou a técnica de memória codificada de Feng, ficou claro para mim que seu método era semelhante ao de Steve em espírito, mas bastante diferente – e muito mais cuidadosamente planejado – nos seus detalhes. Feng baseou seu método em algumas das bem conhecidas técnicas que mencionei acima.

Feng começou desenvolvendo um conjunto de imagens passíveis de memorização que ele associou com cada uma das centenas de pares de dígitos de 00 até 99. Depois desenvolveu um "mapa" de localizações físicas que ele podia visitar em sua mente numa ordem muito específica. Isso é uma versão contemporânea do "palácio da memória" que as pessoas usavam desde a época dos antigos gregos para se lembrar de grandes quantidades de informação.[14] Quando Feng ouve uma sequência de dígitos, ele pega cada conjunto de quatro números, codifica-o como um par de imagens correspondentes aos dois primeiros dígitos no conjunto e aos segundos dois dígitos, e mentalmente coloca aquele par de imagens no local apropriado ao longo do seu mapa mental. Por exemplo, em uma tentativa ele codificou a sequência de quatro dígitos 6389 como uma banana (63) e um macaco (89) e então os colocou mentalmente em um pote; para se lembrar da imagem ele pensava consigo mesmo "Há uma banana no pote, um macaco divide a banana". Uma vez que todos os dígitos da lista foram lidos para ele, Feng se recorda dos números viajando mentalmente ao longo da rota de seu mapa, lembrando-se de qual imagem estava em cada localização, e então traduzindo essas imagens de volta para os números correspondentes. Da mesma forma que Steve antes dele, Feng conta com sua memória de longo prazo, criando associações entre os números na sequência e os itens já situados em sua memória de longo prazo, movendo-se assim para muito além das limitações impostas pela memória de curto prazo.[15] Mas Feng está fazendo isso de maneira muito mais sofisticada e eficaz do que Steve fazia.

Os competidores de memória atuais podem aprender com as experiências daqueles que vieram antes deles. Identificam os melhores praticantes – uma tarefa fácil, porque se trata de quem pode memorizar o maior número de dígitos – e então determinam o que permitiu a esses praticantes atuarem tão bem e, a partir daí, desenvolvem técnicas de treinamento que farão com que eles próprios tenham aquelas habilidades. Apesar de possivelmente não possuírem professores para projetar suas sessões de treinos, eles podem recorrer ao conselho de *experts* anteriores registradas em livros ou entrevistas. E os *experts* em memória frequentemente ajudarão outros que queiram adquirir habilidades semelhantes. Dessa forma, apesar de o treinamento de memória de dígitos não ser uma prática deliberada no sentido estrito, ele capta o elemento mais importante – aprender com os melhores antecessores –, o que se revelou suficiente para gerar rápidas melhorias no campo.

Esse é o primeiro esquema para melhorar em qualquer ocupação: chegar o mais perto que você puder da prática deliberada. Se você estiver em um campo onde a prática deliberada é uma opção, você deve agarrar essa opção. Se não for, aplique os princípios da prática deliberada o máximo possível. Na prática, isso muitas vezes se resume à prática intencional com alguns passos extras: em primeiro lugar, identificar os atores *experts*, em seguida, descobrir o que eles fazem que os torna tão bons, depois, chegar a técnicas de treinamento que lhe permitam também fazer a mesma coisa.

Ao determinar quem são os *experts*, o ideal é usar alguma medida objetiva para separar os melhores do resto deles. Isso é relativamente fácil naquelas áreas que envolvem competição direta, tais como esportes e jogos individuais. Também é razoavelmente simples escolher os melhores atores nas artes cênicas, as quais, apesar de serem mais dependentes de julgamentos subjetivos, ainda envolvem padrões bem aceitos de desempenho e claras expectativas em relação ao que os atores *experts* fazem. (Quando atletas ou atores são parte de um grupo, isso se torna mais complicado, no entanto muitas vezes ainda existem ideias claras sobre quais indivíduos estão entre os melhores, no meio, ou na parte mais fraca do grupo.) Em outras áreas, no entanto, pode ser muito difícil identificar os verdadeiros *experts*. Como alguém identifica, por exemplo, os melhores médicos, os melhores pilotos ou os melhores professores? O que isso significa quando se fala dos melhores gerentes de negócios ou dos melhores arquitetos ou, ainda, dos melhores executivos de publicidade?

Se você está tentando identificar os melhores atores em uma área que carece de competição de igual para igual, baseada em regras ou claras medidas objetivas de desempenho (como pontuações ou prazos), mantenha uma coisa em mente: julgamentos subjetivos são inerentemente vulneráveis a todos os tipos de preconceitos. A pesquisa tem mostrado que as pessoas são influenciadas por fatores como educação, experiência, reconhecimento, antiguidade e, até mesmo, simpatia e atratividade, quando estão julgando a competência e a *expertise* geral de outra pessoa. Já notamos, por exemplo, como as pessoas muitas vezes assumem que os médicos mais experientes são melhores do que os menos experientes, e as pessoas também assumem que alguém com vários diplomas será mais competente do que alguém que tenha apenas um ou nenhum. Mesmo no julgamento da interpretação musical, que deveria ser mais objetivo do que na maioria dos outros campos, a pesquisa tem mostrado que os juízes podem ser influenciados por certos fatores irrelevantes como a reputação do intérprete, o sexo e a atração física.[16]

Em muitos campos, pessoas que são amplamente aceitas como *"experts"*, na verdade não são atores *experts* quando julgadas por um critério objetivo. Um dos meus exemplos favoritos desse fenômeno diz respeito aos *"experts"* em vinho. Muitos de nós assumimos que seus paladares altamente desenvolvidos podem distinguir sutilezas e nuances nos vinhos que não são aparentes para o resto de nós, mas os estudos têm mostrado que seus poderes são exagerados demais. Por exemplo, sabe-se que as classificações dadas a cada vinho frequentemente variam muito de especialista para especialista. Um artigo de 2008, publicado no *Journal of Wine Economics,* informou que especialistas em vinho nem sequer concordam com eles mesmos.

Robert Hodgson, o proprietário de uma pequena vinícola na Califórnia, entrou em contato com o juiz principal da competição anual de vinho na Feira Estadual da Califórnia, na qual milhares de vinhos são introduzidos a cada ano, e sugeriu um experimento.[17] A competição está configurada de forma que cada juiz experimenta um grupo de 30 vinhos de cada vez. Os vinhos não são identificados, de modo que o juiz não pode ser influenciado pela reputação ou por outros fatores. Hodgson sugeriu que, em diversos desses grupos, os juízes recebessem três amostras do mesmo vinho. Será que eles dariam a essas amostras idênticas a mesma nota, ou suas notas iriam variar?

O juiz principal concordou, e Hodgson fez esse experimento em quatro feiras estaduais consecutivas, entre 2005 e 2008. Ele descobriu que muito poucos juízes classificaram as três amostras idênticas da mesma maneira. Era comum que um juiz aplicasse notas que variavam em mais ou menos quatro pontos – isto é, uma amostra era dada uma nota de 91 pontos, a uma segunda amostra do mesmo vinho, essa nota era de 87, e a terceira amostra recebia 83 pontos. Essa é uma diferença significativa: um vinho de 91 pontos é um bom vinho que alcançaria um preço bastante bom, enquanto um vinho de 83 pontos não tem nada de especial. Alguns juízes determinaram que uma das três amostras era digna de uma medalha de ouro e outra das três mereceria apenas uma medalha de bronze – ou nenhuma medalha. E, embora em um determinado ano, alguns juízes tivessem sido mais consistentes do que outros, quando Hodgson comparou-os ano a ano, descobriu que os juízes que foram consistentes um determinado ano foram inconsistentes no próximo. Nenhum dos juízes – e eles eram *sommeliers*, críticos de vinho, produtores, consultores de vinho e compradores de vinho – provou ser consistente o tempo todo.

A pesquisa mostrou que os *"experts"* em muitos campos não têm um desempenho confiavelmente melhor do que o de outros membros menos conceituados da profissão – ou às vezes até do que o de pessoas que não tiveram absolutamente nenhum treinamento. Em seu influente livro *House of Cards: Psychology and Psychotherapy Built on Myth*, a psicóloga Robyn Dawes descreveu uma pesquisa mostrando que psiquiatras e psicólogos credenciados não eram mais eficazes na realização de terapia do que os leigos que tinham recebido um treinamento mínimo.[18] Do mesmo modo, muitos estudos verificaram que o desempenho dos "especialistas" financeiros na escolha de ações é pouco ou nada melhor do que o desempenho de novatos ou das escolhas ao acaso.[19] E, como observamos antes, os médicos de clínica geral com várias décadas de experiência, por vezes, têm um desempenho pior, quando julgado por medidas objetivas, do que os médicos com apenas poucos anos de experiência – principalmente porque os médicos mais jovens frequentaram a escola médica mais recentemente, então seu treinamento está mais atualizado e eles são mais propensos a se lembrar dele. Contrariando as expectativas, a experiência não leva a um melhor desempenho entre muitas categorias de médicos e enfermeiros.[20]

A lição aqui é clara: tenha cuidado quando identificar atores *experts*. De preferência, você deseja alguma medida objetiva de desempenho com a qual possa comparar as habilidades das pessoas. Se tais medidas não existem, procure chegar o mais perto possível delas. Por exemplo, em áreas onde o desempenho de uma pessoa ou produto pode ser observado diretamente – um roteirista ou um programador – o julgamento por pares é um bom lugar para se começar, embora seja preciso manter em mente a possível influência do preconceito inconsciente. No entanto muitos profissionais, inclusive os médicos, psicoterapeutas e professores, na maioria das vezes, trabalham por conta própria, e os outros profissionais em seus campos podem saber muito pouco sobre as suas práticas ou sobre os seus resultados com os pacientes e os alunos. Assim, uma boa regra prática é procurar pessoas que trabalhem intimamente com muitos outros profissionais, tal como uma enfermeira que desempenha um papel em várias equipes diferentes de cirurgia e pode comparar seus desempenhos e identificar o melhor. Outro método é procurar as pessoas que os próprios profissionais procuram quando precisam de ajuda com uma situação particularmente difícil. Converse com as pessoas sobre quem elas acham que são os melhores atores em seus campos, mas tenha a certeza de lhes perguntar que tipo de experiência e de conhecimento elas possuem para serem capazes de julgar um profissional como sendo melhor que outro.

Em um campo com o qual você está familiarizado – como o seu próprio trabalho –, pense cuidadosamente sobre o que caracteriza um bom desempenho e tente obter maneiras de medir isso, mesmo que haja certa quantidade de subjetividade em sua medição. Então procure por aquelas pessoas que têm a melhor classificação nas áreas que você considera fundamentais para um desempenho superior. Lembre-se de que o ideal é encontrar medidas objetivas e reproduzíveis que distingam consistentemente os melhores do resto, e se esse ideal não for possível, aproxime-se dele o mais que puder.

Uma vez que você tenha identificado os atores *experts* em um campo, o próximo passo é calcular especificamente o que eles fazem que os destaca dos outros, pessoas menos talentosas no mesmo campo, e que métodos de treinamento ajudaram-nos a chegar lá. Isso nem sempre é fácil. Por que determinado professor aperfeiçoa o desempenho dos alunos mais do que outro? Por que um cirurgião tem melhores resultados do que outro? O que faz com que um vendedor realize consistentemente mais vendas do que outro? Geralmente você pode trazer um *expert* no campo a fim de observar o desempenho de vários indivíduos e fazer sugestões sobre o que eles estão fazendo bem feito e em que precisam melhorar. Mas mesmo para especialistas, pode não ser óbvio o que diferencia exatamente o melhor ator de todos os outros.

Parte do problema é o papel essencial que as representações mentais desempenham. Em muitos campos, é a qualidade das representações mentais que separa os melhores do resto. Mas, por sua própria natureza, as representações mentais não são diretamente observáveis.

Considere mais uma vez a tarefa de memorizar sequências de dígitos. Alguém que tenha assistido a um filme de Steve Faloon repetindo uma sequência de 82 dígitos e que tenha visto Feng Wang repetindo 300 dígitos obviamente sabe quem era melhor, mas não haveria nenhuma maneira de saber o porquê, uma vez que, tendo passado dois anos colecionando relatórios verbais sobre os processos de pensamento de Steve e projetando experimentos para testar ideias sobre suas representações mentais, eu era capaz de usar os mesmos métodos[21] quando meu colega Yi Hu e eu estudamos Feng Wang. Por ter estudado meia dúzia de *experts* em representações mentais, foi mais fácil para mim identificar as diferenças críticas entre Steve e Feng, mas isso é a exceção, não a regra. Mesmo os pesquisadores de psicologia estão somente agora começando a explorar o papel das representações mentais na compreensão de por que algumas pessoas têm um desempenho muito melhor que outras e há muito poucas áreas nas quais podemos dizer isso com certeza: "Aqui estão os tipos de representações mentais que o ator *expert* no campo usa, e é por essa razão que elas são mais eficazes do que outros tipos de representações mentais que alguém possa usar". Se você possui uma habilidade psicológica, pode valer a pena conversar com um ator *expert* e tentar obter uma noção de como ele aborda tarefas e por quê. Mesmo com essa abordagem, no entanto, você provavelmente irá descobrir apenas uma pequena parte do que o torna especial, já que muitas vezes nem ele mesmo sabe. Discutiremos mais sobre isso no Capítulo 7.

Felizmente, em alguns casos, você pode contornar a situação imaginando o que coloca os próprios *experts* longe dos outros e simplesmente descobrir o que faz o treinamento deles se destacar. Por exemplo, nos anos 1920 e 1930, o corredor finlandês Paavo Nurmi estabeleceu 22 recordes em distâncias que iam de 1.500 m (pouco menos de uma milha) a 20 km (pouco menos de 12,5 milhas). Durante poucos anos ele foi imbatível em qualquer distância para a qual resolvesse treinar; todos os outros competiam pelo segundo lugar. Mas, com o tempo, outros corredores perceberam que a vantagem de Nurmi vinha do fato de ele ter desenvolvido novas técnicas de treinamento, tais como medir seu próprio ritmo com um cronômetro, usar um intervalo de treinamento para aumentar a velocidade e seguir um regime de treinamento que durava um ano inteiro, de modo que ele sempre estava treinando. Uma vez que essas técnicas foram amplamente adotadas, o desempenho foi elevado no campo inteiro.

Lição: uma vez que você tenha identificado um *expert*, perceba o que essa pessoa faz diferentemente das outras que possa explicar seu desempenho superior. Provavelmente há muitas coisas que a pessoa faz de modo diferente que não têm nada a ver com seu desempenho superior, mas ao menos esse é um ponto para se começar.

Em tudo isso, mantenha em mente que a ideia é fornecer informação à sua prática intencional e colocá-la em direções que serão mais eficazes. Se você percebe que alguma coisa funciona, continue fazendo; se não funciona, interrompa-a. Quanto mais você for capaz de adaptar seu treinamento para espelhar os melhores atores em seu campo, mais eficaz, provavelmente, será a sua formação.

Finalmente lembre-se de que, sempre que for possível, a melhor abordagem é trabalhar com um bom treinador. Um instrutor eficaz irá entender o que deve servir para um regime de treinamento bem-sucedido e será capaz de modificá-lo, quando necessário, para atender os alunos individualmente.

Trabalhar com esse tipo de professor é particularmente importante em áreas como a interpretação musical ou o balé, nas quais se leva mais de 10 anos para se tornar um *expert* e em que o treinamento é cumulativo, uma vez que o desempenho bem-sucedido de uma habilidade normalmente depende de se ter dominado anteriormente outras habilidades. Um instrutor versado pode levar o aluno a desenvolver uma boa fundamentação e, então, gradualmente, passar a construir sobre essa base para criar as habilidades esperadas nesse campo. Ao estudar piano, por exemplo, um aluno deve aprender a ter o adequado posicionamento dos dedos desde o início, pois, embora durante um tempo possa ser possível tocar peças mais simples com os dedos não colocados em suas posições ideais, as peças mais complicadas vão exigir que o aluno desenvolva os hábitos adequados. Um professor experiente irá compreender isso; nenhum aluno, não importa o quanto esteja motivado, pode esperar compreender essas coisas por si próprio.

Finalmente, um bom professor pode lhe dar valioso *feedback* que você não obteria de outra maneira. Um *feedback* eficaz é mais do que você ser informado se fez algo certo ou errado. Um bom professor de Matemática, por exemplo, prestará atenção em algo mais do que a mera resposta a um problema. Irá procurar ver exatamente de que maneira o aluno obteve aquela resposta, como um modo de compreender as representações mentais que o aluno está usando. Se necessário, irá aconselhá-lo sobre como pensar o problema de maneira mais eficaz.

Não, a lei das 10 mil horas não é realmente uma regra

Ralf Krampe, Clemens Tesch-Römer e eu publicamos o resultado de nosso estudo sobre os alunos de violino de Berlim em 1993. Esses achados tornaram-se uma parte importante da literatura científica sobre atores *experts* e, ao longo dos anos, um grande número de outros pesquisadores têm se referido a eles. Mas foi somente em 2008, com a publicação de *Outliers*, de Malcolm Gladwell,[22] que nossos resultados atraíram muita atenção de fora da comunidade científica. Em sua discussão sobre o que é necessário para se tornar o melhor ator em um dado campo, Gladwell ofereceu uma frase capciosa: "a regra das 10 mil horas". De acordo com essa regra, é preciso 10 mil horas de prática para se tornar um mestre na maioria dos campos. Nós realmente havíamos mencionado essa cifra em nosso relatório como o número médio de horas que os melhores violinistas tinham gasto em prática solitária no momento em que tinham 20 anos. O próprio Gladwell estimou que os Beatles investiram cerca de 10 mil horas de prática enquanto tocavam em Hamburgo, no início de 1960, e que Bill Gates falou em cerca de 10 mil horas de programação para desenvolver suas habilidades a um grau que lhe permitiu que encontrasse e desenvolvesse a Microsoft. Em geral, sugere Gladwell, a mesma coisa é verdade para basicamente todos os campos do esforço humano – as pessoas não se tornam *experts* em alguma coisa até que tenham investido cerca de 10 mil horas de prática.

A regra é irresistivelmente atraente. É fácil de ser lembrada, por uma razão. Teria sido muito menos eficaz se aqueles violinistas tivessem investido, digamos, 11 mil horas de prática no momento em que tinham 20 anos. E satisfaz o desejo humano de descobrir um relacionamento de simples causa e efeito: basta investir 10 mil horas de prática em qualquer coisa e você vai se tornar um mestre.

Infelizmente, essa regra – que é a única coisa que muitas pessoas sabem atualmente sobre os efeitos da prática – está errada de várias maneiras. (Porém, também é correta de uma maneira importante à qual vou chegar em breve.) Primeiramente, não há nada especial ou mágico sobre 10 mil horas. Gladwell podia igualmente ter mencionado a quantidade média de tempo que os melhores alunos de violino tinham praticado no momento em que tinham 18 anos – aproximadamente 7.400 horas –, mas ele escolheu se referir ao tempo total de prática que eles tinham acumulado no momento em que tinham 20 anos, porque esse era um número redondo. E, de qualquer modo, aos 18 ou aos 20 anos, esses alunos não estavam nem perto de se tornar mestres no violino. Eles eram muito bons, alunos promissores que estavam provavelmente se dirigindo para o topo do seu campo, mas ainda tinham um longo caminho a percorrer quando eu os estudei. Os pianistas que ganharam competições internacionais de piano tendem a fazer o mesmo no momento em que têm aproximadamente 30 anos e assim, provavelmente, terão investido cerca de 20.000 a 25.000 horas de prática até então. Dez mil horas é apenas a metade do caminho dessa estrada.

E o número varia de campo para campo. Steve Faloon tornou-se o melhor do mundo na memorização de sequências de dígitos depois de apenas cerca de 200 horas de prática. Não sei exatamente quantas horas de prática os melhores memorizadores de dígitos investiram até hoje antes de chegarem ao topo, mas provavelmente é muito menos de 10 mil.

Em segundo lugar, o número de 10 mil horas na idade de 20 anos para os melhores violinistas foi apenas uma média. Metade dos 10 violinistas naquele grupo não havia, na verdade, acumulado 10 mil horas naquela idade. Gladwell se enganou com esse fato e incorretamente reivindicou que *todos* os violinistas naquele grupo haviam acumulado mais de 10 mil horas.

Em terceiro lugar, Gladwell não distinguiu entre a prática deliberada que os músicos de nosso estudo fizeram e qualquer tipo de atividade que pudesse ser etiquetada como "prática". Assim sendo, um dos seus exemplos-chave da regra das 10 mil horas era a agenda exaustiva de apresentações dos Beatles em Hamburgo, entre 1960 e 1964. De acordo com Gladwell, eles tocaram cerca de 200 vezes, cada apresentação com uma duração de mais ou menos oito horas, o que teria somado mais de 10 mil horas, aproximadamente. *Tune In*, uma exaustiva biografia dos Beatles de 2013, escrita por Mark Lewisohn,[23] coloca essa estimativa em questão e, depois de uma extensa análise, sugere que um número total mais preciso é de cerca de 1.100 horas tocando. Então os Beatles se tornaram um sucesso mundial com muito menos de 10 mil horas de prática. Mais importante, no entanto, é que executar as músicas não é a mesma coisa que praticar. Sim, os Beatles quase certamente melhoraram como banda depois de suas inúmeras horas tocando em Hamburgo, especialmente porque tendiam a tocar as mesmas canções noite após noite, o que deu a eles a oportunidade de obter um *feedback* – tanto do público quanto deles próprios – sobre seu desempenho e encontrar caminhos para aperfeiçoá-lo. Porém, uma hora tocando diante do público, cujo foco é oferecer o melhor desempenho possível no momento, não é a mesma coisa que uma hora de prática focalizada e voltada para o objetivo que se destina a corrigir certas fraquezas e fazer algumas melhorias – o tipo de prática que foi o fator-chave para explicar as habilidades dos alunos violinistas de Berlim. Uma questão estreitamente relacionada é que, como Lewisohn argumenta, o sucesso dos Beatles não se deve à acuidade de sua interpretação da música de outras pessoas, mas sim à composição e à criação de suas próprias canções novas. Desse modo, se quisermos explicar o sucesso dos Beatles em termos de prática, precisaremos identificar as atividades que permitiram a John Lennon e Paul McCartney – dois dos principais compositores do grupo – desenvolver e melhorar sua habilidade em compor letras. Todas as horas que os Beatles passaram tocando em shows em Hamburgo teriam feito muito pouco, ou nada, para ajudar Lennon e McCartney a se tornarem melhores compositores de músicas, então teremos que procurar em outro lugar para explicar o sucesso dos Beatles.

Essa distinção entre a prática deliberada destinada a um determinado objetivo e a prática genérica é crucial, porque nem todo tipo de prática leva à habilidade melhorada que vimos nos estudantes de música ou nos dançarinos de balé.[24] Falando de maneira geral, a prática deliberada e os tipos de prática relacionados a ela e destinados à aquisição de um determinado objetivo consistem em atividades de formação individualizadas – normalmente realizadas sem companhia – que são inventadas especificamente para melhorar determinados aspectos do desempenho.[25]

O problema final com a regra das 10 mil horas é que, apesar de o próprio Gladwell nunca ter dito isso, muitas pessoas a interpretaram como uma promessa de que praticamente qualquer indivíduo pode se tornar um *expert* em determinado campo dedicando-se a 10 mil horas de prática. Porém, nada no meu estudo indica isso. Para mostrar um resultado como esse, eu precisaria colocar um conjunto de pessoas escolhidas de modo aleatório, realizando ininterruptamente 10 mil horas de prática deliberada no violino e depois ver como elas se saíram. Tudo o que o nosso estudo mostrou foi que, entre os alunos que haviam se tornado bons o bastante para serem admitidos na academia de música de Berlim, os melhores alunos haviam investido, em média, significativamente mais horas de prática solitária do que os alunos bons, e aqueles que estavam entre os melhores ou eram os melhores investiram em mais prática solitária do que os alunos de educação musical.

A questão de saber se qualquer um pode se tornar um ator *expert* em um determinado campo por participar de prática programada suficiente ainda está em aberto. Vou oferecer algumas reflexões sobre ela no próximo capítulo. De qualquer modo, não havia nada no estudo original que sugerisse que tudo aconteceu dessa forma.

Gladwell, de fato, captou uma coisa certa, e vale a pena repeti-la aqui porque ela é fundamental: tornar-se exímio em qualquer campo onde haja uma história bem estabelecida de pessoas que trabalham para se tornarem *experts* requer uma quantidade enorme de esforço exercido ao longo de muitos anos. Isso pode não exigir exatamente 10 mil horas, mas vai exigir muito tempo.

Constatamos o fato no xadrez e no violino, mas a pesquisa mostrou algo similar em uma série de outros campos. Os escritores e os poetas habitualmente passaram mais de uma década escrevendo antes de produzir sua melhor obra. Em geral também decorre uma década ou mais entre a primeira publicação de um cientista e sua publicação mais importante – e acontece além dos anos de estudo antes que a pesquisa seja publicada pela primeira vez.[26] Um estudo sobre compositores realizado pelo psicólogo John R. Hayes descobriu que, em média, passam-se 20 anos desde a época em que uma pessoa começa a estudar música até que ela componha uma peça musical realmente excelente, e esse tempo geralmente não é inferior a 10 anos.[27] A regra das 10 mil horas de Gladwell captura essa verdade fundamental de uma forma contundente e memorável – que em muitas áreas do esforço humano são investidos muitos e muitos anos de prática para que alguém se torne um dos melhores do mundo – de uma maneira contundente e memorável, o que é uma coisa boa.

Por outro lado, enfatizar o que é preciso para se tornar um dos melhores do mundo em áreas competitivas como a música, o xadrez, ou a pesquisa acadêmica nos leva a ignorar o que eu acredito ser a mais importante lição do nosso estudo com os alunos de violino. Quando dizemos que são necessárias 10 mil – ou talvez muitas – horas para se tornar realmente bom em alguma coisa, colocamos o foco na natureza desencorajadora da tarefa. Embora alguns possam considerar como um desafio – como se dissessem: "Tudo o que tenho a fazer é passar 10 mil horas trabalhando com isso, e serei um dos melhores do mundo" –, muitos verão esse fato como um sinal para a interrupção: "Por que eu deveria tentar, se vou precisar de 10 mil horas para ficar realmente bom?". Como Dogbert observou em uma tira cômica de *Dilbert*, "Eu acho que uma disposição para praticar a mesma coisa por 10 mil horas é um transtorno mental".[28]

Mas eu vejo a mensagem central como algo completamente diferente: em quase qualquer área da atividade humana, as pessoas têm uma tremenda capacidade para melhorar o seu desempenho, desde que treinem no caminho certo. Se você pratica algo durante umas poucas centenas de horas, é quase certo que verá uma grande melhora – pense no que 200 horas de prática trouxeram para Steve Faloon –, mas apenas arranha a superfície. Você pode continuar andando e andando e andando, e ficando melhor e melhor e melhor. O quanto vai melhorar vai depender de você.

Isso coloca a regra das 10 mil horas sob uma luz completamente diferente: a razão pela qual você deve investir 10 mil ou mais horas de prática para se tornar um dos melhores violinistas do mundo, ou um jogador de xadrez ou um golfista, é que as pessoas com quem você está sendo comparado também investiram 10 mil ou mais horas de prática. Não há nenhum ponto em que o desempenho atinja o máximo, e a prática adicional não leve a novas melhorias. Então, sim, se você quiser se tornar um dos melhores do mundo em um desses campos altamente competitivos, precisará investir em milhares e milhares de horas de trabalho árduo e focado apenas para ter uma chance de se igualar a todos os outros que escolheram investir no mesmo tipo de trabalho.

Uma maneira de pensar a esse respeito é simplesmente refletir sobre o fato de que, até hoje, não encontramos nenhuma limitação para as melhorias que podem ser alcançadas com tipos específicos de prática. Uma vez que as técnicas de treinamento são aperfeiçoadas e novos patamares de desempenho são descobertos, as pessoas em todas as áreas da atividade humana estão constantemente encontrando maneiras de melhorar e elevar o nível do que foi considerado como possível, e não há sinal de que isso vá parar. Os horizontes do potencial humano estão se expandindo a cada nova geração.

05
PRINCÍPIOS DA PRÁTICA DELIBERADA NO TRABALHO

■ ERA O ANO 1968,[1] e a Guerra do Vietnã estava em pleno curso. Os pilotos de guerra da Marinha e da Força Aérea estavam continuamente envolvidos em combates aéreos com aviadores norte-vietnamitas treinados pelos soviéticos, voando em aviões de combate MiG de fabricação russa, e os americanos não estavam se saindo tão bem. Nos três anos anteriores, tanto os pilotos da Marinha quanto os da Força Aérea ganharam cerca de dois terços de seus combates aéreos: derrubavam dois jatos norte-vietnamitas para cada jato que perdiam. Mas nos primeiros cinco meses de 1968, a proporção para os pilotos da Marinha havia caído para cerca de um para um: a Marinha dos Estados Unidos havia derrubado nove MiGs, mas perdeu 10 dos seus próprios jatos. Além disso, durante o verão de 1968, os pilotos da Marinha haviam disparado mais de 50 mísseis ar-ar, sem derrubar um único MiG. As altas patentes da Marinha decidiram que algo tinha que ser feito.

Esse algo acabou por ser o estabelecimento da atualmente famosa escola *Top Gun*, mais propriamente conhecida como *U.S. Navy Strike Fighter Tactics Instructor Program* [Programa Instrutor de Táticas de Avião de Caça e Combate da Marinha dos Estados Unidos] (e originalmente como Escola de Armas de Combate da Marinha dos Estados Unidos). A escola ensinaria os pilotos da Marinha a combater de maneira mais eficaz e, como se esperava, aumentar sua taxa de sucesso em combates aéreos.

O programa que a Marinha projetou tinha muitos dos elementos da prática deliberada. Ofereceu aos alunos pilotos, principalmente, a chance de tentar diferentes coisas em diferentes situações, obter *feedback* sobre seu desempenho e, então, aplicar o que aprenderam.

A Marinha escolheu seus melhores pilotos para serem treinadores. Esses homens desempenhariam o papel dos pilotos inimigos norte-vietnamitas e se envolveriam em "combate" ar-ar. Os treinadores eram conhecidos coletivamente como Força Vermelha e voavam em aviões de combate que eram similares aos MiGs, além de também usarem as mesmas táticas soviéticas que os pilotos norte-vietnamitas tinham aprendido. Desse modo, para todos os efeitos práticos, eram pilotos de caça norte-vietnamitas de primeira linha, com uma exceção: em vez de mísseis e balas, seus aviões eram equipados com câmeras para gravar cada encontro. Os aviões de combate também foram monitorados e gravados por radar.

Os alunos que frequentaram a academia *Top Gun* tornaram-se os próximos melhores pilotos na Marinha depois dos treinadores e passaram a ser conhecidos coletivamente como a Força Azul. Pilotavam aviões de combate da Marinha americana, igualmente sem mísseis ou balas. Todo dia eles deviam pegar seus aviões e decolar para enfrentar a Força Vermelha. Nesses combates esperava-se que os pilotos forçassem seus aviões – e eles próprios – até o limite do fracasso, a fim de aprenderem o que os aviões eram capazes de fazer e o que era necessário para obter deles esse desempenho. Os pilotos tentaram diferentes táticas em diferentes situações, aprendendo como responder melhor ao que os outros rapazes estavam fazendo.

Os pilotos da Força Vermelha, sendo os melhores de que a Marinha dispunha, geralmente venciam os aviões de combate. E a superioridade dos treinadores apenas aumentava ao longo do tempo, porque a cada poucas semanas uma nova turma de alunos entrava na academia *Top Gun*, enquanto os treinadores permaneceriam ali mês após mês, acumulando mais e mais experiência em aviões de combate, à medida que o tempo passava, e chegando a um ponto em que eles tinham visto quase tudo que os alunos podiam atirar sobre eles. Para cada nova turma, os primeiros poucos dias dos combates aéreos geralmente representavam, em especial, derrotas brutais da Força Azul.

Estava bem, no entanto, porque a ação real ocorria[2] uma vez que os pilotos aterrissassem, no que a Marinha chamava de "relatórios pós-ação". Durante essas sessões, os treinadores interrogavam os alunos implacavelmente: o que você notou quando estava lá em cima? Que ações você tomou? Por que você escolheu fazer isso? Quais foram os seus erros? O que você poderia ter feito de outra maneira? Quando necessário, os treinadores poderiam recorrer aos filmes dos encontros e aos dados gravados a partir das unidades do radar e apontar exatamente o que tinha acontecido em um combate. E, durante e após o interrogatório, os instrutores ofereciam sugestões para os alunos sobre como eles poderiam fazer de forma diferente, o que procurar e o que pensar em diferentes situações. No dia seguinte, os treinadores e os alunos decolavam para o céu e faziam tudo de novo.

Ao longo do tempo, os alunos aprenderam a fazer as perguntas a si mesmos, uma vez que era mais confortável desse modo do que ouvi-las dos instrutores, e a cada dia eles levavam consigo as lições das aulas anteriores enquanto voavam. Lentamente internalizavam o que estava sendo ensinado, de modo que não precisavam pensar muito antes de reagir e, aos poucos, percebiam melhoras em seus combates contra a Força Vermelha. E quando a aula terminava, os pilotos da Força Azul – agora muito mais experientes em combates aéreos do que quase qualquer piloto que não tivesse estado no *Top Gun* – retornavam às suas unidades, onde se tornavam oficiais treinadores de esquadrão e transmitiam o que aprenderam aos outros pilotos de seus esquadrões.

Os resultados desse treinamento foram impressionantes.[3] As Forças Armadas tinham interrompido os bombardeios durante todo o ano 1969, então não houve aviões de combate naquele ano, mas a guerra aérea retornou em 1970, inclusive com os confrontos ar-ar entre os combatentes. Ao longo dos próximos três anos, de 1970 a 1973, os pilotos da Marinha americana abateram uma média de 12,5 aviões de combate norte-vietnamitas para cada avião da Marinha americana perdido. Durante o mesmo período, os pilotos da Força Aérea tiveram aproximadamente a mesma relação de dois para um que haviam tido antes da pausa dos bombardeios. Talvez a maneira mais clara de ver os resultados do treinamento *Top Gun* seja olhar para as estatísticas das "mortes por combate". Durante toda a guerra, os combatentes americanos derrubaram um avião inimigo em uma média de uma vez a cada cinco encontros. No entanto, em 1972, que foi o último ano de luta, os pilotos de caça da Marinha derrubaram uma média de 1,04 jatos por encontro. Em outras palavras, na média, cada vez que pilotos da Marinha entraram em contato com o adversário, eles derrubaram um avião inimigo.

Notando os efeitos dramáticos do treinamento *Top Gun*, mais tarde a Força Aérea instituiu exercícios de treinamento projetados para preparar seus próprios pilotos para o combate ar-ar, e ambos os serviços continuaram esse treinamento depois do fim da guerra do Vietnã. Durante a época da Primeira Guerra do Golfo, ambos os serviços tinham aprimorado tanto seus programas, que os pilotos eram, de longe, muito mais bem treinados do que em qualquer outro serviço de combate do mundo. Durante os sete meses da Primeira Guerra do Golfo, os pilotos abateram 33 aviões inimigos em combates ar-ar, perdendo apenas um avião no processo – talvez o desempenho mais dominante na história[4] do combate aéreo.

A questão que a Marinha enfrentou em 1968 é familiar para as pessoas em organizações e profissões de quase todos os tipos: qual é a melhor maneira de melhorar o desempenho em pessoas que já foram treinadas e estão trabalhando?

No caso da Marinha, o problema era que o treinamento dos pilotos não os tinha preparado verdadeiramente para enfrentar outros pilotos em outros caças que estavam tentando derrubá-los. A experiência em outras guerras havia mostrado que os pilotos que tinham vencido seu primeiro combate aéreo muito provavelmente sobreviveriam ao seu segundo combate e que, quanto maior o número de aviões de combate com que um piloto lutou e sobreviveu, maior seria a probabilidade de que ele vencesse também o próximo. Na verdade, uma vez que um piloto tenha vencido mais ou menos 20 aviões de combate, ele passa a ter quase 100% de chance de vencer o próximo e o que vier despois deste. O problema, é claro, foi que o custo desse tipo de treinamento durante a ação era inaceitavelmente elevado. A Marinha estava perdendo um avião para cada dois que ela conseguia abater, e em certo ponto isso se tornou praticamente uma troca – a perda de um avião para cada avião inimigo derrubado. E para cada avião que caía havia um piloto e, no caso de jatos com dois lugares, também um oficial de interceptação de rádio que podiam ser mortos ou capturados.

Embora não haja muitos campos em que o preço de um mau desempenho possa significar a morte ou um campo de prisioneiros, há muitos em que os custos dos erros podem ser inaceitavelmente elevados. Na medicina, por exemplo, embora as vidas dos médicos não estejam em jogo, as dos pacientes podem estar. E, em situações de negócios, um erro pode custar tempo, dinheiro e futuras oportunidades.

Para seu crédito, a Marinha foi capaz de divisar uma maneira bem-sucedida de treinar seus pilotos sem colocá-los num perigo ainda maior. (Embora não completamente fora de perigo, é claro. O treinamento foi tão intenso e próximo do limite das habilidades de voo dos pilotos, que, às vezes, os aviões realmente caíram e, em raras ocasiões, alguns pilotos realmente morreram, mas teria sido muito pior se os pilotos tivessem que confiar no treinamento durante a ação.) O programa *Top Gun* forneceu aos pilotos a oportunidade de tentar diferentes estratégias e cometer erros sem consequências fatais, obter *feedback* e descobrir como se sair melhor, e então testar suas lições no dia seguinte. E repetir várias vezes.

Nunca é fácil projetar um programa de treinamento eficaz, seja para pilotos de combate, seja para cirurgiões ou gerentes de negócios. A Marinha fez isso principalmente por tentativa e erro,[5] como é possível descobrir ao ler histórias sobre o programa *Top Gun*. Houve um debate, por exemplo, sobre até que ponto um combate tinha de ser realista, com alguns querendo refreá-lo e diminuir o risco para os pilotos e para os aviões, e outros argumentando que ele era importante para pressionar os pilotos tão duramente quanto eles pudessem ser pressionados no combate real. Por sorte, o último ponto de vista finalmente prevaleceu. A partir dos estudos sobre a prática deliberada, agora sabemos que os pilotos aprendiam melhor quando eram pressionados para fora de sua zona de conforto.

Minha experiência tem mostrado que, atualmente, há muitas e muitas áreas no mundo do trabalho em que as lições aprendidas a partir dos estudos de atores *experts* podem ajudar a melhorar o desempenho – em essência, para projetar programas *Top Gun* para diferentes campos. Não quero dizer literalmente, é claro. Nenhum jato de caça, nenhum giro 6G, nenhum apelido extravagante como Maverick, Viper ou Ice Man (a menos que você realmente queira). O que, de fato, quero dizer é que, se você seguir os princípios da prática deliberada, poderá desenvolver maneiras de identificar os melhores *experts* em um campo e treinar outros com menos *expertise*, e trazer todos para mais perto daquele nível superior. E, ao fazer isso, é possível elevar o nível de desempenho de uma profissão ou de uma organização inteira.

Praticar enquanto o trabalho é feito

No mundo profissional, e especialmente no mundo corporativo, há uma quantidade enorme de indivíduos que ganham a vida oferecendo conselhos sobre como melhorar. Eles chamam a si mesmos de consultores, conselheiros ou treinadores e escrevem livros, dão palestras e conduzem seminários. Alimentam um apetite aparentemente insaciável entre os seus clientes por qualquer coisa que possa fornecer uma vantagem competitiva. De todas as inúmeras abordagens disponíveis, as mais prováveis de obter sucesso são as que mais se assemelham à prática deliberada.[6]

Durante vários anos, comuniquei-me com um desses indivíduos que tem trabalhado para entender os princípios da prática deliberada e os incorporou em seu curso e no treinamento de líderes corporativos. Quando Art Turock, de Kirkland, em Washington, me contatou pela primeira vez, em 2008, a maior parte da nossa conversa se concentrou em corrida e não em liderança corporativa. Art participa de competições de atletismo de alto nível, e eu estava interessado em saber como os corredores praticam, em parte porque o grande velocista Walter Dix estava correndo pela Universidade do Estado da Flórida, onde eu trabalhava, portanto, tínhamos algo em comum desde o início. Art havia chegado ao meu nome e à descrição da prática deliberada por meio de um artigo na revista *Fortune*[7] e, enquanto caminhávamos, pude perceber que ele estava fascinado pela ideia de que a prática deliberada podia ser aplicada igualmente bem nos negócios e na corrida.

Desde aquele primeiro contato, Art abraçou completamente a maneira de pensar da prática deliberada.[8] Ele falava em tirar as pessoas da sua zona de conforto a fim de praticarem novas aptidões e expandir suas habilidades. Enfatizava a importância do *feedback*. E estudava as características de alguns dos melhores líderes de negócios do mundo – como Jack Welch, o presidente de longa data e diretor executivo da General Electric – para entender que tipos de habilidades de liderança, vendas e autogestão outros empresários deveriam desenvolver para se tornarem atores da elite.

Sua mensagem para os clientes começa tratando da atitude mental. O primeiro passo para melhorar o desempenho em uma organização é perceber que um aperfeiçoamento só é possível se os participantes abandonarem as práticas usuais de negócios. Proceder de tal forma exige reconhecer e rejeitar três mitos predominantes.

O primeiro, nosso velho conhecido, é a crença de que as habilidades de um indivíduo são limitadas pelas características geneticamente estabelecidas. Essa crença se manifesta em todas as afirmações do tipo "não posso" ou "não sou": "Não sou muito criativo"; "Não posso gerenciar pessoas"; "Não sou nada bom com números"; "Não posso fazer muito melhor que isso". Mas, como vimos, o tipo certo de prática pode ajudar quase todas as pessoas a melhorar em quase qualquer área que escolham focar. Nós podemos moldar o nosso próprio potencial.

Art tem uma técnica inteligente para chamar a atenção de seus clientes para esse ponto. Quando está falando com líderes empresariais e ouve alguém expressar uma dessas atitudes "Eu não posso" ou "Eu não sou", ele lança mão de uma bandeira vermelha de desafio, como um treinador da liga nacional de futebol americano, protestando contra uma chamada do árbitro. Isso se destina a enviar um sinal de que a pessoa que expressou os pensamentos negativos precisa reavaliá-los e revisá-los. O aparecimento súbito de uma bandeira vermelha em uma sala de conferências deixa a atmosfera mais leve, mas também é muito eficaz para fazer com que as pessoas se lembrem: a atitude mental é importante.

O segundo mito defende que se você faz alguma coisa por tempo suficiente, certamente vai melhorar nela. Mais uma vez, nosso entendimento é melhor que isso. Fazer a mesma coisa repetidas vezes, exatamente da mesma forma, não é uma receita de melhora; é uma receita para estagnação e declínio gradual.

O terceiro mito afirma que tudo o que é preciso para melhorar é esforço. Se você simplesmente tentar forte o bastante, vai melhorar. Se quiser ser um gerente melhor, tente mais fortemente. Se quiser gerar mais vendas, tente mais fortemente. Se quiser melhorar seu trabalho em equipe, treine mais fortemente. A realidade, no entanto, é que todas essas coisas – gerenciamento, vendas, trabalho em equipe – são habilidades especializadas, e a menos que você esteja usando técnicas de prática planejadas especificamente para melhorar essas habilidades particulares, o fato de tentar fortemente não o levará muito longe.

A atitude mental da prática deliberada oferece uma visão muito diferente: qualquer um pode melhorar, mas isso requer a abordagem certa. Se você não está melhorando, não é porque carece de talento inato; é porque não está praticando da maneira correta. Uma vez que você compreenda, o aprimoramento se torna uma questão de compreender qual é a "maneira correta".

E isso, é claro, é o que Art Turock – como muitos dos seus pares no mundo do treinamento e do desenvolvimento – tem a intenção de fazer. Mas no caso de Art, a maioria dos conselhos que ele oferece tem suas raízes nos princípios da prática deliberada. Um detalhe de tal abordagem é o que Art chama de "aprender enquanto o verdadeiro trabalho é feito".

A abordagem reconhece que os empresários são tão ocupados, que dificilmente terão tempo para praticar suas habilidades. Eles estão numa situação totalmente diferente daquela, digamos, de um pianista concertista ou de um atleta profissional que gasta relativamente pouco tempo atuando e então pode dedicar várias horas à prática todos os dias. Então Art buscou chegar a formas em que as atividades normais de negócios pudessem ser transformadas em oportunidades para a prática intencional ou deliberada.

Por exemplo, uma típica reunião numa companhia deve ter uma pessoa na frente da sala fazendo uma apresentação de PowerPoint, enquanto os gerentes e os colegas de trabalho ficam sentados no escuro e tentam ficar acordados. A apresentação atende a uma função normal dos negócios, mas Art defende um argumento de que ela pode ser reestruturada para servir como uma sessão prática para todos que estão na sala. Poderia ser assim: o orador escolhe uma habilidade específica que ele vai focar durante a apresentação – narrando histórias atraentes, por exemplo, ou discursando de modo mais improvisado e contando menos com os *slides* do PowerPoint – e depois tentar fazer um aprimoramento específico durante a apresentação. Nesse meio tempo, a audiência toma notas sobre como foi o desempenho do apresentador e, em seguida, se exercita fornecendo *feedback*. Se a apresentação for feita apenas uma vez, o apresentador pode obter alguns conselhos úteis, mas não fica claro quanta diferença isso vai fazer, uma vez que a melhoria a partir de uma sessão única será, provavelmente, menor. No entanto, se a companhia fizer dessa sessão uma prática regular de reunião de toda a equipe, os empregados podem se aperfeiçoar regularmente em várias habilidades.

Art ajudou a instalar esse processo em inúmeras companhias, desde corporações como a Fortune 500 até companhias regionais de tamanho médio. Uma delas em particular, a companhia de sorvete Blue Bunny,[9] adotou a abordagem e até mesmo acrescentou seu próprio toque. Seus gerentes regionais de vendas visitavam regularmente as contas principais da companhia – as cadeias de supermercado e outras empresas que vendem grandes quantidades de produtos de sorvete – e, várias vezes por ano, cada gerente regional de vendas vai se reunir com os gerentes de vendas seniores da empresa para falar sobre a estratégia para uma futura visita de vendas. Tradicionalmente, essas revisões de contas eram apenas atualizações de vendas, mas a companhia encontrou uma maneira de adicionar a isso um componente de prática. Para o aspecto mais desafiador da próxima visita de vendas, o encontro é realizado como uma dramatização, com o gerente regional de vendas fazendo sua apresentação para um colega que finge ser o principal comprador da conta. Depois da apresentação, o gerente regional de vendas obtém *feedbacks* dos outros gerentes presentes na sala, que dizem a ele em que pontos se saiu bem e o que precisa mudar ou melhorar. No dia seguinte, o gerente faz sua apresentação mais uma vez, novamente com *feedbacks*. Ambas as rodadas práticas são filmadas, de modo que os gerentes possam ver e rever seus desempenhos. Quando chegar o momento em que o gerente irá fazer essa apresentação de fato para o cliente, ela terá sido polida e aperfeiçoada muito além do que teria sido possível de outra maneira.

Um benefício de "aprender enquanto o trabalho real é feito" é que isso leva as pessoas ao hábito de treinar e pensar sobre a prática. Uma vez que entendam a importância da prática regular – e percebam o quanto podem melhorar usando-a –, passarão a procurar as oportunidades que acontecem ao longo do dia nas quais as atividades normais de negócios poderão ser transformadas em atividades práticas. Com o tempo, a prática se torna apenas uma parte normal do dia útil. Se funcionar como pretendido, o resultado será uma atitude mental completamente diferente da usual, segundo a qual o dia útil é para trabalhar e a prática é feita apenas em ocasiões especiais, como quando um consultor chega e faz uma sessão de treinamento. Essa mentalidade de prática orientada é muito semelhante àquela dos atores *experts*, que estão constantemente praticando e, não sendo assim, buscando maneiras de aprimorar suas habilidades.

Para qualquer um que esteja nos negócios ou no mundo profissional buscando uma abordagem eficaz para o aperfeiçoamento, meu conselho básico é procurar por alguém que siga os princípios da prática deliberada. Será que ela impulsiona as pessoas a saírem de suas zonas de conforto e tentarem fazer coisas que não são fáceis para elas? Será que ela oferece um *feedback* imediato quanto ao desempenho e ao que pode ser feito para melhorá-lo? Aqueles que desenvolveram essa abordagem conseguiram identificar os melhores atores naquela área específica e determinar o que os diferencia de todas as outras pessoas? A prática é projetada para desenvolver as habilidades específicas que os *experts* naquele campo possuem? Uma resposta afirmativa a todas essas questões pode não garantir que uma abordagem será eficaz, mas certamente tornará isso muito mais provável.

A abordagem *Top Gun* da aprendizagem

Um dos maiores desafios que qualquer um enfrenta quando tenta aplicar os princípios da prática deliberada é compreender exatamente o que fazem os melhores atores que os diferencia do resto. Quais são, nas palavras de um livro de muito sucesso, os hábitos das pessoas que são altamente eficazes? No mundo dos negócios e em outros lugares, esta é uma pergunta difícil de responder com alguma certeza.

Felizmente, existe uma maneira de contornar isso que pode ser usada em uma variedade de situações. Pense nisso como a abordagem *Top Gun* para o aperfeiçoamento. Nos primeiros dias do projeto *Top Gun*, ninguém parou para tentar compreender o que fazia com que os melhores pilotos fossem tão bons. Eles simplesmente criaram um programa que imitava as situações que os pilotos iriam enfrentar em combates aéreos reais e que permitissem aos pilotos praticar suas habilidades repetidas vezes, com abundância de *feedback* e sem os custos usuais de fracasso. Essa é uma receita muito boa para programas de treinamento em muitas disciplinas diferentes.

Considere a tarefa de interpretar raios X para detectar câncer no seio. Quando uma mulher se submete à sua mamografia anual, as imagens são mandadas para um radiologista, que deve examiná-las e determinar se há alguma área anormal no seio que necessite ser testada mais adiante. Na maioria dos casos, a mulher que está chegando para fazer uma mamografia não tem nenhum sintoma indicativo da presença de câncer no seio, então as imagens de raio X são tudo o que o radiologista tem para continuar. E a pesquisa descobriu que, exatamente como os pilotos da Marinha durante os primeiros estágios da Guerra do Vietnã, alguns radiologistas são capazes de realizar esse trabalho muito melhor que outros.[10] Os testes mostraram, por exemplo, que alguns radiologistas são mais precisos que outros em distinguir lesões benignas de malignas.

O principal problema que os radiologistas encaram nessa situação é a dificuldade de obter *feedback* eficaz sobre seus diagnósticos, o que limita o quanto eles podem melhorar ao longo do tempo. Parte do desafio é que se espera encontrar somente de quatro a oito casos de câncer entre cada mil mamografias. E, mesmo quando o radiologista detecta o que pode ser um câncer, os exames são mandados de volta para o médico pessoal do paciente, e o radiologista quase nunca é notificado sobre os resultados da biópsia. É ainda menos comum que o radiologista seja informado se o paciente desenvolve câncer no seio dentro do próximo ano ou algo assim, depois de ter feito a mamografia – o que daria a esse profissional a chance de reexaminar as mamografias e ver se pode ter perdido os sinais iniciais do câncer.

Com pouca chance para um tipo de prática orientada para o *feedback* que leva ao aperfeiçoamento, os radiologistas não necessariamente melhoram com uma maior quantidade de experiência. Uma análise de 2004,[11] feita com meio milhão de mamografias e 124 radiologistas americanos, não foi capaz de identificar quaisquer fatores de conhecimentos anteriores dos radiologistas, tais como anos de experiência ou o número de mamografias diagnosticadas anualmente, que estivessem relacionados com a precisão do diagnóstico. Os autores desse estudo especularam que as diferenças no desempenho entre os 124 radiologistas podiam ser devidas ao treinamento inicial que os médicos receberam antes de começar uma prática independente.

Depois de completar a Faculdade de Medicina e seus estágios, os futuros radiologistas têm um programa de especialização de treinamento com duração de quatro anos, no qual aprendem sua arte trabalhando com radiologistas experientes que ensinam a eles o que procurar e permitem que interpretem as mamografias dos pacientes. Esses supervisores checam suas interpretações, informando a eles se seus diagnósticos e identificações de áreas anormais estão de acordo com a opinião *expert* do próprio supervisor. É claro que não há maneira de saber imediatamente se o supervisor estava certo ou errado, e estima-se que mesmo os radiologistas experientes deixam passar um câncer para cada mil interpretações, além de solicitarem regularmente biópsias desnecessárias.[12]

Na versão impressa da minha linha de ação apresentada no encontro anual de 2003 da Associação Americana de Faculdades de Medicina,[13] sugeri uma abordagem equivalente ao *Top Gun*, a fim de treinar os radiologistas para interpretarem mamografias de maneira mais eficaz. O principal problema, como percebi, era que os radiologistas não tinham a chance de praticar suas interpretações repetidas vezes, adquirindo um *feedback* preciso com cada tentativa. Então, foi o que eu sugeri: começar a colecionar uma biblioteca de mamografias digitalizadas feitas em pacientes nos anos anteriores, juntamente com informação suficiente dos registros daqueles pacientes para poder conhecer seus últimos resultados – se ali realmente havia uma lesão cancerosa presente e, em caso positivo, como o câncer progrediu ao longo do tempo. Dessa maneira, teríamos colecionado, em essência, inúmeras questões de teste em que a resposta é conhecida: o câncer está presente ou não? Algumas das imagens seriam de mulheres que nunca desenvolveram câncer, enquanto outras seriam de mulheres cujos médicos diagnosticaram corretamente um câncer a partir da imagem. Seria até mesmo possível incluir imagens nas quais o câncer estava presente, mas o médico originalmente não o percebeu, embora uma análise retrospectiva da imagem revelasse sinais da presença do câncer. Idealmente, as imagens poderiam ser escolhidas por seu valor de treinamento. Haveria pouco valor, por exemplo, em ter uma porção de imagens de seios claramente saudáveis ou seios com tumores óbvios; as melhores imagens seriam aquelas que desafiariam os radiologistas por mostrarem anormalidades cancerosas ou benignas.

Uma vez que tal biblioteca estivesse formada, ela podia facilmente ser transformada numa ferramenta de treinamento. Um simples programa de computador poderia ser escrito para permitir que os radiologistas trabalhassem diretamente com as imagens, fazendo diagnósticos e recebendo *feedback*. O programa poderia reagir a uma resposta errada mostrando outras imagens com características similares, de modo que o médico pudesse adquirir mais prática em seu ponto fraco. Na teoria, não é diferente de um professor de música que, notando que um aluno está tendo dificuldade com um tipo particular de movimento do dedo, determinasse uma série de exercícios destinados a melhorar aquele movimento. Isso seria, em resumo, prática deliberada.

Tenho o prazer de informar que uma biblioteca digital muito semelhante àquela que propus[14] foi construída na Austrália; ela permite que os radiologistas testem a si mesmos com uma variedade de mamografias que eles podem acessar na biblioteca. Um estudo de 2015 registrou que o desempenho em um teste montado com mamografias da biblioteca mostrou a precisão com que os radiologistas interpretaram mamografias em sua prática profissional.[15] O passo seguinte será demonstrar que aquelas melhorias do treinamento com a biblioteca levaram ao aumento da precisão na clínica.

Uma biblioteca similar foi montada independentemente para raios X pediátricos do tornozelo. Como foi registrado em um estudo de 2011, um grupo de médicos do Hospital Infantil Morgan Stanley, na cidade de Nova York, reuniu um conjunto de 234 casos[16] de possíveis lesões no tornozelo de uma criança. Cada caso incluía uma série de raios X e um breve sumário do histórico e dos sintomas do paciente. Os médicos usaram essa biblioteca para treinar radiologistas residentes. Um residente recebia os detalhes do caso juntamente com os raios X e deveria fazer um diagnóstico – em particular, classificar o caso como normal ou anormal e, se fosse anormal, apontar a anormalidade. Imediatamente depois disso, o estudante obtinha o *feedback* sobre o diagnóstico de um radiologista experiente, que explicava o que estava certo e o que estava errado sobre o diagnóstico e o que o aluno deixou passar.

Os médicos que conduziram o estudo descobriram que essa prática e o *feedback* ajudaram os residentes a melhorar impressionantemente sua capacidade de diagnóstico. Inicialmente, os residentes se apoiavam em seu conhecimento anterior, e seus diagnósticos eram um acerto ou um fracasso, mas depois de 20 ou mais ensaios, os efeitos do *feedback* regular começaram a dar frutos, e a precisão dos residentes começou a aumentar de forma constante. A melhoria persistiu por todos os 234 casos e, conforme as aparências, teria continuado por outras várias centenas de casos se eles estivessem disponíveis.

Em resumo, essa espécie de treinamento com *feedback* imediato – seja por um mentor ou até mesmo por um programa de computador cuidadosamente projetado – pode ser uma maneira inacreditavelmente poderosa de melhorar o desempenho. Além do mais, acredito que o treinamento de radiologia poderia ser ainda mais eficaz se fosse feito um esforço posterior para determinar que tipos de questões são susceptíveis de causar problemas para os novos radiologistas e projetar um treinamento que se concentre mais sobre essas questões. Em essência, significa conhecer mais sobre o papel que as representações mentais desempenham na realização de diagnósticos precisos e aplicar esse entendimento para projetar o treinamento.

Alguns pesquisadores usaram o mesmo tipo de protocolo de pensar em voz alta que usei ao estudar Steve Faloon, a fim de compreender o processo mental subjacente ao desempenho superior entre os radiologistas, e parece claro, a partir desse trabalho, que os melhores radiologistas de fato desenvolveram representações mentais mais precisas.[17] Também temos uma boa ideia dos tipos de casos e lesões[18] que apresentam problemas para os radiologistas menos *experts*. Infelizmente, ainda não sabemos o bastante sobre as diferenças entre como os radiologistas *experts* e os não *experts* fazem seus julgamentos, para que possamos projetar programas de treinamento para solucionar as deficiências daqueles que são menos hábeis.

No entanto, podemos ver exatamente como esse tipo de treinamento pode funcionar no caso da cirurgia laparoscópica, em que os pesquisadores trabalharam muito mais a fim de reunir uma compreensão dos tipos de representações mentais que os médicos eficazes usam em seu trabalho. Em um dos estudos, um grupo liderado por Lawrence Way, um cirurgião da Universidade da Califórnia, em São Francisco, tentou entender o que levou a um determinado tipo de lesão nos ductos biliares do paciente durante a cirurgia laparoscópica para remover sua vesícula biliar. Em quase todos os casos, essas lesões foram devidas ao[19] que o grupo chamou de uma "ilusão de percepção visual" – isto é, o cirurgião confundiu uma parte do corpo com outra, o que levou o cirurgião a cortar um duto de bile em vez de, digamos, um duto cístico, que era o alvo pretendido. O erro de percepção era tão forte que, mesmo quando um cirurgião percebia uma anormalidade, muitas vezes seguia adiante, sem parar para questionar se alguma coisa poderia estar errada. Outros pesquisadores, que estudavam fatores no sucesso da cirurgia laparoscópica, descobriram que cirurgiões *experts* desenvolveram maneiras de obter[20] um olhar mais claro das partes do corpo, tais como empurrar alguns tecidos para o lado, a fim de conseguir uma visão melhor para a câmara usada para guiar o procedimento.

Esse é exatamente o tipo de informação que torna possível melhorar o desempenho por meio da prática deliberada. Saber o que o melhor cirurgião laparoscópico faz corretamente e conhecer quais os erros mais comuns deveria possibilitar o planejamento de exercícios de treinamento fora da sala de operação para aperfeiçoar as representações mentais dos cirurgiões. Uma maneira de fazer isso seria usar vídeos de cirurgias reais, passá-los até determinado ponto de decisão, então interrompê-los e perguntar "o que você faria seguir?" ou "o que você está procurando aqui?". A resposta poderia ser uma linha na tela do vídeo mostrando onde cortar, ou desenhar o esboço de um duto de bile, ou uma sugestão para empurrar um tecido um pouco para o lado para dar uma olhada melhor. Os cirurgiões poderiam obter *feedback* imediato sobre suas respostas, voltando para corrigir os pensamentos errados e se movendo para outros desafios, talvez mais difíceis, quando fizerem a coisa certa.

Ao usar tal abordagem, os médicos podem se submeter a dezenas ou centenas de séries de treinamento, focando vários aspectos da cirurgia que sabidamente costumam causar problemas, até desenvolverem representações mentais eficazes.

De modo mais geral, essa abordagem *Top Gun* poderia ser aplicada em uma ampla variedade de áreas nas quais as pessoas pudessem se beneficiar de praticar alguma coisa repetidas vezes, "de modo virtual" – isto é, fora do trabalho real, onde os erros têm consequências reais. É por essa razão que se usam simuladores para treinar pilotos, cirurgiões e muitos outros em profissões de alto risco. Na verdade, o uso de bibliotecas de mamografias para treinar radiologistas é um tipo de simulação. Mas há muitas outras áreas onde esse conceito pode ser usado. Pode-se pensar, por exemplo, em criar uma biblioteca de casos de estudos projetados para ajudar auditores fiscais a refinar suas habilidades em determinadas especialidades, ou ajudar analistas de inteligência a aperfeiçoar suas habilidades de interpretar o que está acontecendo em um país estrangeiro.

Até mesmo naquelas áreas onde os simuladores ou outras técnicas já estão sendo usados para aperfeiçoar o desempenho, sua eficácia pode ser altamente implementada por explicitamente se levar em conta a lição da prática deliberada. Como mencionei, apesar de os simuladores serem usados em inúmeras áreas de cirurgia, provavelmente eles poderiam melhorar o desempenho muito mais eficazmente se seu projeto levasse em conta o que é conhecido – ou o que pode ser aprendido – sobre as representações mentais da maioria dos cirurgiões eficazes numa dada especialidade. Também é possível melhorar o treinamento do simulador determinando quais erros são mais comuns e mais perigosos e ajustando-se o simulador para focar as situações onde esses erros acontecem. Por exemplo, durante uma cirurgia, não é incomum que haja alguma interrupção e seja necessário fazer uma pausa temporária; se a interrupção ocorrer quando alguém está começando a verificar o tipo sanguíneo antes de uma transfusão de sangue,[21] é de extrema importância que a pessoa continue essa verificação quando a atividade for retomada após a interrupção. Para ajudar os cirurgiões e outros membros da equipe médica a lidar com tais interrupções, um simulador supervisor pode fazer interrupções exatamente em pontos críticos em várias ocasiões. As possibilidades de tais tipos de prática de simulação são infinitas.

Conhecimento *versus* habilidades

Um dos temas implícitos da abordagem *Top Gun* para o treinamento, seja para derrubar aviões inimigos ou interpretar mamografias, é a ênfase no *fazer*. O ponto principal é o que você é capaz de fazer, e não o que você sabe, embora se subentenda que você precisa saber certas coisas a fim de ser capaz de fazer o seu trabalho.

Essa distinção entre conhecimento e habilidades se localiza no cerne da diferença entre os caminhos tradicionais voltados para a *expertise* e a abordagem da prática deliberada. Tradicionalmente, o foco é colocado quase sempre no conhecimento. Mesmo quando o resultado final é ser capaz de fazer algo – resolver um determinado tipo de problema de matemática, por exemplo, ou escrever um bom ensaio –, a abordagem tradicional tem sido fornecer informações sobre a forma correta de proceder e, em seguida, contar principalmente com o aluno para aplicar esse conhecimento. A prática deliberada, ao contrário, foca apenas o desempenho e como melhorá-lo.

Quando Dario Donatelli, a terceira pessoa a participar do meu experimento de memória na Carnegie Mellon, começou a tentar melhorar sua memória para dígitos, conversou com Steve Faloon, que disse a ele exatamente o que havia feito para chegar aos 82 dígitos. Na verdade, Dario e Steve eram amigos e se encontravam regularmente, então Steve sempre deu a Dario ideias e instruções sobre como criar processos mnemônicos para grupos de dígitos e como organizar aqueles grupos em sua memória. Em suma, Dario tinha uma tremenda quantidade de *conhecimento* sobre como memorizar dígitos, mas ele ainda tinha que desenvolver sua *habilidade*. Devido ao fato de Dario não precisar contar com o mesmo processo de tentativa e erro pelo qual Steve passou, ele foi capaz de melhorar mais rapidamente, pelo menos no início, mas ainda tinha um longo e lento processo para desenvolver sua memória. O conhecimento ajudou, mas apenas na medida em que Dario tinha uma ideia melhor de como praticar a fim de desenvolver a habilidade.

Quando você olha como as pessoas são treinadas no mundo dos negócios e no profissional, descobre uma tendência de focar o conhecimento em detrimento das habilidades. As principais razões são a tradição e a conveniência: é muito mais fácil apresentar um conhecimento para um grande grupo de pessoas do que estabelecer condições sob as quais os indivíduos podem desenvolver habilidades por meio da prática.

Considere o treinamento médico. Na época em que os futuros médicos se graduaram na universidade, eles tinham passado mais de uma década e meia sendo formados, mas quase toda essa educação se concentrou em fornecer conhecimento, pouco ou nada do qual terá aplicação direta nas habilidades que precisarão possuir como médicos. Na verdade, os futuros médicos não começam sua formação em Medicina até que entrem na Faculdade de Medicina, e mesmo depois que alcançam esse marco, passam um par de anos fazendo cursos antes de chegarem ao trabalho clínico, onde finalmente começam a desenvolver suas habilidades médicas. É principalmente após sua graduação na Faculdade de Medicina que eles começam a se especializar e desenvolver as habilidades necessárias para a cirurgia, a pediatria, a radiologia, a gastrenterologia ou qualquer que seja a especialidade que escolherem. E somente nesse ponto, quando são internos e residentes trabalhando sob a supervisão de médicos experientes, eles finalmente aprendem muitas das habilidades técnicas e de diagnóstico de que precisam para as suas especialidades.

Depois de seus estágios e residências, alguns médicos conseguem uma bolsa de estudos e continuam fazendo ainda mais treinamento especializado, mas esse é o fim de seu treinamento oficial supervisionado. Uma vez que tenham atingido esse estágio, vão trabalhar como médicos com pleno direito de exercer a profissão, na suposição de que desenvolveram todas as habilidades de que precisam para tratar os pacientes de maneira eficaz.

Se tudo o que foi dito soar vagamente familiar, tudo bem, porque é muito semelhante ao padrão que descrevi no Capítulo 1, ao explicar como se pode aprender a jogar tênis: tenha algumas aulas de tênis, desenvolva habilidade suficiente para jogar tênis com competência e, depois, deixe de lado o treinamento intenso que caracterizou o período de aprendizagem inicial. Como observei, a maioria das pessoas assume que, na medida em que você continua a jogar tênis e acumula todas aquelas horas de "prática", você, inevitavelmente, vai melhorar, mas a realidade é diferente: como vimos, as pessoas geralmente não ficam muito melhores apenas por jogarem e, às vezes, podem realmente ficar piores.

Essa semelhança entre médicos e jogadores amadores de tênis foi mostrada em 2005, quando um grupo de pesquisadores da Escola de Medicina de Harvard publicou um extenso artigo sobre a pesquisa[22] que verificou como a qualidade dos cuidados fornecidos pelos médicos muda ao longo do tempo. Se os anos de prática tornam os médicos melhores, então a qualidade do cuidado que eles oferecem deveria aumentar na medida em que eles acumulam mais experiência. Mas a verdade é exatamente o oposto. Em quase todas as cinco dezenas de estudos incluídos na revisão, o desempenho dos médicos se tornou pior ao longo do tempo ou, na melhor das hipóteses, permaneceu o mesmo. Os médicos mais velhos demonstraram saber menos e tiveram pior desempenho, em termos de fornecer os cuidados apropriados, do que os médicos com muito menos anos de experiência, e os pesquisadores concluíram que era provável que os pacientes dos médicos mais velhos se dessem mal por causa disso. Apenas dois dos 62 estudos concluíram que os médicos melhoraram com a experiência. Outros estudos sobre a precisão da tomada de decisão[23] em mais de 10 mil médicos descobriram que a experiência profissional adicional teve apenas um pequeno proveito.

Não surpreende que o mesmo resultado seja verdadeiro também para os enfermeiros. Estudos cuidadosos têm mostrado que os enfermeiros mais experientes[24] não fornecem, em média, uma assistência melhor do que os enfermeiros que estão fora da Escola de Enfermagem há apenas alguns anos.

Podemos apenas especular sobre por que o desempenho dos prestadores de cuidados mais velhos e mais experientes não é consistentemente melhor – e, às vezes, é até pior – do que o dos seus pares mais jovens e menos experientes. Certamente os médicos e enfermeiros mais jovens terão recebido conhecimento e treinamento mais atualizados na escola e, se a educação contínua não mantiver os médicos efetivamente atualizados, então, quanto mais velhos eles ficarem, menos atuais serão suas habilidades. Mas uma coisa é clara: com poucas exceções, nem os médicos nem os enfermeiros ganham *expertise* somente com a experiência.

É claro que os médicos trabalham com empenho para se aperfeiçoar. Eles estão constantemente participando de conferências, encontros, workshops, minicursos e assim por diante, cujo objetivo é atualizá-los sobre as últimas correntes e técnicas nos seus campos. Enquanto eu estava escrevendo isto, visitei o *site* do doctorsreview.com, que se anuncia como "a mais completa lista de encontros médicos da *web*". Na página de busca de encontros selecionei um campo ao acaso – cardiologia – e um mês também ao acaso – agosto de 2015 – e, então, cliquei num botão para solicitar uma lista dos encontros sobre o tópico durante aquele mês. O *site* me deu uma resposta de 21, variando desde o Centro de Treinamento de Pesquisadores Cardiovasculares em Houston até Acesso Guiado de Ultrassonografia Vascular, em St. Petersburg, na Flórida, e Eletrofisiologia: Arritmias Desvendadas para Prestadores de Cuidados Primários e Cardiologistas, em Sacramento, na Califórnia. E foi apenas para um mês e uma especialidade. O *site* promete mais de 250 encontros ao todo.

Resumindo, os médicos são realmente sérios quanto a manter suas habilidades afiadas. Infelizmente, a maneira como estão fazendo simplesmente não está funcionando. Vários pesquisadores têm examinado os benefícios da educação continuada para a prática dos médicos, e o consenso é que, embora não seja exatamente inútil, também não está adiantando muito. Mas para a credibilidade da profissão médica, tenho encontrado profissionais excepcionalmente dispostos a procurar falhas em seus campos e encontrar maneiras de corrigi-las. É em grande parte por causa dessa vontade que tenho passado tanto tempo trabalhando com os médicos e outros profissionais da medicina. Não que a formação médica seja menos eficaz do que o treinamento em outros campos, mas sim porque os profissionais dessa área estão realmente motivados para encontrar maneiras de melhorar.

Algumas das pesquisas mais convincentes sobre a eficácia da educação profissional continuada para os médicos têm sido feitas por Dave Davis, um médico e cientista educacional na Universidade de Toronto. Em um estudo muito influente, Davis e um grupo de colegas examinaram[25] um abrangente conjunto de "intervenções" educacionais — termo pelo qual eles querem dizer cursos, conferências, palestras e simpósios que fazem parte de rodadas médicas — e de praticamente qualquer outra coisa cujo objetivo seja aumentar o conhecimento dos médicos e melhorar seu desempenho. Davis descobriu que as intervenções mais eficazes eram aquelas que tinham algum componente interativo — dramatização, discussões de grupos, solução de casos, treinamento prático e coisas semelhantes. Tais atividades de fato melhoraram tanto o desempenho dos médicos quanto os resultados em seus pacientes, embora, no geral, a melhora fosse pequena. Contrastando com isso, as atividades menos eficazes foram as intervenções "didáticas" — isto é, aquelas atividades educacionais que consistiam essencialmente em assistirem a uma palestra — coisas que, infelizmente, são de longe os tipos mais comuns de atividades em educação médica continuada. Davis concluiu que esse tipo de escuta passiva de palestras não tem nenhum efeito significativo, nem no desempenho dos médicos, nem em quanto os seus pacientes se deram bem.

Aquele estudo reviu outros estudos de formação médica continuada que foram publicados antes de 1999. Uma década depois, um grupo de pesquisadores liderados por uma pesquisadora norueguesa, Louise Forsetlund, atualizou o trabalho de Davis[26] examinando 49 novos estudos de formação médica continuada que haviam sido publicados nesse meio tempo. A conclusão daquele grupo foi similar à de Davis: a formação médica continuada pode melhorar o desempenho dos médicos, mas seu efeito é pequeno, e os efeitos sobre os resultados em pacientes são ainda menores. Além disso, são principalmente aquelas abordagens de educação contendo algum componente interativo que têm certo efeito; palestras, seminários e equivalentes fazem pouco ou nada para ajudar os médicos a aperfeiçoar sua prática. Finalmente, os pesquisadores descobriram que nenhum tipo de formação médica continuada é eficaz no aperfeiçoamento de comportamentos complexos, ou seja, comportamentos que envolvem ou requerem inúmeros passos considerando uma série de fatores diferentes. Em outras palavras, no que diz respeito à eficácia da educação médica continuada, ela é eficaz apenas na mudança das coisas mais básicas que os médicos fazem em suas práticas.

Da perspectiva da prática deliberada, o problema é óbvio: assistir a palestras, minicursos e equivalentes oferece pouco ou nenhum *feedback* e pouca ou nenhuma oportunidade para tentar uma coisa nova, cometer erros, corrigir erros e, gradualmente, desenvolver uma nova habilidade. É como se os jogadores amadores de tênis tentassem melhorar lendo artigos em revistas sobre tênis e assistindo a vídeos ocasionais no YouTube; eles podem acreditar que estão aprendendo alguma coisa, mas isso não vai ajudar muito seu jogo de tênis. Além disso, nas abordagens interativas on-line para a formação médica continuada, é muito difícil parodiar os tipos de situações complexas que os médicos e os enfermeiros encontram na sua prática clínica diária.

Uma vez que terminem seu treinamento, supõe-se que os médicos e outros profissionais sejam capazes de trabalhar independentemente; não têm ninguém que tenha sido designado para eles a fim de desempenhar o papel do professor de tênis, que trabalhe com eles para identificar seus pontos fracos, que traga à baila esquemas de formação para corrigi-los e, em seguida, supervisione e até mesmo lidere aquele treinamento. De maneira mais geral, o campo da medicina – como é o caso da maioria de outros campos profissionais – carece de uma forte tradição de apoio no treinamento e posterior aperfeiçoamento da prática profissional. Assume-se que os profissionais médicos são capazes de compreender por si mesmos as técnicas eficazes de prática e depois aplicá-las para melhorar o seu desempenho. Em resumo, a suposição implícita no treinamento médico tem sido que, se você fornece aos médicos o conhecimento necessário – na Faculdade de Medicina, por meio de revistas médicas ou de seminários e aulas de educação médica continuada –, deveria ser suficiente.

Na medicina, há um ditado sobre a aprendizagem de procedimentos cirúrgicos que pode ser rastreado até William Halsted, um pioneiro da cirurgia no início do século XX: "Veja uma, faça uma, ensine uma".[27] A ideia é que tudo o que aqueles que estão sendo treinados precisam para serem capazes de realizar uma nova cirurgia é ver como ela é feita uma vez e, depois, podem imaginar como realizá-la por si mesmos em sucessivos pacientes. É a última profissão de fé no conhecimento *versus* habilidade.

No entanto, essa fé foi severamente desafiada nos anos 1980 e 1990 com a expansão da cirurgia laparoscópica, ou cirurgia do buraco de fechadura, na qual uma operação é executada com instrumentos inseridos através de uma pequena abertura no corpo que pode ser feita bem longe do local da cirurgia. A cirurgia laparoscópica requer técnicas radicalmente diferentes daquelas da cirurgia tradicional, ainda que a suposição geral fosse de que cirurgiões experientes deveriam ser capazes de aprender essa técnica com relativa rapidez, sem treinamento extra. Afinal de contas, eles tinham todo o conhecimento necessário para realizar os procedimentos. Entretanto, quando os pesquisadores da medicina compararam as curvas de aprendizagem dos cirurgiões que tinham uma grande quantidade de experiência na cirurgia tradicional com as curvas de aprendizagem dos que estavam sendo treinados na cirurgia, não encontraram diferenças na rapidez em que os dois grupos[28] dominaram a cirurgia laparoscópica e reduziram o número de complicações.

Em suma, nem seu maior conhecimento nem sua maior experiência na cirurgia tradicional deram ao cirurgião experiente uma vantagem para desenvolver habilidade na cirurgia laparoscópica. Aquela habilidade, ao que parece, deve ser desenvolvida de forma independente. Por causa dessas descobertas, os cirurgiões atuais que querem realizar procedimentos de laparoscopia devem passar por um treinamento supervisionado por cirurgiões *experts* nessa técnica e ser testados nessa habilidade específica.

Não é apenas a profissão médica que tem enfatizado tradicionalmente o conhecimento sobre habilidades em sua formação. Essa situação é similar em muitas outras escolas profissionais, tais como as escolas de Direito e as escolas de Administração de Empresas. Em geral, as escolas profissionais miram no conhecimento em vez de nas habilidades, porque é muito mais fácil ensinar conhecimentos e depois criar testes para eles. O argumento geral tem sido de que as habilidades podem ser dominadas de maneira relativamente fácil se o conhecimento estiver lá. Um resultado é que, quando os alunos de faculdade entram no mundo do trabalho, muitas vezes descobrem que necessitam de muito tempo para desenvolver as habilidades de que precisam para o seu emprego. Outro resultado é que muitas profissões não desempenham um trabalho melhor do que a medicina – em muitos casos, é um trabalho pior – para ajudar os profissionais a aguçarem suas habilidades. Novamente, a suposição é que simplesmente acumular mais experiência vai levar a um melhor desempenho.

Como acontece em muitas situações, uma vez que você tenha compreendido qual é a pergunta certa a fazer, estará a meio caminho da resposta correta. E quando você se refere ao aperfeiçoamento do desempenho num ambiente profissional ou de negócios, a pergunta certa é: como aperfeiçoamos as habilidades relevantes? E não: como ensinamos o conhecimento relevante?

Uma nova abordagem para o treinamento

Como vimos com a abordagem *Top Gun* e o trabalho de Art Turock, há maneiras para aplicar imediatamente os princípios da prática deliberada a fim de aperfeiçoar habilidades em ambientes profissionais e de negócios. Mas, quanto ao longo prazo, acredito que a melhor abordagem será desenvolver programas de treinamento com base em novas habilidades que irão suplementar ou substituir completamente as abordagens baseadas em conhecimento que atualmente são a norma em muitos lugares. Essa estratégia reconhece que, como, em última análise, o mais importante é aquilo que a pessoa é capaz de fazer, o treinamento deveria estar focado em fazer e não em conhecer – e, especialmente, em trazer as habilidades de todo e qualquer indivíduo para mais perto do nível dos melhores atores em uma determinada área.

Desde 2003 tenho trabalhado com profissionais da Medicina para mostrar como a prática deliberada pode aguçar as habilidades a que os médicos recorrem todos os dias. A mudança para tais métodos representaria uma troca de paradigma e teria benefícios de longo alcance para as habilidades dos médicos e, no final das contas, para a saúde de seus pacientes. Em um estudo muito relevante,[29] John Birkmeyer e seus colegas convidaram um grupo de cirurgiões bariátricos em Michigan para enviar fitas de vídeo com exemplos típicos de desvios gástricos laparoscópicos de suas clínicas. Então, os pesquisadores determinaram que a avaliação dos vídeos fosse feita anonimamente por *experts*, a fim de poderem acessar as habilidades técnicas dos cirurgiões. Para os nossos propósitos, a principal conclusão foi que havia grandes diferenças entre os resultados dos pacientes dos cirurgiões com habilidades técnicas avaliadas de forma diferente, e os resultados dos pacientes dos cirurgiões tecnicamente mais competentes que eram menos propensos a complicações ou mortalidade. Isso sugere que os pacientes podiam se beneficiar enormemente se cirurgiões menos habilidosos tecnicamente pudessem ser ajudados a melhorar suas habilidades. Os resultados levaram à criação de um projeto no qual os cirurgiões altamente habilidosos treinam os cirurgiões menos habilidosos tecnicamente para ajudá-los a melhorar.

No restante do capítulo esboçarei como os princípios da prática deliberada poderiam ser aplicados para desenvolver novos e mais eficazes métodos de treinamento para médicos, que deveriam resultar, basicamente, em melhores resultados para os pacientes.

O primeiro passo é determinar com alguma certeza quem são os médicos *experts* numa determinada área. Como podemos identificar esses médicos cujo desempenho é confiavelmente superior ao de outros médicos? Nem sempre é fácil, como discutimos no Capítulo 4, mas geralmente existem caminhos para fazê-lo com relativa objetividade.

Uma vez que o ponto principal da medicina é a saúde do paciente, o que realmente queremos é encontrar alguns resultados de pacientes que possam ser ligados definitivamente ao comportamento de um determinado médico. Pode ser uma coisa delicada, porque a assistência médica é um processo complicado que envolve muitas etapas e muitas pessoas, e há relativamente poucas medidas de resultado que podem ser claramente relacionadas com as contribuições de um cuidador individual. Apesar de tudo, há pelo menos dois bons exemplos que ilustram de maneira geral como podemos identificar os médicos *experts*.[30]

Em 2007, um grupo de pesquisadores liderados por Andrew Vickers,[31] do Memorial Sloan Kettering Cancer Center, na cidade de Nova York, reportou os resultados de aproximadamente 800 homens com câncer de próstata que tiveram suas próstatas removidas cirurgicamente. Os procedimentos foram feitos por 72 cirurgiões diferentes, em quatro centros médicos, entre 1987 e 2003. O objetivo de tais cirurgias é remover a glândula inteira da próstata juntamente com qualquer câncer nos tecidos que a circundam. Essa complexa operação requer cuidado esmerado e habilidade, e se não for feita de forma exatamente correta, é mais provável que o câncer retorne. Então o índice de sucesso na prevenção de uma recorrência do câncer depois dessa operação deveria oferecer uma medida objetiva para separar os melhores cirurgiões dos outros.

E foi o que Vickers e seus colegas descobriram: havia uma grande diferença de habilidade entre cirurgiões com uma grande dose de experiência nessa cirurgia e aqueles com relativamente pouca em tais operações em seus currículos. Embora os cirurgiões que tinham realizado apenas 10 prostatectomias tivessem um índice de recorrência do câncer nos próximos cinco anos de 17,9%, aqueles que realizaram 250 ou mais cirurgias tiveram um índice de recorrência de apenas 10,7%. Em outras palavras, você seria quase duas vezes mais propenso a ter o seu câncer de volta dentro de cinco anos se fosse operado por um cirurgião inexperiente do que se fosse operado por um cirurgião experiente. Em um estudo suplementar,[32] Vickers examinou o que aconteceu com os índices de recorrência na medida em que os cirurgiões passaram a ser cada vez mais experientes, e descobriu que os índices continuaram a cair até o ponto em que um cirurgião havia feito de 1.500 a 2.000 cirurgias. Naquele ponto, os cirurgiões haviam se tornado praticamente perfeitos na prevenção de recorrência do câncer em cinco anos nos casos mais simples, nos quais o câncer não tinha se espalhado para fora da próstata, enquanto conseguiam a prevenção da recorrência de 70% dos casos mais complexos em que o câncer havia se espalhado para fora da próstata. Depois desse ponto, o índice de sucesso deixou de melhorar com uma maior quantidade de prática.

No texto em que descreve os resultados, Vickers notou que seu grupo não teve a oportunidade de descobrir o que os cirurgiões altamente experientes estavam fazendo de maneira diferente. Parecia claro, no entanto, que o fato de realizar centenas ou milhares de cirurgias havia levado os médicos a desenvolver habilidades específicas que fizeram uma enorme diferença nos resultados dos seus pacientes. Também é interessante notar que, como o aumento da experiência na cirurgia levou a uma competência crescente, deve ter havido algum tipo de *feedback* disponível para os cirurgiões que lhes permitiu melhorar ao longo do tempo, corrigindo e aprimorando suas técnicas.

A cirurgia é diferente da maioria das outras áreas da medicina, uma vez que nela muitos problemas são imediatamente aparentes, como a ruptura de um vaso sanguíneo ou a avaria em um tecido, e dessa forma os cirurgiões obtêm *feedback* imediato para pelo menos alguns de seus erros. No acompanhamento pós-operatório da cirurgia, as condições do paciente são cuidadosamente monitoradas. Nesse estágio, ocasionalmente acontece um sangramento ou algum outro problema, e o paciente deve se submeter a outra cirurgia para corrigir o problema. Essas cirurgias corretivas também fornecem *feedbacks* aos cirurgiões em relação aos problemas potencialmente evitáveis. No caso das cirurgias para a remoção de lesões cancerígenas, a análise laboratorial do tecido canceroso removido permite um exame para saber se todo o câncer foi removido com êxito. Idealmente, todo o tecido removido deve ter algum tecido saudável circundando o câncer, e, no caso de o cirurgião fracassar em providenciar essas "margens limpas", isso também fornece outro tipo de *feedback* que ele pode utilizar quando realizar operações similares no futuro. Na cirurgia de coração é possível testar o coração reparado para avaliar o sucesso da operação e determinar o que deu errado, se a cirurgia não tiver sido bem-sucedida. Um *feedback* como esse, muito provavelmente, é a razão pela qual os cirurgiões, diferentemente da maioria dos outros profissionais médicos, ficam melhores à medida que ganham experiência.[33]

A prática deliberada baseada em técnicas para construir habilidades cirúrgicas poderia ser especialmente valiosa, porque fica claro a partir desse estudo e de outros como ele que os cirurgiões precisam de anos e de muitas cirurgias para atingir um ponto em que possam ser considerados *experts*. Se pudessem ser desenvolvidos programas de treinamento para reduzir pela metade o tempo de que um cirurgião precisa para alcançar o *status* de *expert*, poderia fazer uma grande diferença para os pacientes.

Um padrão de melhoria similar ao que Vickers observou em cirurgiões foi visto em um estudo de radiologistas que interpretam mamografias.[34] Os radiologistas tiveram uma melhora considerável em suas interpretações ao longo dos primeiros três anos que passaram no trabalho, produzindo um número cada vez menor de falsos positivos – ou seja, os casos em que as mulheres não têm câncer de mama, mas foram chamadas para se submeterem a uma triagem posterior – e, em seguida, a sua taxa de aprimoramento diminuiu acentuadamente. Curiosamente, essa melhora ao longo dos três primeiros anos ocorreu apenas para radiologistas que não tiveram bolsa de estudos para formação em radiologia. Aqueles médicos que tinham chegado lá com uma bolsa de estudos em radiologia não tiveram o mesmo tipo de curva de aprendizagem, mas, por sua vez, precisaram apenas de alguns meses de trabalho para alcançar o mesmo nível de habilidade que os radiologistas sem a bolsa de estudos levaram três anos para desenvolver.

Se o treinamento recebido em bolsas de estudo ajuda os radiologistas a atingirem o *status* de *expert* muito mais rapidamente do que normalmente conseguiriam, parece razoável supor que um programa de treinamento bem concebido e que não exige uma bolsa pode ser capaz de fazer a mesma coisa.

Uma vez que você identificou pessoas que, consistentemente, tiveram um desempenho melhor do que o de seus pares, o próximo passo é descobrir o que fundamenta esse desempenho superior. Isso normalmente envolve alguma variação da abordagem, descrita no Capítulo 1, que usei no trabalho de memória com Steve Faloon. Ou seja, você recebe relatórios retrospectivos, tem pessoas descrevendo o que estão pensando a respeito do assunto enquanto executam uma tarefa, você observa quais tarefas são mais fáceis ou mais difíceis para alguém e, então, tira suas conclusões a partir disso. Os pesquisadores que estudaram os processos de pensamento dos médicos, a fim de compreender o que separa os melhores de todo o resto, usaram todas essas técnicas.

Um bom exemplo dessa abordagem é um estudo recente de oito cirurgiões[35] que foram examinados sobre seus processos de pensamento antes, durante e depois que realizaram cirurgias laparoscópicas. Essas operações, que são feitas com uma pequena incisão através da qual os instrumentos cirúrgicos são inseridos e depois guiados ao alvo da cirurgia, requerem uma grande quantidade de preparação e de habilidade para o médico se adaptar a quaisquer tipos de condições que só serão descobertas uma vez que a cirurgia tenha começado. O principal objetivo do estudo foi identificar os tipos de decisões que os cirurgiões tomam durante todo o processo e compreender como eles tomam essas decisões. Os pesquisadores listaram vários tipos de decisões que os cirurgiões têm que tomar durante a cirurgia, tais como que tecidos cortar, se devem trocar a laparoscopia por uma cirurgia aberta, se precisam abandonar seu plano cirúrgico original e improvisar.

Os detalhes são, na maioria das vezes, interessantes apenas para os cirurgiões de laparoscopia e para aqueles que são seus mestres, mas uma das descobertas tem uma relevância muito mais ampla. Relativamente poucas das cirurgias eram simples e diretas o suficiente para serem levadas a cabo seguindo o padrão básico que se espera para tais cirurgias; ao contrário, a maioria delas teve alguma mudança de direção imprevista ou apresentou um obstáculo inesperado que forçou o cirurgião a pensar cuidadosamente sobre o que ele estava fazendo e tomar algum tipo de decisão. Como os pesquisadores que desenvolveram o estudo afirmaram, "até mesmo os cirurgiões *experts*[36] se encontram em situações em que precisam reavaliar cuidadosamente sua abordagem durante a cirurgia, analisando ações alternativas, como a seleção de diferentes instrumentos ou a alteração da posição do paciente".

Essa habilidade – para reconhecer situações inesperadas, considerar rapidamente várias respostas possíveis e decidir qual é a melhor – é importante não apenas na medicina, mas em muitas outras áreas. Por exemplo, o exército americano passou um considerável período de tempo e esforço tentando descobrir qual a melhor maneira de ensinar o que eles chamam de "pensamento adaptativo" a seus oficiais, particularmente aos tenentes, capitães, majores e coronéis que estão em terra com as tropas e poderão ter de determinar imediatamente as melhores ações em resposta a um ataque inesperado ou outro evento imprevisto. Ele até mesmo desenvolveu o "Pensar Como", um Programa de Treinamento de Comando[37] para ensinar esse tipo de pensamento adaptável aos seus oficiais subalternos usando técnicas de prática deliberada.

A pesquisa sobre o processo mental dos melhores médicos mostrou que, apesar de terem podido preparar planos cirúrgicos antes de começarem, regularmente monitoram as cirurgias em andamento e estão prontos para fazer alterações, se necessário. Isso ficou aparente em uma série de estudos recentes feitos por pesquisadores médicos no Canadá,[38] que observaram as operações que os cirurgiões haviam previsto que seriam desafiadoras. Quando os pesquisadores entrevistaram os cirurgiões depois das operações sobre seus processos de pensamento durante a cirurgia, descobriram que a principal maneira pela qual os cirurgiões detectaram problemas foi por notar que alguma coisa na cirurgia não combinava com a maneira como a haviam visualizado no seu plano pré-operatório. Assim que perceberam a incompatibilidade, pensaram em uma lista de abordagens alternativas e decidiram qual delas provavelmente funcionaria melhor.

O fato aponta para um aspecto importante sobre o desempenho desses cirurgiões experientes: ao longo do tempo, eles desenvolveram representações mentais eficazes que usavam para planejar a cirurgia, para realizá-la e para monitorar o seu desenvolvimento, de modo que pudessem detectar quando algo estivesse errado e se adaptar adequadamente.

Em última análise, se quisermos entender o que torna um cirurgião superior, precisaremos ter uma boa ideia de como se parecem as representações mentais de um cirurgião superior. Os psicólogos desenvolveram várias maneiras de estudar as representações mentais. Uma abordagem padrão para examinar as representações mentais que as pessoas usam para se orientar através de uma tarefa é interrompê-las no meio da tarefa, apagar as luzes e, então, pedir que descrevam a situação atual, o que tem acontecido e o que está prestes a acontecer. (Vimos um exemplo desse método na pesquisa descrita no Capítulo 3 sobre jogadores de futebol.) Obviamente, não funcionaria para cirurgiões numa sala de operação, mas há outras maneias de investigar as representações mentais de pessoas em situações potencialmente de risco como uma cirurgia. Nos casos em que simuladores estão disponíveis – treinamento de voo, por exemplo, ou certos tipos de procedimentos médicos – é realmente admissível parar no meio e interrogar as pessoas.[39] Ou, no caso de cirurgias reais, os médicos podem ser questionados antes e depois das operações sobre como eles anteveem o andamento da cirurgia e sobre seu processo de pensamento durante a cirurgia; nesse caso, é melhor combinar a entrevista com observações das ações do cirurgião durante a cirurgia. Em condições ideais, gostaríamos de identificar as características das representações mentais que estão associadas a um maior êxito nas cirurgias.

Acreditamos que, principalmente desde o início do século XXI, alguns investigadores vêm tendo sucesso em identificar aqueles médicos praticantes com um desempenho superior confiável e começaram a investigar os seus processos mentais. Já está claro, no entanto, que um dos principais fatores que fundamentam as capacidades dos melhores médicos do mundo é a qualidade de suas representações mentais. Isso implica que uma grande parte da aplicação das lições da prática deliberada para a medicina será encontrar formas de ajudar os médicos a desenvolver melhores representações mentais por meio do treinamento – uma situação que inclui a maioria das outras profissões.

06
PRINCÍPIOS DA PRÁTICA DELIBERADA NA VIDA DIÁRIA

■ EM 2010, RECEBI UM E-MAIL de um homem chamado Dan McLaughlin, de Portland, no Oregon. Ele tinha lido sobre minha pesquisa da prática deliberada em vários lugares,[1] inclusive no livro de Geoff Colvin, *Talent is Overrated*, e queria aplicá-la em seus esforços para se tornar um golfista profissional.[2]

Para entender seu grau de ambição, é necessário saber um pouco sobre Dan. Ele nunca havia jogado na equipe de golfe do seu colégio ou faculdade. Na verdade, ele nunca havia jogado golfe de forma alguma. Algumas vezes ele esteve numa área para treinamento de golfe com amigos, mas nunca havia jogado uma rodada completa dos 18 buracos de golfe em sua vida. De fato, aos 30 anos de idade, nunca fora um atleta competitivo de qualquer espécie.

Mas ele tinha um plano, e levava esse plano muito a sério: deixaria seu emprego de fotógrafo comercial e passaria os próximos seis anos ou mais aprendendo a jogar golfe. Tendo lido o livro *Outliers*, de Malcolm Gladwell, e levado ao pé da letra "a regra de 10 mil horas", Dan imaginou que investiria 10 mil horas de prática deliberada e se tornaria um jogador bom o suficiente para se juntar à turnê da Associação dos Golfistas Profissionais. Para embarcar na viagem, ele teria que primeiro obter a admissão no Torneio de Qualificação da agência PGA Tour e depois se sair bastante bem no torneio para receber um cartão da PGA Tour. Isso lhe permitiria competir nos torneios da PGA.[3]

Um ano e meio depois de iniciar seu projeto, que batizou de "O Plano Dan", ele deu uma entrevista à revista *Golf*.[4] Quando o escritor lhe perguntou por que estava fazendo aquilo, Dan deu uma resposta que achei ótima. Ele disse que não gostava nem um pouco da crença de que somente certas pessoas podem ter sucesso em certas áreas – de que apenas aquelas pessoas que são lógicas e "boas em matemática" podem seguir carreira em matemática, de que apenas pessoas atléticas podem seguir carreira nos esportes, de que apenas pessoas musicalmente dotadas podem se tornar realmente boas tocando um instrumento. Essa maneira de pensar só serve para dar às pessoas uma desculpa para não prosseguir em áreas em que elas poderiam realmente gostar e talvez até ter um bom desempenho, e que ele não queria cair nessa armadilha. "Isso me inspirou a tentar algo completamente diferente de tudo que eu já tivesse feito", ele disse. "Eu queria provar que qualquer coisa é possível se você estiver disposto a investir seu tempo nela."

Mais do que dessa afirmação, gostei da compreensão de Dan de que a prática deliberada não é apenas para as crianças que estão começando uma vida de treinamento para se tornarem mestres de xadrez ou atletas olímpicos ou músicos de categoria mundial. Nem é apenas para membros de grandes organizações, como a Marinha americana, que podem arcar com as despesas para desenvolver algum programa de treinamento de alta intensidade. A prática deliberada é para todos aqueles que sonham. É para qualquer um que queira aprender a desenhar, a escrever códigos de computador, a fazer malabarismo, a tocar saxofone, a escrever "O Grande Romance Americano". É para todos que querem aperfeiçoar seu jogo de pôquer, suas habilidades de softbol, seus talentos para vendas, seus cantos. É para todas as pessoas que querem assumir o controle de suas vidas e criar seu próprio potencial e não comprar a ideia de que isso que está bem aqui e agora é o melhor que se consegue.

Este capítulo é para elas.

Primeiro, encontre um bom professor

Outro de meus correspondentes favoritos é Per Holmlöv, um homem sueco que começou a ter aulas de caratê quando tinha 69 anos. Ele estabeleceu uma meta para si mesmo: ganhar uma faixa preta perto da época de fazer 80 anos. Per me escreveu quando já estava treinando havia cerca de três anos. Ele me disse que achava que estava progredindo muito lentamente e me pediu algum conselho sobre como poderia treinar de maneira mais eficaz.

Embora tivesse sido fisicamente ativo durante toda a vida, essa era sua primeira experiência com artes marciais. Ele estava treinando caratê durante cinco ou seis horas por semana e passava mais 10 horas por semana fazendo outros exercícios, principalmente correndo no bosque ou indo à ginástica. O que mais podia fazer?

Ao ouvir a história de Per, a reação natural de algumas pessoas pode ser "Bem, é claro que ele não está progredindo muito rapidamente – ele tem 72 anos!". Mas não era isso. Não, com certeza ele não iria melhorar tão rapidamente quanto alguém de 24 anos ou mesmo alguém de 54 anos, mas não havia dúvida de que ele podia melhorar mais rapidamente do que estava conseguindo. Então dei a ele alguns conselhos – os mesmos conselhos que eu teria oferecido àquela pessoa de 24 anos ou 54 anos.

A maior parte do treinamento de caratê é feita em uma classe com inúmeros alunos e um único professor que demonstra um movimento e a classe imita. Ocasionalmente, o instrutor pode notar que um aluno específico está fazendo o movimento incorretamente e oferece um pouco de instrução em particular. Mas esse *feedback* é raro.

Per estava participando exatamente desse tipo de aula, então sugeri que ele tivesse algumas aulas individuais com um treinador que pudesse dar conselhos sob medida para o desempenho de Per.

Devido aos custos de uma aula particular, as pessoas muitas vezes recorrem a lições em grupo ou mesmo a vídeos do YouTube ou livros, e essa abordagem provavelmente vai funcionar até certo grau. Mas não importa quantas vezes você assista a uma demonstração numa classe do YouTube, você ainda perderá ou entenderá mal algumas sutilezas – e, às vezes, alguns detalhes que não são tão sutis – e você não será capaz de compreender os melhores caminhos para corrigir todas as suas fraquezas, mesmo que você realmente as reconheça.

Mais do que qualquer outra coisa, trata-se de um problema de representações mentais. Como discutimos no Capítulo 3, um dos principais propósitos da prática deliberada é desenvolver um conjunto de representações mentais eficazes que possam orientar o seu desempenho, quer você esteja praticando um movimento de caratê, tocando uma sonata no piano ou realizando uma cirurgia. Quando está treinando por si mesmo, você tem que se fiar em sua própria representação mental para monitorar seu desempenho e determinar o que pode estar fazendo errado. Não é impossível, mas é muito mais difícil e menos eficaz do que ter um professor experiente observando você e fornecendo *feedback*. Isso é particularmente difícil no início do processo de aprendizagem, quando suas representações mentais ainda são provisórias e imprecisas; uma vez que você tenha desenvolvido uma base de representações sólidas, você trabalha a partir delas para construir novas e mais eficazes representações por si só.

Mesmo os alunos mais motivados e inteligentes avançarão mais rapidamente sob a tutela de alguém que conhece a melhor ordem em que as coisas devem ser aprendidas, que compreenda e possa demonstrar a maneira adequada para desempenhar várias habilidades, que possa fornecer um *feedback* útil, e que possa planejar atividades práticas projetadas para superar fraquezas específicas. Dessa forma, uma das medidas mais importantes que você pode fazer pelo seu sucesso é encontrar um bom professor e trabalhar com ele.

Como encontrar um bom professor? Esse processo provavelmente irá exigir alguma tentativa e erro, mas há umas poucas maneiras de você melhorar suas chances de sucesso. Primeiro, apesar de um bom professor não precisar ser o melhor do mundo, ele deve ser perfeito em sua área. Falando de maneira geral, os professores só serão capazes de orientar você até o nível que ele próprio ou seus alunos anteriores alcançaram. Se você for um simples iniciante, qualquer professor razoavelmente habilidoso vai lhe ajudar, mas uma vez que você esteja treinando há alguns anos, vai precisar de um professor que seja mais avançado.

Um bom professor também deve ter alguma habilidade e experiência de ensino naquele campo em que você está interessado. Muitos atores exímios são professores terríveis porque não têm nenhuma ideia de como lecionar. Só porque eles próprios são capazes de fazer alguma coisa não significa que são capazes de ensinar outros a fazê-la. Pergunte sobre a experiência do professor e, se possível, investigue ou até mesmo converse com alguns de seus alunos antigos ou atuais. O desempenho deles é bom? Quanto das suas habilidades pode ser atribuído àquele professor específico? Eles falam do professor de maneira elogiosa? Os melhores alunos com quem deve conversar são aqueles que começaram a trabalhar com o professor quando estavam mais ou menos no mesmo nível em que você está agora, uma vez que a experiência deles será mais próxima do que você mesmo vai receber desse professor. A situação ideal seria encontrar alunos similares a você em idade e em experiência relevante. Um professor pode ser ótimo com as crianças e os adolescentes, mas ter menos experiência e compreensão de como ajudar alguém que seja algumas décadas mais velho.

Ao olhar para a reputação de um professor, tenha em mente as desvantagens de julgamentos subjetivos. Os *sites* de classificados on-line são particularmente vulneráveis a essas deficiências, uma vez que o que é expresso ali muitas vezes reflete como os professores são atraentes, ou como é agradável aprender com eles, em vez de informar se eles são eficazes. Ao ler os comentários feitos por um instrutor, pule a parte que conta sobre como as aulas são divertidas e procure por descrições específicas sobre o progresso que os alunos fizeram e os obstáculos que superaram.

É particularmente importante consultar um futuro professor sobre exercícios práticos. Não importa quantas aulas por semana você faça com um instrutor, a maior parte do seu esforço será gasta em praticar por você mesmo, fazendo os exercícios que seu professor designou. Você quer um professor que o oriente o máximo possível para essas aulas, não apenas lhe dizendo o que praticar, mas a que aspectos particulares você devia estar prestando atenção, que erros você tem cometido e como reconhecer um bom desempenho. Lembre-se: uma das contribuições mais importantes que um professor pode lhe oferecer é ajudá-lo a desenvolver suas próprias representações mentais, de modo que você possa monitorar e corrigir seu próprio desempenho.

Dan McLaughlin, do Plano Dan, oferece um bom – embora extremo – exemplo de como usar instrutores para melhorar. Dan havia lido sobre a prática deliberada e tinha absorvido muitas de suas lições, então, desde o início de sua busca entendeu a importância da instrução pessoal. Antes mesmo de começar, ele já havia recrutado três instrutores: um treinador de golfe, um treinador de força e condicionamento e um nutricionista.

A última experiência de Dan ilustra uma lição final sobre a instrução: talvez você precise trocar de professores à medida que você próprio muda. Durante vários anos, ele se aperfeiçoou com seu treinador de golfe original, mas, em algum ponto, parou de evoluir. Havia absorvido tudo aquilo que o treinador podia lhe ensinar, e estava pronto para encontrar um treinador que estivesse no próximo nível.[5] Se você se encontra em um ponto onde não está mais melhorando rapidamente ou melhorando de modo algum, não tenha medo de procurar um novo instrutor. O mais importante é continuar andando para frente.

Engajamento

Voltando para a história de Per, podemos ver outro elemento essencial da prática deliberada que se beneficia com o tipo certo de instrução particular: engajamento. Suspeitei que seu grupo de aulas de caratê estivesse falhando em mantê-lo totalmente focado e engajado. Nas aulas de grupo, com o instrutor diante da turma e todos os alunos seguindo em massa suas instruções, é muito mais fácil apenas "passar pelos movimentos" em vez de realmente praticá-los com o objetivo específico de melhorar um aspecto particular de seu desempenho. Você dá 10 chutes com sua perna direita, depois 10 chutes com sua perna esquerda. Faz 10 combinações de bloqueio e soco para a direita, depois faz mais 10 para a esquerda. Então você entra em outra zona, sua mente começa a vagar, e, muito em breve, todos os benefícios da prática se dissipam.

Tal fato remonta ao princípio básico de que falamos no primeiro capítulo – a importância do engajamento na prática intencional em vez da mera repetição irracional, sem qualquer plano claro para ficar melhor. Se você quer melhorar no xadrez, não faz isso jogando xadrez, mas com o estudo solitário dos jogos dos grandes mestres. Se você quer melhorar nos dardos, não faz isso indo a um bar com seus amigos e deixando o perdedor pagar pela próxima rodada, mas passando algum tempo sozinho, trabalhando em reproduzir exatamente seu movimento de lançamento de um arremesso até o próximo. Você melhora seu controle variando sistematicamente o ponto sobre o alvo[6] na sua mira. Se você quer melhorar no boliche,[7] aquelas noites de quinta-feira com o time da liga de boliche não vão lhe fazer muito bem. Você vai querer passar algum tempo de qualidade sozinho na pista de boliche – idealmente, trabalhando em configurações de pinos mais difíceis, nas quais é essencial ser capaz de controlar exatamente aonde a bola deve ir. E assim por diante.

Lembre-se: se sua mente estiver vagando ou se você estiver relaxado e apenas se divertindo, provavelmente não vai melhorar.

Há pouco mais de uma década, um grupo de pesquisadores suecos[8] estudou dois grupos de pessoas durante e depois de uma aula de canto. Metade dos sujeitos era de cantores profissionais, e a outra metade, amadores. Todos estavam tendo aulas durante os últimos seis meses. Os pesquisadores mediram aquelas pessoas de várias maneiras diferentes – com eletrocardiograma, amostras de sangue, observação visual das expressões faciais dos cantores, etc. – e depois da aula faziam uma série de perguntas que se destinava a determinar os processos de pensamento dos cantores durante a aula. Todos os cantores, tanto os amadores quanto os profissionais, sentiam-se mais relaxados e energizados antes e depois da aula, mas somente os amadores relataram que se sentiam eufóricos depois dela. As aulas de canto tinham tornado os amadores felizes, mas não os profissionais. A razão para a diferença está no modo como os dois grupos abordavam a aula. Para os amadores, era um momento em que podiam se expressar, afastar suas preocupações e sentir a pura alegria de cantar. Para os profissionais, a aula era um momento para se concentrar em elementos como técnica vocal e controle de respiração em um esforço para melhorar o seu canto. Havia um foco, mas não alegria.

Essa é uma dica para tirar o máximo proveito de qualquer tipo de prática, sejam as aulas particulares, em grupo ou a prática solitária e até mesmo os jogos e competições: não importa o que você esteja fazendo, mantenha o foco.

Um aluno de graduação que trabalhou comigo na Faculdade do Estado da Flórida, Cole Armstrong, descreveu como os jogadores de golfe do ensino médio desenvolviam esse tipo de foco.[9] Em algum ponto em torno do segundo ano eles começavam a entender o que significava se engajar na prática intencional em vez de simplesmente praticar. Em sua dissertação, Cole mencionou um golfista do ensino médio,[10] explicando quando e como a mudança ocorreu em sua abordagem da prática:

> Eu consigo me lembrar de uma ocasião específica do segundo ano. Meu treinador veio até o meu lado no intervalo e disse: "Justin, o que você está fazendo?". Eu estava batendo bolas e disse: "Estou treinando para o torneio". E ele disse: "Não, você não está treinando. Eu estava te observando, e você está apenas batendo bolas. Não está realmente praticando uma rotina nem nada do gênero". Então tivemos uma conversa e, como você disse, começamos uma rotina, uma rotina de prática, e dali em diante eu realmente comecei a praticar no que era uma ação consciente, trabalhando em direção a um objetivo específico que não era apenas bater bolas ou dar uma tacada de leve.

Aprender a se engajar desse modo – desenvolvendo conscientemente e refinando suas habilidades – é uma das mais poderosas maneiras de aperfeiçoar a eficácia de sua prática.

A nadadora americana Natalie Coughlin uma vez descreveu[11] sua própria versão desse tipo de momento "a-ha". Durante sua carreira ela ganhou um total de 12 medalhas olímpicas – um feito que juntou seu nome ao de duas outras atletas, como as nadadoras com maior quantidade de medalhas olímpicas já ganhas no nado feminino. Apesar de ser uma nadadora muito boa, ela não se tornou excelente até aprender a focar do começo ao fim de sua prática. Na maior parte de sua carreira inicial, passava o tempo nadando na raia e sonhando acordada. Isso é comum não apenas com nadadores, mas também com corredores e todos os outros tipos de atletas de resistência que gastam horas e horas toda semana determinando as distâncias necessárias para construir a sua resistência. Braçada, braçada, braçada, braçada, braçada, braçada, repetidas vezes, por horas sem fim; é difícil não ficar aborrecida e não viajar mentalmente, deixando sua mente vaguear para bem longe da piscina. E é isso que Coughlin fazia.

Mas, em algum ponto enquanto estava competindo pela Universidade da Califórnia, em Berkeley, Coughlin percebeu que estava desperdiçando uma importante oportunidade durante aquelas horas que passava nadando nas raias da piscina. Em vez de deixar sua mente divagar, ela poderia manter o foco em sua técnica, tentando dar cada braçada o mais perto possível da perfeição. Ela poderia estar trabalhando, especialmente, em aperfeiçoar as representações mentais das suas braçadas – compreendendo exatamente como seu corpo se sentia durante uma braçada "perfeita". Uma vez que tivesse uma clara ideia de como se pareceria aquela braçada ideal quando a sentisse, poderia perceber quando se desviasse daquele ideal – talvez quando ela estivesse cansada ou estivesse se aproximando de uma virada – e então trabalhar para minimizar aqueles desvios e manter sua braçada o mais perto possível do ideal.

Daí em diante, Coughlin fez questão de permanecer engajada no que estivesse fazendo, usando o tempo gasto em nadar para aperfeiçoar sua forma. Foi somente quando começou a fazer isso que passou a ver melhoras nos seus tempos e, quanto mais focava em sua forma durante o treinamento, mais sucesso tinha em suas competições. Coughlin não é um exemplo isolado. Depois de realizar um longo estudo com nadadores olímpicos,[12] o pesquisador Daniel Chambliss concluiu que a chave para a excelência na natação está em acompanhar muito de perto todos os detalhes do desempenho, garantindo que "cada um deles seja executado corretamente repetidas vezes, até que a excelência em cada detalhe se torne um hábito firmemente enraizado".[13]

Essa é a receita para o aperfeiçoamento máximo de sua prática. Até em esportes como musculação ou corrida de longa distância, em que a maior parte da prática consiste em ações aparentemente sem sentido e repetitivas, prestar atenção na execução dessas ações de maneira correta levará a um aprimoramento muito maior. Pesquisadores que estudaram corredores de longa distância[14] descobriram que os amadores tendem a divagar ou pensar em assuntos mais agradáveis para tirar das suas mentes a dor e a tensão da sua execução, enquanto os corredores de longa distância de elite permanecem em sintonia com os seus corpos para que eles possam encontrar o ritmo ideal e fazer ajustes para manter o melhor ritmo durante toda a corrida. Na musculação ou no levantamento de peso, se você for tentar levantar um peso que corresponde ao máximo de sua capacidade atual, você precisa se preparar antes de levantá-lo e estar completamente focado durante o levantamento. Qualquer atividade no limite de suas habilidades vai exigir plena concentração e esforço. E, é claro, em campos onde a força e a resistência não são tão importantes – atividades intelectuais, execução musical, arte, e assim por diante –, não valerá a pena, de forma alguma, praticar se você não estiver focado.

No entanto, manter esse tipo de foco é um trabalho duro, mesmo para *experts* que já fazem isso há anos. Como observei no Capítulo 4, os alunos de violino que estudei na academia de Berlim acharam seu treinamento tão cansativo, que muitas vezes tiravam um cochilo no meio do dia, entre suas aulas práticas da manhã e da tarde. As pessoas que estão começando a aprender a focar em sua prática não serão capazes de mantê-la por várias horas. Em vez disso, precisarão começar com sessões muito mais curtas e ir, gradualmente, aumentando-as.

O conselho que dei a Per Holmlöv nessa área pode ser aplicado a praticamente todos que estiverem se iniciando na prática deliberada: foco e concentração são cruciais, escrevi, então as sessões de treinamento mais curtas e com objetivos mais claros são o melhor caminho para desenvolver novas habilidades mais rapidamente. É melhor treinar com esforço de 100% por menos tempo do que com 70% de esforço por um longo período. Uma vez que você perceba que não pode mais focar eficazmente, termine a sessão. E certifique-se de dormir o suficiente para que possa treinar com a concentração máxima.

Per seguiu meu conselho. Ele se organizou para ter aulas pessoais com o seu *sensei*, estava fazendo sessões de treinamento mais curtas, porém em um nível mais alto de concentração, e estava dormindo de sete a oito horas por noite e tirando um cochilo depois do almoço. Passou no seu teste para a faixa verde e seu próximo objetivo era a faixa azul. Aos 70 anos ele estava na metade do caminho para a faixa preta, e, desde que ficasse livre de lesões, estava confiante de que alcançaria seu objetivo antes de chegar aos 80 anos.

Se você não tiver um professor

Na última vez que encontramos Benjamin Franklin neste livro, ele estava jogando xadrez durante horas e horas, mas nunca conseguindo melhorar. Isso nos forneceu um excelente exemplo de como *não* praticar

– fazer a mesma coisa repetidas vezes, sem qualquer foco em um plano passo a passo para o aperfeiçoamento. Mas Franklin, de longe, era muito mais do que um jogador de xadrez, é claro. Foi cientista, inventor, diplomata, editor e escritor, cujas palavras ainda hoje são lidas mais de dois séculos depois. Por isso, vamos dedicar igual tempo para uma área em que ele se saiu muito melhor do que no xadrez.

No início de sua autobiografia,[15] Franklin descreve como trabalhou para melhorar a sua escrita quando era jovem. A educação que recebera quando criança o havia tornado, de acordo com sua própria avaliação, não muito mais que um escritor mediano. Então ele recorreu a uma edição da revista britânica *The Spectator* e descobriu-se impressionado com a qualidade do estilo da escrita em suas páginas. Franklin decidiu que gostaria de escrever tão bem quanto, mas não tinha ninguém para lhe ensinar. O que ele podia fazer? Inventou uma série de técnicas inteligentes destinadas a ensinar a si mesmo como escrever tão bem quanto os escritores da *Spectator*.

Primeiro, planejou ver o rigor com que poderia reproduzir as sentenças de um artigo tão logo tivesse esquecido sua redação exata. Então escolheu vários dos artigos cuja escrita admirava e anotou descrições curtas do conteúdo de cada sentença – apenas o suficiente para lembrar do que tratava a sentença. Depois de vários dias, tentou reproduzir os artigos a partir das pistas que havia anotado. Seu objetivo não era tanto produzir uma réplica palavra por palavra dos artigos, mas sim criar seus próprios artigos que fossem tão detalhados e tão bem escritos quanto os artigos originais. Após escrever suas reproduções, voltava aos artigos originais, comparava-os com seus próprios esforços e corrigia suas versões quando necessário. Esse procedimento lhe ensinou a expressar ideias claramente e de forma convincente.

O maior problema que descobriu a partir desses exercícios foi que seu vocabulário não era, nem de longe, tão amplo como o dos escritores da *Spectator*. Não era que ele não conhecesse as palavras, mas sim que não as tinha à mão quando estava escrevendo. Para corrigir isso, inventou uma variante do seu primeiro exercício. Decidiu que iria escrever poesia por causa da necessidade de ajustar o ritmo do poema e o padrão da rima, o que o forçaria a apresentar uma abundância de palavras diferentes nas quais não pensava normalmente. Então selecionou alguns artigos da *Spectator* e os transformou em verso. Em seguida, depois de esperar bastante tempo para que sua memória do vocabulário original tivesse desaparecido, voltava a passar os poemas para a prosa, o que o levou ao hábito de encontrar justamente a palavra certa e aumentou o número de palavras que podia acessar rapidamente em sua memória.

Finalmente, Franklin trabalhou na estrutura e lógica globais de sua escrita. Mais uma vez usou os artigos da *The Spectator* e escreveu dicas para cada frase. Mas dessa vez escreveu as dicas em pedaços de papel separados e depois os misturou, de modo que eles ficaram completamente fora de ordem. Depois, esperou tempo suficiente para que não só tivesse esquecido a redação das frases nos artigos originais, mas que também tivesse esquecido a sua ordem, e tentou mais uma vez reproduzir os artigos. A ideia era pegar as dicas misturadas de um artigo e arranjá-las no que ele acreditava ser a ordem mais lógica, então escrevia frases a partir de cada dica e comparava o resultado com o artigo original. O exercício forçava-o a pensar cuidadosamente sobre como ordenar os pensamentos em uma peça de escrita. Se encontrava lugares onde não conseguia ordenar seus pensamentos tão bem como o escritor original, corrigia seu trabalho e tentava aprender com seus erros. Em sua maneira de ser normalmente humilde, Franklin lembrou em sua autobiografia como pôde dizer que a prática estava tendo o efeito desejado: "Às vezes eu tinha o prazer de imaginar que, em certos aspectos de pequena importância, eu tinha tido sorte suficiente para melhorar o método ou a língua, e isso me encorajava a pensar que, possivelmente, com o tempo eu poderia vir a ser um tolerável escritor de inglês, algo que eu muito ambicionava".

Franklin era modesto demais, é claro. Ele seguiu em frente até se tornar um dos escritores mais admirados da América antiga, com o *Poor Richard's Almanack*. Mais tarde, sua autobiografia se tornou um dos clássicos da literatura americana. Franklin resolveu um problema – querendo melhorar, mas sem ter ninguém para lhe ensinar a como fazer isso – que muitas pessoas enfrentam ao longo do tempo. Pode ser que você não consiga arcar com as despesas de um professor, ou que não haja ninguém facilmente acessível para ensinar o que você quer aprender. Talvez você esteja interessado em melhorar em alguma área onde não há nenhum *expert*, ou pelo menos não há professores. Quaisquer que sejam as razões, ainda é possível melhorar se você seguir alguns princípios básicos de prática deliberada – muitos dos quais Franklin parece ter intuído por conta própria.

A particularidade da prática intencional ou deliberada é que você tenta fazer algo que não consegue fazer – e isso tira você de sua zona de conforto – e treina repetidas vezes, focando em exatamente como você está procedendo, em que pontos está aquém das expectativas e como pode melhorar. A vida real – nossas ocupações, nossa educação, nossos passatempos – quase nunca nos dá a oportunidade para esse tipo de repetição focada, de modo que, para melhorar, precisamos criar nossas próprias oportunidades. Franklin o fez com seus exercícios, cada um deles focando uma faceta da escrita. Muito do que um bom professor faz é desenvolver tais exercícios para você, projetando-os especificamente para ajudá-lo a aprimorar a habilidade específica que é seu objetivo no momento. Mas, sem um professor, você deve desenvolver seus próprios exercícios.

Felizmente, vivemos numa época em que é fácil entrar na internet e localizar técnicas de treinamento para a maioria das habilidades comuns nas quais as pessoas estão interessadas e para um bom número de habilidades que não são tão comuns em absoluto. Quer aperfeiçoar suas habilidades de manejo de disco no hóquei? Procure na internet. Quer ser um escritor melhor? Na internet. Quer resolver um cubo mágico rapidamente? Internet. É claro que você precisa ser cuidadoso em relação ao conselho – a internet oferece quase tudo, menos controle de qualidade –, mas você obtém algumas boas ideias e dicas; experimente-as e veja o que funciona melhor para você.

Mas nem tudo está na internet, e existem coisas que podem não se encaixar exatamente no que você está tentando fazer ou podem não ser práticas. Algumas das mais desafiadoras habilidades a serem praticadas, por exemplo, são aquelas que envolvem interagir com outra pessoa. É muito fácil se sentar em sua sala e girar um cubo mágico cada vez mais rapidamente ou ir para um campo de treinamento de golfe e praticar suas tacadas. Mas o que fazer se o que sua habilidade requer é um parceiro ou uma audiência? Conceber uma forma eficaz de praticar tal habilidade pode exigir alguma criatividade.

Outro professor da Universidade Estadual da Flórida que trabalhava com alunos de inglês como segunda língua me contou sobre uma aluna sua que foi a um shopping center e parou vários compradores fazendo a todos eles a mesma pergunta. Dessa forma, ela foi capaz de ouvir respostas semelhantes vezes sem fim, e a repetição tornou mais fácil para ela entender as palavras que os nativos falavam em velocidade máxima. Se ela fizesse perguntas diferentes a cada vez, é provável que sua compreensão tivesse melhorado muito pouco ou quase nada. Outros alunos que estavam tentando aperfeiçoar seu inglês assistiam inúmeras vezes aos mesmos filmes ingleses legendados, e depois cobriam as legendas e tentavam entender o que estava sendo dito. Para checar a sua compreensão, descobriam as legendas. Pelo fato de ouvir o mesmo diálogo vezes sem conta, aperfeiçoaram sua habilidade de compreender inglês de modo muito mais rápido do que se tivessem assistido a inúmeros filmes diferentes.

Observe que esses alunos não estavam simplesmente fazendo a mesma coisa muitas e muitas vezes: eles estavam prestando atenção ao que entendiam de maneira errada e se corrigindo a cada vez. Esse é o objetivo da prática. Não faz nenhum bem repetir as mesmas ações várias e várias vezes sem pensar; o objetivo da repetição é descobrir onde estão suas fraquezas e focar em melhorar cada vez mais nessas áreas, tentando diferentes métodos para se aperfeiçoar até encontrar algo que funcione.

Um dos meus exemplos favoritos desse tipo de prática engenhosa autoplanejada foi descrito para mim por um aluno de uma escola de circo do Rio de Janeiro. Ele estava treinando para ser apresentador de espetáculo, e seu problema era como manter a audiência interessada durante o show. Além de introduzir os vários números de circo, o apresentador deve estar pronto para preencher qualquer momento vazio entre números se houver algum tipo de atraso na apresentação do próximo número. Mas ninguém iria deixá-lo praticar sua técnica com plateias ao vivo. Então ele teve uma ideia: foi para o centro da cidade do Rio e iniciou conversas com pessoas que estavam indo para casa na hora do *rush*. A maioria delas estava com pressa, então era preciso se esforçar para mantê-las interessadas o suficiente para que parassem e ouvissem o que ele tinha a dizer. Ao fazer isso, ele precisava praticar o uso de sua voz e sua linguagem corporal para chamar a atenção para si mesmo e usar pausas que fossem suficientemente longas, mas não longas demais, para criar uma tensão dramática.

O que mais me impressionou, porém, foi como ele estava decidido. Usou um relógio para marcar exatamente quanto tempo poderia manter cada conversa. Passou um par de horas por dia com esse procedimento, tomando notas de quais técnicas funcionaram melhor e quais não funcionaram de jeito nenhum.

Os comediantes fazem algo similar. Há uma razão para a maioria deles passar algum tempo em clubes de comédia stand-up. Eles têm a chance de experimentar o seu material e o que vão apresentar, e recebem *feedback* imediato do público: ou as piadas funcionam ou não. E podem voltar noite após noite, aprimorando seu material, conseguindo se livrar do que não funciona e tornando o que funciona ainda melhor. Até os comediantes bem estabelecidos, muitas vezes voltam a fazer apresentações stand-up, a fim de experimentar novas rotinas ou simplesmente retocar o que irão apresentar.

Para praticar com eficácia uma habilidade sem um professor, é útil ter em mente os três Fs: Foco. *Feedback*. Fixação. Quebre a habilidade em componentes que você possa analisar repetida e eficazmente, determine suas fraquezas e imagine maneiras de resolvê-las.

O apresentador, os alunos de inglês como segunda língua e Ben Franklin, todos são exemplos dessa abordagem. A abordagem de Franklin também oferece um excelente modelo para o desenvolvimento de representações mentais quando você tem pouco ou nenhum estímulo de instrutores. Quando ele analisou a qualidade da escrita na *The Spectator* e compreendeu o que a tornava boa, estava – apesar de não pensar nesses termos – criando uma representação mental que podia usar para orientar seu próprio trabalho. Quanto mais ele praticava, mais altamente desenvolvidas se tornavam suas representações mentais, até que pudesse escrever no mesmo nível da *Spectator* sem ter um exemplo concreto em sua frente. Ele havia internalizado a boa escrita – o que é apenas outra maneira de dizer que havia construído representações mentais que capturaram suas características notáveis.

Ironicamente, isso é exatamente o que Franklin não conseguiu fazer como jogador de xadrez. Com a escrita, ele estudou a produção de *experts* e tentou reproduzi-la; quando falhava em reproduzi-la bem o bastante, dava uma outra olhada nela e compreendia onde havia errado, de modo que pudesse se sair melhor da próxima vez. Mas é exatamente dessa maneira que os jogadores de xadrez se aperfeiçoam mais eficazmente – estudando os jogos dos grandes mestres, tentando reproduzir movimento por movimento e, quando escolhem um movimento que é diferente daquele que os grandes mestres escolheram, estudam a posição novamente para ver o que deixaram passar. Franklin, no entanto, não podia aplicar essas técnicas ao xadrez porque não tinha fácil acesso aos jogos dos mestres. Quase todos eles se encontravam na Europa e, na época, não havia livros com a coletânea de seus jogos para que ele estudasse. Se tivesse tido alguma maneira de estudar os jogos dos mestres, bem poderia ter se tornado um dos melhores jogadores de xadrez de sua geração. Certamente ele foi um de seus melhores escritores.

Podemos construir representações mentais eficazes em muitas áreas com uma técnica similar. Na música, o pai de Wolfgang Amadeus Mozart ensinou-o a compor em parte fazendo com que estudasse alguns dos melhores compositores da época e copiasse suas obras. E, na arte, artistas aspirantes há muito tempo têm desenvolvido suas habilidades copiando as pinturas e as esculturas dos mestres. Na verdade, em alguns casos eles o fizeram de uma maneira muito semelhante à da técnica que Franklin usou[16] para melhorar sua escrita, isto é, estudando uma peça de arte feita por um mestre, tentando reproduzi-la de memória, e depois comparando o produto final com a peça original, para descobrir as diferenças entre eles e corrigi-las. Alguns artistas se tornam tão bons em copiar, que podem até mesmo passar a vida como falsificadores, mas não é isso que importa nesse exercício. Os artistas não querem produzir obras de arte que se pareçam com as de outra pessoa; querem desenvolver as habilidades e as representações mentais que tornam possível a *expertise* e usar esse conhecimento para transmitir a sua própria visão artística.

Apesar da segunda palavra do termo "representação mental", a mera análise *mental* não é, nem de longe, suficiente. Só podemos formar representações mentais eficazes quando tentamos reproduzir o que o ator *expert* pode fazer, fracassar, descobrir por que fracassamos, tentar novamente e repetir – vezes sem conta. As representações mentais bem-sucedidas estão inextricavelmente ligadas a ações, não apenas a pensamentos, e é a prática prolongada destinada a reproduzir o produto original que irá produzir as representações mentais que nós buscamos.

Entendendo os patamares do passado

Em 2005, um jovem jornalista chamado Joshua Foer chegou a Tallahassee para me entrevistar sobre um artigo que ele estava escrevendo sobre competições de memória. Essas competições são os tipos de eventos que mencionei anteriormente, em que as pessoas competem para ver quem consegue se lembrar da maior quantidade de dígitos, quem pode memorizar mais rapidamente um conjunto aleatório de cartas de baralho e outras proezas semelhantes. Durante nossa conversa, Joshua mencionou que ele próprio estava pensando em competir para obter uma perspectiva pessoal e que iria iniciar o treinamento com um concorrente de memória do topo do ranking, Ed Cooke. Houve até mesmo uma vaga conversa sobre um livro que ele poderia escrever sobre suas experiências nessas competições.

Antes de Joshua começar a trabalhar com Cooke, meus alunos de graduação e eu testamos sua memória em uma ampla variedade de testes para ver quais eram suas habilidades básicas. Depois disso, tivemos pouco contato por certo tempo, até que um dia ele me ligou e reclamou que havia atingido um patamar e não saía mais dele. Não importava o quanto treinasse, não conseguia melhorar a velocidade com que memorizava a ordem de um maço de cartas organizadas aleatoriamente.

Dei a Josh alguns conselhos sobre como ultrapassar um patamar, e ele voltou a treinar. A história completa é narrada em seu livro *Moonwalking with Einstein*, mas o ponto principal é este: Josh de fato aumentou consideravelmente a velocidade e, no final das contas, ganhou o Campeonato de Memória dos Estados Unidos de 2006.

O patamar que Josh encontrou é comum em todo tipo de treinamento. Quando você começa aprendendo alguma nova habilidade, é normal perceber uma rápida – ou pelo menos estável – melhora, e quando essa melhora para, é natural acreditar que você atingiu algum tipo de limite implacável. Então você para de tentar se movimentar para a frente e assenta sua vida sobre aquele patamar. Essa é a principal razão pela qual as pessoas em todas as áreas param de progredir.

Eu deparei com esse mesmo problema no meu trabalho com Steve Faloon. Steve estava encalhado mais ou menos no mesmo número de dígitos por várias semanas e pensou que havia atingido o seu limite. Como ele já estava além do que qualquer outra pessoa já tinha alcançado, Bill Chase e eu não sabíamos o que esperar. Teria Steve ido tão longe quanto se poderia ir? E como é que saberíamos mesmo se ele tinha chegado a um limite superior? Decidimos fazer um pouco de experiência. Diminuí a velocidade em que eu lia os dígitos. Foi apenas um ajuste mínimo, mas isso proporcionou a Steve bastante tempo extra para memorizar significativamente mais dígitos do que ele jamais havia conseguido. Isso o convenceu de que o problema não estava no número de dígitos, mas sim na rapidez com que ele estava codificando os números. Ele acreditava que podia melhorar seu desempenho se pudesse simplesmente aumentar a velocidade do tempo que precisava para adicionar os dígitos em sua memória de longo prazo.

Em outro patamar, Steve descobriu que estava constantemente falhando com um par de dígitos em um de seus grupos de dígitos quando lhe eram dadas sequências de uma determinada extensão. Ficou preocupado achando que tinha atingido seu limite em relação à quantidade de grupos de dígitos de que poderia se recordar corretamente. Então Bill e eu demos a ele sequências que eram mais longas em 10 ou mais dígitos do que aquelas de que ele já tinha conseguido se lembrar. Ele ficou surpreso por se lembrar da maioria dos dígitos

– e, em especial, por se lembrar de mais dígitos do que jamais tinha conseguido anteriormente, mesmo que não fosse perfeito. O fato mostrou a ele que realmente ainda era possível se lembrar de sequências de dígitos mais longas e que seu problema não era ter atingido o limite de sua memória, mas sim que estava falhando em um ou dois grupos de dígitos na sequência inteira. Passou a focar com mais cuidado a codificação dos grupos de dígitos em sua memória de longo prazo e suplantou também esse patamar.

O que nós aprendemos com a experiência de Steve é válido para todos os que enfrentam um patamar: a melhor maneira de superá-lo é desafiar seu cérebro ou seu corpo de uma nova maneira. Fisiculturistas, por exemplo, mudarão os tipos de exercício que estão fazendo, aumentando ou diminuindo o peso que estão levantando ou o número de repetições do exercício e mudando sua rotina semanal. Na verdade, a maioria deles irá variar seus padrões de forma antecipatória para que, antes de mais nada, não fiquem empacados em algum patamar. O treinamento cruzado de qualquer tipo é baseado no mesmo princípio – desligar-se entre diferentes tipos de exercício, de modo que você esteja constantemente se desafiando de maneiras diferentes.

Mas, às vezes, você tenta todas as alternativas em que consegue pensar e, ainda assim, continua empacado. Quando Josh veio procurar minha ajuda com sua memorização de cartas de baralho, contei a ele o que tinha funcionado com Steve, e conversamos sobre o porquê disso.

Também conversamos sobre digitação. Pessoas que aprendem a digitar com o clássico método dos 10 dedos, em que cada dedo é designado para determinadas teclas, a certa altura alcançarão uma velocidade confortável em que podem digitar talvez 30 ou 40 palavras por minuto com relativamente poucos erros. Esse é o patamar delas.

Os professores de digitação usam um método bem estabelecido para superar tal patamar.[17] Muitos digitadores podem aumentar sua velocidade de digitação em até 10% a 20% simplesmente focando na tarefa e exigindo de si mesmos digitar mais rapidamente. O problema é que, na medida em que sua concentração diminui, a velocidade de digitação retorna ao mesmo patamar. Em oposição a isso, um bom professor normalmente irá sugerir que você reserve 15 a 20 minutos por dia para digitar numa velocidade maior.

Isso provoca duas mudanças: primeiro, ajuda o aluno a reconhecer desafios – tal como uma combinação de letras em particular – que atrasam sua digitação. Uma vez que você descubra quais são os problemas, pode projetar exercícios para melhorar sua velocidade naquelas situações. Por exemplo, se você estiver tendo problemas para digitar "ol" ou "lo" porque a letra *o* está quase praticamente acima da letra *1*, você poderia praticar escrevendo uma série de palavras que contêm aquelas combinações – ola, cola, rolo, tolo, lote, louvor, lobo, fole, folder, holerite, etc. – repetidas vezes.

Segundo, quando digita mais rápido que o usual, você é forçado a começar a olhar para a frente, para as palavras que irão aparecer a seguir, de modo que você possa descobrir antecipadamente onde posicionará seus dedos. Então, se vir que as próximas quatro letras serão tocadas com os dedos da sua mão esquerda, você pode mover o dedo correto na sua mão direita para o lugar da quinta letra adiante. Os testes com os melhores digitadores mostraram que suas velocidades estão intimamente relacionadas com a distância à sua frente, que eles olham para as próximas letras que irão digitar.

Embora tanto a digitação quanto a memorização de dígitos sejam habilidades muito especializadas, os métodos usados para superar um patamar nessas duas áreas apontam para uma abordagem geral que seja eficaz para todos os patamares. Qualquer habilidade razoavelmente complexa irá envolver uma variedade de componentes dos quais você se sairá melhor em alguns do que em outros. Então, quando atingir um ponto em que você está tendo dificuldades para melhorar, serão apenas um ou dois dos componentes daquela habilidade, não todos eles, que estarão retendo você. A questão é: quais deles?

Para compreender, você deve encontrar uma maneira de se pressionar um pouco mais fortemente – não muito – do que o normal, o que irá muitas vezes ajudá-lo a descobrir onde estão os seus pontos de atrito. Se você é um jogador de tênis, tente jogar com um oponente melhor do que aquele com quem você está acostumado. Com isso, suas fraquezas, provavelmente, se tornarão muito mais óbvias. Se você é um gerente, preste atenção ao que vai mal quando as coisas se tornam movimentadas ou caóticas – esses problemas não são anomalias, mas sim indicações de fraquezas que provavelmente estiveram ali o tempo todo, mas que eram, em geral, menos óbvias.

Com tudo isso em mente, sugeri ao Josh que, se ele quisesse aumentar o ritmo em que podia memorizar a ordem de um conjunto de cartas de baralho, deveria tentar fazê-lo em menos tempo do que normalmente precisaria. Depois deveria procurar descobrir de onde estavam vindo os seus erros. Ao identificar exatamente o que estava diminuindo sua velocidade, poderia pensar em exercícios para melhorar nesses aspectos específicos, em vez de simplesmente tentar produzir, repetidamente, alguma melhora generalizada que diminuísse a quantidade de tempo que gastava trabalhando em um conjunto completo de cartas de baralho.

É o mesmo, então, que você deve tentar fazer quando outras técnicas para ultrapassar um patamar tiverem falhado. Em primeiro lugar, descobrir exatamente o que está retendo você. Que erros você está cometendo e quando isso acontece? Esforce-se para se colocar fora de sua zona de conforto e ver o que entra em colapso em primeiro lugar. Em seguida, crie uma técnica prática que vise melhorar a fraqueza específica. Uma vez que você já descobriu qual é o problema, pode ser capaz de corrigi-lo sozinho, ou pode precisar procurar um treinador ou professor experiente para sugestões. De qualquer maneira, preste atenção ao que acontece quando você pratica; se você não estiver melhorando, terá que tentar alguma outra coisa.

A força dessa técnica está no fato de que ela tem como objetivo aquelas áreas de problemas específicos que estão retendo você, e não experimentar isso ou aquilo esperando que alguma coisa funcione. Essa técnica não é amplamente reconhecida, mesmo entre professores experientes, embora possa parecer óbvia tal como é descrita aqui, uma vez que é uma forma extremamente eficaz para superar patamares.

Mantendo a motivação

No verão de 2006, 274 alunos do ensino médio viajaram para Washington D.C., para o *Scripps National Spelling Bee*, um torneio nacional de soletração, que seria vencido na vigésima rodada por Kerry Close, um garoto de 13 anos de idade, de Spring Lake, em New Jersey, com a palavra *ursprache*.[ii] Meus alunos e eu estávamos lá para descobrir o que separava os melhores soletradores[18] do resto do grupo.

Demos a cada concorrente um questionário detalhado perguntando sobre suas práticas de estudo. Os questionários também incluíam itens destinados a avaliar as personalidades dos competidores. Os competidores de soletração têm duas abordagens básicas para se preparar para um concurso: passar algum tempo sozinho estudando palavras que

---

[ii] A palavra *ursprache* [protolíngua] significa qualquer idioma extinto e sem registro, reconstruído a partir de grupos de idiomas devidamente relacionados e registrados. [N.T.]

fazem parte de várias listas e dicionários, ou ser interrogados por outras pessoas sobre as palavras contidas nessas listas. Descobrimos que, quando os competidores começam, geralmente passam mais tempo sendo questionados por outros, porém mais tarde contam mais com a prática solitária. Quando comparamos as suas histórias de estudo com o desempenho dos vários competidores da competição, descobrimos que os melhores soletradores tinham passado muito mais tempo na prática intencional do que os seus pares – principalmente nas sessões individuais em que se concentravam para memorizar a grafia do maior número possível de palavras. Os melhores soletradores também tinham passado mais tempo sendo interrogados, mas o período de tempo gasto na prática intencional está mais estreitamente correlacionada com seu desempenho no concurso de soletração.

O que realmente nos interessava, no entanto, era motivar esses alunos a passarem mais tempo estudando a soletração de palavras. Os alunos que venceram as competições regionais e seguiram em frente para competir no torneio nacional – mesmo aqueles que não terminaram entre os melhores soletradores no evento – investiram quantidades incríveis de tempo de prática nos meses que antecederam a competição. Por quê? O que, em especial, levou os melhores soletradores a investir muito mais tempo do que os outros?

Algumas pessoas sugeriram que os alunos que passaram mais tempo praticando o fizeram porque, na verdade, gostam desse tipo de estudo e obtêm algum tipo de prazer nele. Mas as respostas que os alunos deram aos nossos questionários contam uma história bem diferente: eles não gostam de estudar de modo algum. Nenhum deles gosta, incluindo os melhores soletradores. As horas que passaram estudando milhares de palavras não eram divertidas por si só; garantem que teriam se sentido muito felizes fazendo qualquer outra coisa. Ao contrário, o que distinguiu os soletradores mais bem-sucedidos foi a sua capacidade superior para manter o compromisso de estudar, apesar do tédio e da atração de outras atividades mais interessantes.

Como você continua seguindo em frente? Essa talvez seja a maior questão que alguém que se engajou na prática intencional ou deliberada vai encarar mais cedo ou mais tarde.

Começar é fácil, como qualquer um que tenha visitado uma academia de ginástica logo depois do Ano Novo sabe. Você decide que deseja entrar em forma, ou aprender a tocar violão, ou estudar um novo idioma, e assim mergulha direto no seu projeto. É excitante.

É energizante. Você pode imaginar como se sentirá bem perdendo 10 quilos ou tocando *Smells Like Teen Spirit*, do Nirvana. Então, depois de algum tempo, cai na realidade. É difícil encontrar tempo para trabalhar ou praticar tanto quanto você deveria, então começa a faltar às aulas. Você não está progredindo tão depressa como achava que aconteceria. Seu propósito deixa de ser divertido, e sua determinação para alcançar aquele objetivo enfraquece. Depois de um tempo, você vai parar tudo completamente e não vai começar de novo. Chame isso de "efeito da resolução do Ano Novo" – é por isso que as academias que estavam lotadas em janeiro estão apenas meio cheias em julho e por que tantos violões pouco utilizados estão disponíveis nas redes de anúncios da internet.

Então, em poucas palavras, esse é o problema: prática intencional é um trabalho árduo. É difícil continuar, e mesmo se você mantiver o seu treinamento – indo à academia regularmente, ou praticando o violão em um determinado número de horas por semana –, é difícil manter o foco e o esforço, de modo que você pode, depois de algum tempo, simplesmente parar de se pressionar e parar de melhorar. A questão é: o que você pode fazer a respeito?

Ao responder a essa pergunta, o primeiro ponto a ser notado é que, apesar do esforço que se exige, certamente é possível seguir em frente. Todo atleta de ponta, toda primeira bailarina, todo violinista concertista, todo grande mestre do xadrez é uma prova viva de que isso pode ser feito – de que as pessoas podem praticar duramente, dia após dia, semana após semana, durante anos a fio. Todas essas pessoas compreenderam como ultrapassar o efeito da resolução do Ano Novo e tornar a prática deliberada uma parte permanente de suas vidas. Como conseguiram? O que podemos aprender com os atores *experts* sobre o que é preciso para continuar?

Vamos deixar uma coisa bem clara logo no início. Pode parecer natural supor que as pessoas que mantêm horários de prática intensa durante anos têm algum dom raro de força de vontade ou "coragem" ou "perseverança inabalável" que o resto de nós simplesmente não tem, mas seria um erro, por duas razões muito convincentes.

Em primeiro lugar, há pouca evidência científica da existência de uma "força de vontade" universal que possa ser aplicada em qualquer situação. Não há nenhuma indicação, por exemplo, de que os alunos que têm bastante "força de vontade" para estudar infinitas horas para o torneio nacional de soletração demonstrariam a mesma quantidade de "força de vontade" se lhes fosse pedido para praticar piano, xadrez ou beisebol. Na verdade, se é que tem alguma serventia, a evidência disponível indica que a força de vontade é um atributo muito específico da situação. As pessoas geralmente acham que é muito mais fácil incentivarem a si mesmas em algumas áreas do que em outras. Se Katie se tornasse uma grande mestra depois de 10 anos de estudo do xadrez e Karl desistisse do jogo depois de seis meses, isso significaria que Kate tem mais força de vontade do que Karl? Suas respostas seriam diferentes se eu lhes dissesse que Katie passou um ano praticando piano e depois desistiu, pouco antes de começar o xadrez, enquanto Karl é hoje um renomado concertista de piano? Essa dependência circunstancial põe em questão a alegação de que algum tipo de força de vontade genética pode explicar a capacidade do indivíduo para sustentar a prática diária durante meses, anos e décadas.

Mas há um segundo problema muito maior com o conceito de *força de vontade*, um problema relacionado com o mito do talento natural, que discutiremos mais tarde no Capítulo 8. Tanto a força de vontade quanto o talento natural são características que as pessoas atribuem a alguém após o fato: Jason é um jogador de tênis incrível, então ele deve ter nascido com esse talento natural. Jackie tem praticado o violino durante anos, várias horas por dia, então ela deve ter força de vontade incrível. Em nenhum dos casos podemos fazer essa determinação antes da hora com qualquer probabilidade de estar certo, e em nenhum dos casos alguém já identificou quaisquer genes que fundamentem essas supostas características inatas. Então, não há nenhuma evidência mais científica para a existência de genes individuais que determinem a força de vontade, como não há nenhuma evidência para a existência de genes necessários para alguém ter sucesso no xadrez ou no piano. Além disso, uma vez que se assume que algo é inato, esse algo automaticamente se torna um dom sobre o qual você não pode fazer nada. Se você não tem talento musical inato, esqueça a possibilidade de chegar a ser um bom musicista. Se você não tem força de vontade suficiente, esqueça a possibilidade de assumir algo que vai exigir uma grande quantidade de trabalho árduo. Esse tipo de pensamento cíclico vicioso – "o fato de que não posso continuar praticando indica que não tenho força de vontade suficiente, o que, por sua vez, explica por que não posso continuar praticando" – é mais do que inútil; é prejudicial na medida em que pode convencer as pessoas de que elas também têm a possibilidade de nem sequer tentar.

Acredito que é muito mais útil falar sobre motivação. Motivação é completamente diferente de força de vontade. Todos nós temos várias motivações – algumas mais fortes, outras mais fracas – em vários momentos e em várias situações. Então, a questão mais importante que precisa ser respondida é: que fatores configuram a motivação? Fazendo essa pergunta, podemos nos concentrar nos fatores que devem estimular a motivação de nossos funcionários, crianças, alunos, além da nossa própria motivação.

Há alguns paralelos interessantes entre aperfeiçoar o desempenho e perder peso. As pessoas que estão acima do peso geralmente têm pouca dificuldade em iniciar um programa de dieta, e em geral perderão certa quantidade de peso com ela. Mas quase todas elas verão seu progresso estacionar, e a maioria delas irá, gradualmente, recuperar o peso que perdeu, colocando-se de volta no lugar onde começou. Os que são bem-sucedidos na perda de peso[19] em longo prazo são aqueles que redesenharam suas vidas com sucesso, construindo novos hábitos que lhes permitam manter os comportamentos e continuar a perder peso, apesar de todas as tentações que ameaçam o seu sucesso.

Algo semelhante torna-se verdade para aqueles que mantêm a prática intencional e deliberada em longo prazo. Essas pessoas geralmente desenvolveram vários hábitos que as ajudam a seguir em frente. Como regra geral, acho que qualquer um que espera melhorar a habilidade em uma área específica deve dedicar uma hora ou mais a cada dia para a prática, que pode ser feita com o máximo de concentração. Manter a motivação que permite tal regime tem duas partes: razões para continuar e razões para parar. Quando interrompe alguma coisa que, inicialmente, você queria fazer é porque as razões para parar, num dado momento, superaram as razões para continuar. Assim, para manter sua motivação, você pode reforçar as razões para continuar ou enfraquecer as razões para sair. Os esforços bem-sucedidos de motivação geralmente incluem ambos.

Há várias maneiras de enfraquecer as razões para desistir. Uma das mais eficazes é reservar um tempo fixo para a prática do qual tenham sido eliminadas todas as outras obrigações e distrações. Pode ser bastante difícil se pressionar para tentar praticar nas melhores situações possíveis, mas quando você tem outras atividades que poderia estar fazendo, há uma tentação constante para fazê-las e então justificar sua atitude para si mesmo, dizendo que aquelas coisas realmente precisavam ser feitas. Se você fizer isso muitas vezes, começará a praticar cada vez menos, e logo seu programa de treinamento irá por água abaixo.

Quando estudei os alunos de violino de Berlim, descobri que a maioria deles preferia praticar assim que acordava todas as manhãs. Eles estabeleciam sua programação de modo que não houvesse mais nada a fazer naquele momento. Ela era reservada especificamente para a prática. Além disso, a identificação desse período como sendo seu tempo de prática criava um sentimento de hábito e dever que tornava menos provável que esses alunos fossem tentados por outras coisas. O melhor e os melhores alunos tinham em média cerca de cinco horas a mais de sono por semana do que os bons alunos, na sua maioria por terem mais tempo para cochilos à tarde. Todos os alunos no estudo – os bons alunos, os melhores e o melhor – passavam aproximadamente o mesmo período de tempo em cada semana nas atividades de lazer, mas os melhores alunos eram muito melhores em calcular quanto tempo gastavam no lazer, o que indica que eles faziam um esforço a mais para planejar seu tempo. Um bom planejamento pode ajudá-lo a evitar muitas distrações que podem levá-lo a passar menos tempo na prática do que você pretendia.

De modo geral, procure identificar qualquer fator que possa interferir no seu treinamento e encontre formas de minimizar sua influência. Se for provável que você se distraia com o seu celular, desligue-o. Ou, melhor ainda, desligue-o e deixe-o em outra sala. Se você não for uma pessoa matutina e acha especialmente difícil se exercitar pela manhã, mude sua corrida ou sua aula de ginástica para o final do dia, quando seu corpo não vai lutar muito contra você. Notei que algumas pessoas que têm dificuldade em começar a se exercitar pela manhã não dormem muito bem. Idealmente, você deveria acordar por si mesmo (ou seja, sem um alarme que o desperte) e sentir-se renovado quando faz isso. Se esse não for o caso, você provavelmente deveria ir para a cama mais cedo. Embora qualquer fator específico possa fazer apenas uma pequena diferença, o fato é que os vários fatores se somam.

Para a prática intencional ou deliberada, você deve se forçar a sair de sua zona de conforto e manter seu foco, mas essas são atividades mentalmente exaustivas. Os atores *expert* seguem dois hábitos – ambos aparentemente não relacionadas com a motivação – que podem ajudar. O primeiro é a manutenção física geral: ter boas noites de sono e manter-se saudável. Se você estiver cansado ou doente, é muito mais difícil manter o foco e muito mais fácil fazer corpo mole. Como mencionei no Capítulo 4, todos os alunos de violino se preocupavam em dormir bem todas as noites, e muitos deles tiravam um cochilo durante a tarde, depois da sua sessão de prática da manhã. O segundo é limitar a duração da sua sessão de prática a cerca de uma hora. Você não conseguirá manter uma concentração intensa por muito mais tempo que isso – e quando estiver começando, é provável que esse tempo seja ainda menor. Se você quiser praticar mais de uma hora, continue e depois faça uma pausa.

Felizmente, você vai descobrir que, na medida em que mantém a sua prática, ela vai parecer mais fácil ao longo do tempo. Tanto seu corpo quanto sua mente irão se habituar à prática. Os corredores e outros atletas acham que se tornam acostumados com a dor associada ao seu exercício. Curiosamente, os estudos descobriram que, do mesmo modo que os atletas se acostumam com um tipo particular de dor associada ao seu esporte, eles não se acostumam com a dor em geral. Ainda sentem outros tipos de dor tão agudas como qualquer outra pessoa sente. Da mesma forma, ao longo do tempo, os músicos e qualquer outra pessoa que pratica intensamente chegam ao ponto em que essas horas de prática já não parecem tão mentalmente dolorosas quanto foram antes. A prática nunca se torna uma diversão pura e simples, porém mais cedo ou mais tarde se aproxima de um ponto neutro, por isso não é tão difícil seguir em frente.

Acabamos de ver várias maneiras de diminuir a inclinação ao intuito de parar; agora vamos ver algumas maneiras de aumentar a inclinação para seguir em frente.

A motivação deve, é claro, ser um desejo de se tornar melhor em tudo aquilo que está praticando. Se você não possuir esse desejo, por que está praticando? Mas esse desejo deve se manifestar em diferentes formas. Pode ser completamente pessoal. Digamos que você sempre quis ser capaz de fazer figuras de origami. Não sabe por que, mas isso está dentro de você. Às vezes o desejo é parte de algo maior. Você gosta de ouvir determinada sinfonia, e decidiu que realmente gostaria de ser parte disso – ser um membro de uma orquestra contribuindo para aquele som incrível e experimentando-o a partir dessa perspectiva – mas você não tem um desejo imperioso de tocar clarinete ou saxofone ou qualquer outro instrumento específico. Ou talvez o desejo tenha propósitos extrínsecos, totalmente práticos. Você odeia falar em público, mas reconhece que essa sua falta de habilidade o está prejudicando em sua carreira, então decide que quer aprender a lidar com o público. Todas essas são possíveis raízes da motivação, mas não são – ou pelo menos não deveriam ser – os únicos motivadores que você possui.

Os estudos dos atores *experts* nos mostram que, uma vez que você tenha praticado por algum tempo e conseguido ver os resultados, a própria habilidade pode se tornar parte de sua motivação. Você sente orgulho do que faz, obtém prazer com os cumprimentos dos amigos, e o seu senso de identidade se transforma. Começa a se ver como um orador público, ou um pequeno jogador, ou um fabricante de figuras de origami. Contanto que você reconheça essa nova identidade como algo que flui das muitas horas de prática que você dedicou ao desenvolvimento de sua habilidade, a prática também passa a ser mais reconhecida como um investimento do que como uma despesa.

Outro fator-chave motivacional na prática deliberada é a crença de que você pode ser bem-sucedido. A fim de forçar a si mesmo quando realmente não estiver com vontade, você deve acreditar que pode melhorar e – especialmente para as pessoas que começam a crescer para se tornar atores *experts* – que você pode se classificar entre os melhores. O poder de tal crença é tão forte, que pode até sobrepujar a realidade. Um dos atletas mais famosos da Suécia,[20] o corredor de meia-distância Gunder Hägg, que quebrou 15 recordes mundiais no início dos anos 1940, cresceu com o pai, um lenhador, em uma parte isolada do norte da Suécia. Nos seus primeiros anos da adolescência, Gunder adorava correr na floresta, e ele e o pai ficaram curiosos com relação à rapidez que ele poderia correr. Descobriram uma rota que tinha cerca de 1.500 m de comprimento, e Gunder correu nesse trajeto, enquanto o pai media o seu tempo com um despertador. Quando Gunder terminou, o pai lhe disse que ele completara a distância em 4 minutos e 50 segundos – um tempo extraordinariamente bom para aquela distância na floresta. Como recordaria mais tarde em sua autobiografia, Gunder foi inspirado no seu desempenho por acreditar que tinha um futuro brilhante como corredor, então começou a treinar mais seriamente e na verdade seguiu em frente para se tornar um dos melhores corredores do mundo. Só muitos anos depois é que o pai confessou que o tempo real da corrida naquele dia havia sido de 5 minutos e 50 segundos. Contou que havia exagerado na velocidade de Gunder porque temia que ele tivesse perdido um pouco de sua paixão pela corrida e por isso precisava ser encorajado.

Certa vez, o psicólogo Benjamin Bloom dirigiu um projeto que examinava a infância de uma série de especialistas em vários campos. Uma de suas descobertas foi que, quando esses futuros *experts* eram jovens, seus pais usavam várias estratégias para impedi-los de desistir. Vários dos especialistas se referiram, especificamente, a uma época na sua juventude em que estavam doentes ou feridos de alguma forma que os impedia de praticar durante uma quantidade significativa de tempo.

Quando finalmente retomaram a prática, não estavam perto do mesmo nível que tinham obtido antes e, desanimados, eles quiseram desistir. Seus pais lhes disseram que poderiam desistir se quisessem, mas primeiro precisavam continuar praticando o suficiente para voltar ao nível em que estavam anteriormente. E esse foi o truque. Uma vez que tinham praticado durante certo tempo e atingido o nível anterior, perceberam que poderiam, de fato, continuar melhorando, e que o seu recuo havia sido apenas temporário.

A fé é importante. Você pode não ter sorte bastante para ter alguém fazendo por você o que o pai de Hägg fez por ele, mas certamente pode aprender uma lição com os atores *experts* estudados por Bloom: se você parar de acreditar que pode alcançar um objetivo, seja porque você já regrediu ou porque estagnou, não desista. Combine com você mesmo que irá fazer o que for preciso para voltar ao ponto em que estava antes ou para ultrapassar aquele patamar e, então, você poderá sair. Provavelmente não irá desistir.

Uma das formas mais fortes de motivação extrínseca é a motivação social. Ela pode assumir várias formas. Uma das mais simples e mais diretas é a aprovação e a admiração dos outros. Crianças pequenas são sempre motivadas a tocar um instrumento musical ou praticar um esporte porque estão buscando a aprovação de seus pais. Por outro lado, as crianças mais velhas sempre são motivadas pelo *feedback* positivo para suas realizações. Depois de ter praticado tempo bastante para alcançar o nível de determinada habilidade, elas se tornam conhecidas por causa de seus talentos – essa criança é uma artista, aquela criança toca piano muito bem, e aquela outra é uma jogadora de basquete fenomenal –, e esse reconhecimento pode proporcionar motivação para seguir em frente. Muitos adolescentes – e mais do que alguns adultos – se dedicaram a um instrumento musical ou a um esporte, porque acreditavam que a *expertise* naquela área os tornaria mais atraentes sexualmente.

Uma das melhores maneiras de criar e manter a motivação social é se cercar de pessoas que irão encorajar, apoiar e desafiar você em seus empreendimentos. Os alunos de violino de Berlim não só passavam a maior parte de seu tempo com outros estudantes de música, como também tendiam a namorar estudantes de música ou pelo menos outros que apreciavam a paixão deles pela música e compreendiam a necessidade que eles tinham de priorizar a prática.

Cercar-se de pessoas solidárias é mais fácil nas atividades que são feitas em grupos ou equipes. Se você faz parte de uma orquestra, por exemplo, pode se perceber motivado a praticar mais duramente porque não quer deixar os seus colegas desanimados, porque está competindo com alguns deles para ser o melhor no seu instrumento, ou talvez ambos. Os membros de uma equipe de beisebol ou softbol podem se pressionar coletivamente buscando melhorar a fim de ganhar um campeonato, mas também podem estar cientes das competições internas com outros membros da equipe e, provavelmente, também serão motivados por essas competições.

Talvez o fator mais importante aqui seja o próprio ambiente social. A prática deliberada pode ser um exercício solitário, mas se você tem um grupo de amigos que estão nas mesmas posições – os outros membros da sua orquestra, sua equipe de beisebol ou seu clube de xadrez –, você garantiu um sistema de apoio. Essas pessoas compreendem o esforço que você investe em sua prática, podem partilhar dicas de treinamento com você e podem apreciar suas vitórias e se solidarizar com você nas suas dificuldades. Elas contam com você, e você pode contar com elas.

Perguntei a Per Holmlöv o que motivaria um homem idoso de 70 e poucos anos a dedicar tantas horas por semana para ganhar uma faixa preta. Ele me disse que, inicialmente, ficou interessado no caratê porque seus netos haviam começado a treinar, e ele gostava de assistir aos treinos e interagir com eles enquanto treinavam. Mas o que o levou a buscar uma formação ao longo dos anos foi a sua interação com os colegas e os professores. Grande parte do treinamento de caratê é feito em duplas, e Per explicou que tinha encontrado um parceiro de treinamento – uma mulher 25 anos mais jovem, cujos filhos também estavam treinando na escola – que foi excepcionalmente solidária com ele e com seu progresso no esporte. Vários alunos jovens em sua escola também eram solidários, e esses colegas lhe proporcionavam sua maior motivação para seguir em frente.

Na minha mais recente comunicação com Per – no verão de 2015, quando ele estava com 74 anos –, descobri que ele e sua mulher haviam se mudado para perto das montanhas em Åre, o equivalente sueco de Aspen, no Colorado. Ele alcançou o nível da faixa azul e estava se preparando para o teste da faixa marrom, mas uma vez que não tinha mais a oportunidade de treinar numa escola de caratê com outros alunos, decidiu que teria de desistir da sua promoção rumo à faixa preta. Ainda treina todas as manhãs com uma rotina que seu sensei desenvolveu especialmente para ele, uma rotina que inclui aquecimento, formas de caratê, trabalho com os equipamentos de exercício e meditação. Além disso, caminha regularmente pelas montanhas. Seus objetivos de vida, escreveu ele, são "a sabedoria e a vitalidade".

O que nos traz de volta a Benjamin Franklin. Quando jovem, ele se interessava por todos os tipos de atividades intelectuais – a filosofia, a ciência, a invenção, a escrita, as artes e assim por diante – e desejava incentivar o próprio desenvolvimento nessas áreas. Então, aos 21 anos, recrutou 11 das pessoas mais interessantes intelectualmente[21] na Filadélfia para formar um clube de aperfeiçoamento mútuo, que ele chamou de "Junto". Os membros do clube, que se encontravam todas as sextas-feiras à noite, deveriam estimular as conquistas intelectuais uns dos outros. Esperava-se que cada membro apresentasse ao menos um tópico de conversação interessante – sobre moral, política ou ciência – em cada reunião. Os temas, que eram geralmente apresentados como perguntas, deveriam ser discutidos pelo grupo "no espírito sincero de investigação da verdade, sem predileção pela disputa ou desejo de vitória". A fim de manter as discussões abertas e colaborativas, as regras dos Junto proibiam rigorosamente qualquer pessoa de contradizer outro membro ou expressar uma opinião muito fortemente. E, uma vez a cada três meses, todos os membros do Junto tinham que compor um ensaio – sobre qualquer tema que fosse – e lê-lo para o resto do grupo, que passaria, então, a discutir o assunto.

Um propósito do grupo era incitar os membros a se envolverem com os tópicos intelectuais daquela época. Ao criar o clube, Franklin não apenas garantiu a si próprio o acesso regular a algumas das pessoas mais interessantes da cidade, como estava dando a si mesmo uma motivação extra (como se ele precisasse de alguma) para se aprofundar nesses temas. O fato de saber que se esperava que ele formulasse pelo menos uma pergunta interessante a cada semana e que também estaria respondendo a perguntas de outras pessoas deu a ele um impulso extra para ler e examinar as questões mais urgentes e intelectualmente mais desafiadoras na ciência contemporânea, na política e na filosofia.

A técnica pode ser usada em quase qualquer área: reúna um grupo de pessoas, todas interessadas na mesma coisa – ou junte-se a um grupo que já existe –, e use a camaradagem do grupo e os objetivos comuns como motivação extra para alcançar seus próprios objetivos. Essa é a ideia que está por trás de muitas organizações sociais, de clubes do livro a clubes de xadrez ou teatros comunitários. Desse modo, juntar-se a tal grupo – ou, se necessário, formar um grupo – pode ser uma maneira extraordinária para os adultos manterem a motivação. Uma coisa com a qual se deve ter cuidado, no entanto, é ter certeza de que os outros membros do grupo têm objetivos semelhantes aos seus quanto ao aperfeiçoamento. Se você se une a uma equipe de boliche porque está tentando melhorar suas pontuações no jogo, e o restante da equipe está interessado principalmente em desfrutar de um tempo agradável, sem preocupação alguma quanto a ganhar ou não o título da liga, você ficará frustrado, não motivado. Se você for um guitarrista buscando melhorar o suficiente para fazer carreira com a música, não participe de uma banda cujos membros só querem se reunir na garagem de alguém nas noites de sábado e improvisar. (Mas tenha em mente que "Junto" seria um nome muito bom para uma banda de rock).

É claro que, em sua essência, a prática deliberada é uma busca solitária. Embora você possa reunir um grupo de indivíduos com ideias afins para apoio e incentivo, até agora muito do seu aperfeiçoamento dependerá da prática que você faz por sua própria conta. Como manter a motivação durante hora após hora dessa prática focada?

Uma das melhores partes do conselho é definir as coisas de modo que você esteja constantemente vendo sinais concretos de aprimoramento, mesmo que nem sempre seja uma grande melhoria. Quebre a sua longa jornada em uma série de metas viáveis e coloque o foco nelas, uma de cada vez – talvez até dando a si mesmo uma pequena recompensa sempre que atingir uma meta. Os professores de piano sabem, por exemplo, que para um jovem estudante de piano é melhor quebrar as metas de longo prazo em uma série de níveis. Ao fazer isso, o aluno adquire um sentimento de realização cada vez que um novo nível é atingido, e essa sensação de realização vai complementar a motivação dele, além de tornar menos provável que ele desanime devido a uma aparente falta de progresso. Não importa se os níveis são arbitrários. O que importa é que o professor divida o que pode parecer uma quantidade infinita de material de aprendizado em uma série de passos claros, tornando o progresso do aluno mais concreto e mais encorajador.

Dan McLaughlin – o golfista do Plano Dan – fez algo muito semelhante em sua busca para atingir o PGA Tour. Desde o começo, dividiu sua busca em uma série de estágios, cada um deles dedicado a uma técnica específica, e a cada passo desenvolveu maneiras de monitorar seu progresso, de modo que soubesse em que ponto estava e a distância que havia atingido. O primeiro passo de Dan foi aprender como golpear a bola com sutileza, e por vários meses o taco foi o único clube de golfe com que ele lidou. Criou vários jogos nos quais repetia as mesmas tentativas, vezes sem conta, e manteve um íntimo acompanhamento de como se comportou nesses jogos. Em um jogo no início, por exemplo, ele assinalou seis pontos, cada um dos quais a três pés de um buraco e igualmente distribuídos ao redor do buraco. Em seguida, ele tentava colocar a bola no buraco com tacadas sutis, a partir de cada um desses seis pontos e repetia isso 17 vezes para um total de 102 tacadas leves. Para cada conjunto de seis tacadas feitas com sutileza, Dan contou quantas vezes ele conseguiu colocar a bola no buraco, e registrou a pontuação numa planilha. Dessa maneira, ele pôde observar seu progresso de maneira muito concreta. Não só foi capaz de dizer quais tipos de erros estava cometendo e o que precisava melhorar, como pôde ver, semana após semana, até onde havia progredido.

Mais tarde, depois que havia aprendido a usar os outros tacos de golfe um a um – primeiro um taco de golfe *pitching wedge*,[iii] em seguida o taco de ferro, o taco de madeira e, finalmente, o taco *driver* – ele jogou sua primeira rodada inteira de golfe com um completo conjunto de tacos em dezembro de 2011, mais de um ano e meio depois de ter começado a treinar. A essa altura, ele estava gravando seu progresso de várias maneiras diferentes. Mantinha o controle de sua precisão de direção, quantas vezes suas tacadas batidas fora dos montinhos de areia atingiam o meio do campo, quantas vezes elas desviaram para a direita e quantas vezes desviaram para a esquerda. Ficou de olho no número médio de tacadas leves que precisou dar para colocar a bola no buraco, uma vez que ele tivesse conduzido a bola até a área onde fica situado o buraco. E assim por diante. Não só os números deixavam que ele visse quais as áreas que necessitavam ser trabalhadas e qual tipo de trabalho era necessário, como serviram de marcadores de quilometragem em seu caminho rumo à *expertise* no golfe.

Como qualquer pessoa familiarizada com o golfe sabe, o mais importante indicador do progresso de Dan é a sua média de pontuação. A fórmula para calcular a média de pontos é um pouco complicada, mas na essência dizia a ele como poderia esperar jogar bem em um de seus melhores dias. Espera-se que alguém com uma média de pontos igual a 10, por exemplo, seja capaz de jogar 18 buracos de golfe em até 10 tacadas acima da pontuação padrão para cada buraco. A média de

---

[iii] Tipo de taco com o qual um golfista pode alcançar uma distância maior. É usado para as tacadas de aproximadamente 100 m, no caso dos homens, e 80 m no das mulheres. Na maioria das vezes, bate-se a partir da relva. [N.T.]

pontos torna possível para os jogadores de diferentes níveis de habilidade jogar mais ou menos em pé de igualdade. E, como a média de pontos de uma pessoa é baseada na pontuação obtida nas últimas 20 ou mais rodadas completas de golfe disputadas, ela está constantemente mudando e fornece um registro do desempenho que uma pessoa jogou ao longo do tempo.

Quando, em maio de 2012, Dan começou a calcular e registrar a sua média de pontos, ela era de 8,7, ou seja, muito boa para alguém que tinha começado a jogar havia poucos anos. Por volta do segundo semestre de 2014, a sua média de pontos oscilava entre 3 e 4, o que foi verdadeiramente impressionante. Na época em que este texto estava sendo escrito, isto é, na segunda metade de 2015, Dan estava se recuperando de uma lesão que o tinha feito parar de jogar por um tempo. Ele havia investido mais de seis mil horas de prática, então havia concluído mais de 60% do caminho para sua meta de 10 mil horas de prática.

Nós ainda não sabemos se Dan vai alcançar seu objetivo de jogar no PGA Tour, mas ele mostrou claramente como um homem de 30 anos de idade, sem experiência real de golfe, pode, com o tipo certo de prática, transformar-se em um golfista *expert*.

Minha caixa de entrada de e-mails é repleta de histórias como essa. Uma psicoterapeuta da Dinamarca que usa a prática deliberada para desenvolver seu canto e acabou gravando músicas que foram transmitidas em estações de rádio de toda a Dinamarca. Um engenheiro mecânico da Flórida que desenvolveu suas habilidades de pintura por meio da prática deliberada e me enviou uma fotografia da obra que pintou pela primeira vez e que é realmente bastante boa. Um engenheiro brasileiro que decidiu dedicar 10 mil horas (esse número outra vez!) para se tornar um *expert* em origami. E assim por diante. As únicas duas coisas que todas essas pessoas têm em comum é que todas elas tiveram um sonho que a totalidade delas conseguiu realizar, após aprenderem com a prática deliberada que há um caminho para conquistar tal sonho.

E essa, mais do que qualquer outra coisa, é a lição que as pessoas devem tirar de todas essas histórias e toda essa pesquisa: não há nenhuma razão para não seguir seu sonho. A prática deliberada pode abrir a porta para um mundo de possibilidades que talvez você tenha sido convencido de que estavam fora do alcance. Abra essa porta.

07
A ESTRADA PARA O EXTRAORDINÁRIO

■ NO FINAL DOS ANOS 1960, o psicólogo húngaro László Polgár e sua esposa, Klara, embarcaram em um grande experimento[1] que consumiria suas vidas pelo próximo quarto de século. László havia estudado centenas de pessoas que eram consideradas gênios em um campo ou outro e concluiu que, com a educação adequada, qualquer criança podia se tornar um gênio. Quando estava cortejando Klara, esboçou suas teorias e explicou que estava procurando uma esposa que colaborasse com ele testando suas teorias em seus próprios filhos. Klara, uma professora da Ucrânia, deve ter sido uma mulher muito especial, por ter respondido afirmativamente à corte pouco ortodoxa e concordado com László (quanto ao casamento e quanto a transformar seus futuros filhos em gênios).

László tinha tanta certeza de que seu programa de treinamento funcionaria em qualquer área, que não tinha preferências a respeito de qual ele e Klara escolheriam como alvo. Então os dois discutiram várias opções. Línguas era uma opção: quantos idiomas poderiam ser ensinados a uma criança? Matemática era outra possibilidade. Naquela época, os matemáticos de primeira classe eram altamente considerados na Europa Oriental, uma vez que os regimes comunistas procuravam maneiras de provar sua superioridade sobre o Ocidente decadente. A matemática teria a vantagem adicional de que, na época, não havia matemáticos de nível superior do sexo feminino, então, supondo que ele e Klara tivessem uma filha, iriam provar sua tese de maneira ainda mais convincente. Mas ele e Klara decidiram por uma terceira opção.

"Poderíamos fazer a mesma coisa com qualquer matéria, se começássemos cedo, gastássemos muito tempo e déssemos muito amor para aquela matéria", diria Klara mais tarde a um repórter de jornal. "Mas nós escolhemos o xadrez. O xadrez é muito objetivo e fácil de avaliar".

O xadrez sempre foi considerado como um jogo da "mente masculina", e as mulheres que jogavam xadrez eram tratadas como cidadãs de segunda classe. As mulheres tinham os seus próprios torneios e campeonatos, porque a crença geral era de que não seria justo fazê-las jogar contra os homens. Na verdade, nunca houve um grande mestre do sexo feminino. De fato, naquela época, a atitude comum em relação às mulheres que jogavam xadrez era muito parecida com a famosa citação de Samuel Johnson: "A pregação de uma mulher é como o andar de um cão sobre as patas traseiras. Não fazem isso bem, mas a gente se surpreende ao ver que ao menos o fazem".

Os Polgárs foram abençoados com três crianças, todas elas meninas. Tanto melhor para provar o ponto de vista de László.

Sua primeira filha nasceu em abril de 1969, foi chamada de Susana (em húngaro, Zsuzsanna). Sofia (Zsófia) veio a seguir, em novembro de 1974, e finalmente Judith, em julho de 1976. László e Klara educaram suas filhas em casa, a fim de passar tanto tempo quanto possível concentrando-se no xadrez. Não demorou muito para a experiência dos Polgárs se tornar um tremendo sucesso.

Susan tinha apenas 4 anos de idade quando ganhou seu primeiro torneio, dominando o Campeonato de Budapeste de Garotas com Menos de 11 Anos, com 10 vitórias, nenhuma derrota e nenhum empate. Aos 15 anos, tornou-se a melhor jogadora mulher de xadrez do mundo e continuou até ser premiada com o *status* de grande mestre, seguindo o mesmo caminho que os homens devem trilhar. (Duas outras mulheres haviam sido nomeadas grandes mestres depois de vencerem campeonatos mundiais exclusivos para mulheres.) E Susan nem mesmo iria ser a mais perfeita das meninas.

Sofia, a segunda filha, também teve uma incrível carreira no xadrez. Talvez o seu ponto máximo tenha acontecido quando ela tinha apenas 14 anos e dominou um torneio em Roma que incluía vários grandes mestres homens altamente considerados. Por vencer oitos dos nove jogos e empatar o nono, ela conquistou um único nível de classificação de xadrez – ou seja, uma classificação baseada apenas nos jogos desse torneio – de 2.735,[2] que foi uma das mais altas classificações de torneio desde sempre, tanto para jogadores homens quanto mulheres. Isso aconteceu em 1989, e as pessoas do universo do xadrez ainda falam do "saque de Roma". Embora a classificação total mais alta de Sofia fosse 2.540, bem mais que 2.500, o percentual mínimo necessário para o *status* de grande mestre, e apesar de ter atuado em torneios autorizados mais do que o suficiente, ela nunca recebeu esse título – um resultado que foi, aparentemente, mais uma decisão política do que um julgamento sobre seu talento de xadrez. (Como suas irmãs, ela nunca tentou fazer bonito com a comunidade do xadrez masculino.) Num dado momento, Sofia era a sexta jogadora em todo o mundo no ranking de xadrez feminino. Entre as irmãs Polgár, porém, ela poderia ser considerada como a mais preguiçosa.

Judith foi a joia da coroa da experiência de László Polgár. Ela se tornou grande mestre[3] aos 15 anos e cinco meses, passando a ser, na época, a mais jovem pessoa, homem ou mulher, a alcançar esse nível. Foi a jogadora número um do ranking mundial de xadrez de mulheres durante 25 anos, até que se aposentou do xadrez em 2014. Ao mesmo tempo, foi classificada como número oito do mundo entre todos os jogadores de xadrez, masculinos ou femininos, e em 2005 se tornou a primeira – e até agora única – mulher a jogar no Campeonato Mundial de Xadrez global.

As irmãs Polgár eram claramente *experts*. Cada uma delas se colocou entre as maiores do mundo numa área em que o desempenho medido é extremamente objetivo. Não há pontos de estilo em xadrez. O pano de fundo da escola não importa. Seu currículo não conta. Então sabemos, sem sombra de dúvidas, que elas eram boas naquilo, e elas eram realmente muito, muito boas.

Embora alguns detalhes do histórico dos Polgár sejam incomuns – pouquíssimos pais são tão focados em transformar seus filhos nos melhores do mundo em alguma coisa –, eles fornecem um claro, se não extremo, exemplo do que é preciso para se tornar um ator *expert*. Os caminhos que Susan, Sofia e Judith tomaram para o domínio do xadrez estão alinhados com o caminho que essencialmente todos os *experts* têm tomado para se tornarem extraordinários. Os psicólogos, em especial, descobriram que o desenvolvimento de um *expert* passa por quatro estágios distintos, do primeiro vislumbre de interesse à completa *expertise*. Tudo o que sabemos sobre as irmãs Polgár sugere que elas passaram por esses mesmos estágios, talvez de um modo ligeiramente diferente, devido ao modo como seu pai dirigiu o seu desenvolvimento.

Neste capítulo verificamos com profundidade o que é preciso para se tornar um ator *expert*. Como explicamos antes, a maior parte do que sabemos sobre a prática deliberada veio de um estudo de *experts* e de como eles desenvolveram suas habilidades extraordinárias, mas, até este ponto do livro, nós nos concentramos principalmente naquilo que tudo isso significa para o resto de nós – que temos possibilidade de usar os princípios da prática deliberada para melhorar, mas que podemos nunca estar entre os melhores do mundo no que fazemos. Agora vamos mudar a nossa atenção para aqueles tipos "melhores do mundo" – os músicos de classe mundial, os atletas olímpicos, os cientistas ganhadores do Prêmio Nobel, os grandes mestres de xadrez, e os restantes.

Num certo sentido, este capítulo poderia ser pensado como um manual de como agir para criar um *expert* – um mapa rodoviário para a excelência, se você preferir. Este capítulo não lhe fornecerá tudo o que vai precisar para produzir a próxima Judith Polgár ou Serena Williams, mas você vai terminá-lo com uma ideia muito melhor daquilo a que está se propondo, se for esse o caminho que escolheu.

De modo geral, este capítulo fornece um olhar passo a passo sobre o que é necessário para tirar plena vantagem da adaptabilidade humana e alcançar as fronteiras das capacidades humanas. Normalmente, esse processo começa na infância ou no princípio da adolescência e continua por uma década ou mais até que o nível *expert* seja alcançado. Mas não para aí. Um dos atributos inconfundíveis dos atores *experts* é que, mesmo quando se tornam um dos melhores naquilo que fazem, continuam trabalhando constantemente para aperfeiçoar as suas técnicas de prática e para ficarem melhores. E é nessa fronteira que encontramos os inovadores, os *experts* que vão além do que qualquer um já conseguiu fazer e nos mostram tudo o que é possível alcançar.

Começando

Em entrevista a uma revista,[4] Susan Polgár falou sobre como ela começou a se interessar pelo xadrez. "Encontrei o meu primeiro jogo de xadrez quando estava procurando por um novo brinquedo no armário de casa", disse ela. "Inicialmente, fui atraída pela forma das figuras. Mais tarde, foram a lógica e o desafio que me fascinaram."

É interessante notar a diferença entre a lembrança de Susan de como ela se interessou pelo xadrez e o que sabemos sobre os planos de seus pais para ela. László e Klara já haviam decidido que Susan se tornaria uma das jogadoras de xadrez mais bem classificadas, de modo que dificilmente teriam contado simplesmente com o acaso da menina encontrar as peças de xadrez e ficar fascinada por elas.

No entanto, os detalhes precisos não importam. O importante é que Susan se interessou por xadrez quando era criança – e que isso aconteceu da única maneira que uma criança daquela idade (ela tinha 3 anos na época) poderia se interessar: vendo as peças de xadrez como uma diversão.

Como brinquedos. Como algo com que brincar. As crianças pequenas são muito curiosas e brincalhonas. Como cachorrinhos ou gatinhos, elas interagem com o mundo principalmente por meio do jogo. Esse desejo de jogar serve como motivação inicial da criança para tentar uma coisa ou outra, para ver o que é interessante e o que não é, e para se envolver em várias atividades que ajudarão a construir suas habilidades. Nesse ponto, é claro que elas estarão desenvolvendo habilidades simples – arrumar peças de xadrez em um tabuleiro, jogar bola, balançar uma raquete, organizar bolas de gude por forma ou padrão – mas para os futuros *experts*, essa divertida interação com qualquer coisa que capture seu interesse é o primeiro passo rumo ao que irá, ao final, tornar-se sua paixão.

No início dos anos 1980, o psicólogo Benjamin Bloom dirigiu um projeto na Universidade de Chicago[5] que partia de uma simples pergunta: o que se encontra na infância de pessoas que se tornam *experts* que possa explicar por que, entre todas as pessoas, elas desenvolvem tais habilidades extraordinárias? Os pesquisadores que trabalhavam com Bloom escolheram 120 *experts* em seis campos – concertistas de piano, nadadores olímpicos, campeões de tênis, pesquisadores em matemática, em neurologia, e escultores – e procuraram por fatores comuns em seus desenvolvimentos. Esse estudo identificou três estágios que eram comuns a todos eles e que, na verdade, pareciam ser comuns ao desenvolvimento de atores *experts* em todas as áreas, não apenas nos seis campos que Bloom e seus colegas examinaram.

No primeiro estágio, as crianças são introduzidas[6] de uma maneira divertida ao que, mais tarde, se tornará seu campo de interesse. Para Susan Polgár foi encontrar peças de xadrez e gostar de seus formatos. No início, elas não eram nada além de brinquedos com que podia se divertir. Tiger Woods recebeu um pequeno taco de golfe para segurar quando tinha apenas nove meses de idade. Novamente, um brinquedo.

No início, os pais brincam com seus filhos no nível da criança, mas gradualmente passam a brincar com o real propósito do "brinquedo". Então explicam os movimentos especiais das peças do xadrez. Mostram como o taco de golfe é usado para bater na bola. Revelam a capacidade do piano para produzir um tom e não apenas um barulho.

Nesse estágio, os pais da criança que se tornarão *experts* desempenham um papel crucial no desenvolvimento infantil. Por um lado, eles dedicam aos seus filhos um grande período de tempo, atenção e encorajamento. Por outro lado, tendem a ser muito orientados para o êxito pessoal e ensinam a seus filhos valores como autodisciplina, trabalho árduo, responsabilidade, bem como dão preferência a que a criança passe seu tempo de forma construtiva. E uma vez que a criança passa a se interessar por um campo específico, esperam que ela se aproxime desse campo mantendo os mesmos atributos – disciplina, trabalho árduo e realização.

Esse é um período crucial no desenvolvimento de uma criança. Muitas delas descobriram certa motivação inicial para explorar ou tentar alguma coisa por causa de sua curiosidade natural ou por diversão. Nesse caso, os pais têm a oportunidade de usar esse interesse inicial como um trampolim para uma atividade, mas a curiosidade inicial que impulsiona a motivação precisa ser complementada. Um excelente complemento, especialmente em se tratando de crianças pequenas, é o elogio. Outra motivação é a satisfação de ter desenvolvido certa habilidade, especialmente se o empreendimento for reconhecido por um progenitor. Uma vez que a criança passa a conseguir, consistentemente, bater uma bola com um bastão, digamos, ou tocar um tom simples no piano, ou contar um número de ovos contidos em uma caixa de papelão, essa realização se torna um ponto de orgulho e passa a servir como motivação para futuros empreendimentos naquela área.

Bloom e seus colegas descobriram que os *experts* que faziam parte de seu estudo frequentemente adquiriam o interesse particular de seus pais. Pais que estavam envolvidos com a música, seja como intérpretes ou como ouvintes fervorosos, muitas vezes percebiam que seus filhos estavam desenvolvendo um interesse musical, já que era uma forma pela qual podiam passar algum tempo com os pais e compartilhar o interesse. O mesmo princípio vale para os pais que estão focados nos esportes. Por outro lado, os pais de crianças destinadas às atividades mais intelectuais – como os futuros matemáticos e futuros neurologistas – eram mais propensos a discutir temas intelectuais com seus filhos e enfatizavam a importância da escola e da aprendizagem. Dessa maneira, os pais – pelo menos os pais de crianças que se tornaram *experts* – moldam os interesses de seus filhos. Bloom não relatou nenhum caso como o de Polgárs, no qual os pais decidiram conscientemente estimular os filhos numa direção específica. No entanto, isso não precisa ser um ato consciente. Pelo simples fato de interagiram fortemente com os seus filhos, os pais os motivam a desenvolver interesses semelhantes.

Nesse primeiro estágio, a criança não pratica por si mesma – isso virá mais tarde –, mas muitas crianças conseguem sugerir atividades que são em parte brincadeira e em parte treinamento. Um bom exemplo é Mario Lemieux, amplamente considerado um dos melhores jogadores de hóquei no gelo de todos os tempos. Ele tinha dois irmãos mais velhos, Alain e Richard, e os três desciam regularmente ao porão[7] da casa onde moravam e deslizavam, só de meias, como se estivessem usando patins de gelo, enquanto batiam e rebatiam em uma tampa de garrafa com colheres de pau. Outro caso é o britânico David Hemery, atleta de corridas com barreiras – um dos melhores atletas britânicos de pista de todos os tempos – que transformou muitas de suas atividades de infância em competições[8] consigo mesmo, desafiando-se a melhorar constantemente. Quando ganhou um bastão pula-pula como presente de Natal, por exemplo, passou a empilhar listas telefônicas a fim de praticar o salto sobre obstáculos. Embora eu não conheça nenhum estudo que avalie o valor desse tipo de prática, parece provável que essas crianças estavam dando seus primeiros passos no caminho para a especialização.

A experiência de Mario Lemieux chama a atenção para outra característica notável da experiência precoce das crianças prodígios – quantas delas tinham irmãos mais velhos em quem podiam se inspirar, com quem aprendiam, com quem competiam, para depois tomarem como exemplo. Judith Polgár tinha Susan e Sofia. Wolfgang Mozart tinha Maria Anna, que era quatro anos e meio mais velha do que ele e que já estava tocando o cravo quando Wolfgang começou a se interessar por música. A grande tenista Serena Williams seguiu os passos de sua irmã Venus Williams, que foi uma das melhores jogadoras de tênis de sua época. Mikaela Shiffrin, que se tornou a mais jovem campeã de esqui da história durante os Jogos Olímpicos de 2014, tinha um irmão mais velho, Taylor, que foi um competitivo esquiador. E por aí vai.

Esse é outro tipo de motivação. Uma criança que vê um irmão mais velho realizando uma atividade e recebendo atenção e orgulho de um progenitor irá, naturalmente, querer acompanhá-lo e igualmente obter certa atenção e orgulho. Para algumas crianças a competição com o irmão ou a irmã pode também motivá-la por si só.

Em muitos dos casos que têm sido estudados, as crianças que têm irmãos talentosos também têm um dos pais ou ambos as encorajando. Sabemos disso no caso das irmãs Polgár e também no de Mozart: o pai de Mozart não ficava muito atrás de László Polgár em seu foco para desenvolver um prodígio. Do mesmo modo, o pai de Serena e Venus Williams, Richard Williams, iniciou-as no tênis com a intenção de torná-las tenistas profissionais. Nesses casos, pode ser difícil distinguir a influência dos irmãos da dos pais. Mas provavelmente não é uma coincidência que, em geral, nesses casos, seja a irmã ou o irmão mais novo que atingem as maiores alturas. Parte disso pode acontecer porque os pais aprendem com suas experiências com o irmão mais velho e fazem um trabalho melhor com os mais jovens, mas também é provável que a presença de um irmão mais velho totalmente engajado em uma atividade fornece inúmeras vantagens para o irmão mais novo. Ao observar um irmão mais velho se envolver em uma atividade, a criança mais nova pode se tornar interessada – e se iniciar – naquela atividade muito mais cedo do que, de outra forma, iria fazê-lo. O irmão mais velho pode ensinar ao irmão mais novo e isso acaba se parecendo mais com divertimento do que as lições fornecidas pelo pai. E a competição entre os irmãos, provavelmente, será mais útil para o irmão mais novo do que para o mais velho, porque este último tem, naturalmente, maiores habilidades, pelo menos por alguns anos.

Bloom encontrou um padrão ligeiramente diferente na infância das crianças que ao crescer se tornariam matemáticos e neurologistas em relação ao padrão na infância das crianças que se tornariam atletas, músicos e artistas. No primeiro caso, os pais não introduziram as crianças em um assunto específico, mas sim no apelo das atividades intelectuais em geral. Encorajavam a curiosidade de seus filhos, e a leitura era um passatempo importante, inicialmente com os pais lendo para as crianças e, mais tarde, com as crianças lendo os livros por si mesmas. Também estimulavam seus filhos a construírem modelos ou projetos de ciência – atividades que poderiam ser consideradas educacionais – como parte de suas brincadeiras.

Mas quaisquer que sejam os detalhes específicos, o padrão geral com esses futuros *experts* era que, em algum ponto, eles se tornaram muito interessados em uma área específica e se mostraram mais promissores do que outras crianças da mesma idade. Com Susan Polgár, esse ponto chegou quando ela perdeu o interesse nas peças de xadrez como simples brinquedos e ficou intrigada pela lógica de como elas se moviam pelo tabuleiro e interagiam com outras peças durante um jogo. Nesse ponto, a criança está pronta para passar ao próximo estágio.

Tornando-se sério

Uma vez que o futuro *expert* passa a se interessar por uma área e exibe algum potencial nela, o próximo passo previsível[9] é ter aulas com um treinador ou professor. Nesse ponto, a maioria desses alunos encontra a prática deliberada pela primeira vez. Ao contrário de sua experiência até então, que havia sido principalmente de atividades divertidas, sua prática está prestes a se tornar trabalho.

Em geral, os instrutores que introduzem os alunos a esse tipo de prática não são eles mesmos *experts*, mas são bons em trabalhar com crianças. Sabem como motivar seus alunos e fazê-los avançar, na medida em que se adaptam ao trabalho de melhoria por meio da prática deliberada. Esses professores são entusiastas e encorajadores e recompensam seus alunos – com elogios ou, às vezes mais concretamente, com doces ou outros pequenos deleites – quando eles conseguem realizar alguma tarefa.

No caso das irmãs Polgár, László foi seu primeiro professor. Ele não era um jogador de xadrez especialmente forte – todas as suas filhas o superaram muito antes da adolescência –, mas ele sabia o bastante para lhes dar um bom início no xadrez e, o mais importante, conseguiu mantê-las interessadas no jogo. Judith disse que seu pai foi o maior motivador que ela já conheceu. E isso talvez seja o fator mais importante nos primeiros dias do desenvolvimento de um *expert* – a manutenção do interesse e da motivação enquanto as habilidades e os hábitos estão sendo construídos.

Os pais também têm um importante papel a desempenhar. (No caso Polgár, é claro, László era ao mesmo tempo pai e professor.) Os pais ajudam os seus filhos a estabelecerem rotinas – digamos, praticar o piano por uma hora todos os dias – e lhes dão apoio e encorajamento, além de elogios para que melhorem. Quando necessário, incentivam as crianças para que priorizem sua prática acima de outras atividades: prática em primeiro lugar, brincadeira mais tarde. E, se as crianças enfrentam dificuldades demais para manter a sua rotina de prática, os pais podem intervir com medidas mais extremas. Alguns pais de futuros *experts* do estudo de Bloom precisaram recorrer a táticas como ameaçar cortar as aulas de piano, vender o piano ou deixar de levar a criança às aulas de natação. Obviamente todos os futuros atores *experts* decidiram naquele momento que queriam continuar. Outros podem escolher de outra forma.

Embora haja várias maneiras de os pais e professores motivarem as crianças, a motivação deve ser, em última análise, algo que vem de dentro da criança, caso contrário ela não irá perdurar. Os pais de crianças pequenas podem motivá-las com elogios e recompensas, entre outras coisas, mas, ao final, isso não será o bastante. Uma maneira pela qual os pais e professores podem proporcionar motivação de longo prazo é ajudar as crianças a descobrirem atividades relacionadas de que elas gostem. Por exemplo, se uma criança descobre que adora tocar um instrumento musical diante de uma plateia, isso pode ser o bastante para motivar a criança a investir na prática necessária. Ajudar as crianças a desenvolverem representações mentais também pode aumentar a motivação, por aumentar sua capacidade de apreciar a habilidade que estão aprendendo. As representações de música ajudam uma criança a desfrutar melhor o ato de ouvir apresentações musicais e, em particular, a gostar de interpretar as peças favoritas de alguém para si mesma na sala de prática. As representações de posições de xadrez levam a uma maior apreciação da beleza do jogo. As representações de um jogo de beisebol permitem que uma criança compreenda e admire a estratégia subjacente ao jogo.

Bloom descobriu um padrão de interesse e motivação diferente entre as crianças que se tornariam matemáticos, em grande parte porque elas se iniciaram muitos mais tarde em sua área de interesse. Os pais normalmente não contratam tutores especiais para instruir crianças de 6 anos em matemática. Em vez disso, os futuros matemáticos encontrarão pela primeira vez cursos sérios de matemática – tais como álgebra, geometria e cálculo – no ensino médio, e muitas vezes foram os professores desses cursos, e não os seus pais, quem primeiro forneceu o combustível do que se tornaria a paixão de sua vida. Os melhores professores não priorizam regras para resolver problemas específicos, mas em vez disso estimulam seus alunos a pensar sobre os padrões e processos gerais – o *porquê* mais do que o *como*. Isso foi motivador para essas crianças, porque despertou um interesse intelectual que iria orientar seus estudos e, mais tarde, a sua pesquisa como matemáticos.

Pelo fato de essas crianças serem mais velhas e terem se interessado pelo assunto, independentemente da influência de seus pais, elas necessitavam de pouco incentivo ou encorajamento dos pais para fazer as lições de casa ou qualquer outra tarefa que o professor tivesse sugerido. Uma estratégia que seus pais adotaram foi ressaltar a importância do sucesso escolar em geral, tornando claras as suas expectativas de que seus filhos deveriam continuar sua escolaridade até depois do ensino médio e até mesmo além da faculdade.

Durante a primeira parte dessa fase, o encorajamento e o apoio dos pais e professores foi crucial para o progresso da criança, mas com o tempo os alunos começaram a experimentar algumas das recompensas do seu trabalho árduo e se tornaram cada vez mais automotivados. Um aluno de piano se apresentou para outras pessoas e apreciou o aplauso. Um nadador se regozijou com a aprovação e o respeito de seus pares. Esses alunos se tornaram mais interessados no processo, e sua autoimagem passou a incluir as habilidades que os estavam definindo, independentemente de seus pares. No caso de esporte em equipe, como natação, os alunos muitas vezes apreciam fazer parte de um grupo de pessoas com ideias afins. Mas, quaisquer que sejam as razões, a motivação começa a mudar a partir do exterior para o interior, na origem.

Finalmente, na medida em que os alunos continuam a se aperfeiçoar, eles começam a procurar professores e treinadores mais qualificados que irão levá-los para o próximo nível. Os alunos de piano, por exemplo, tendem a mudar de um professor das redondezas para o melhor professor que puderem encontrar, alguém que frequentemente irá exigir uma audição antes de aceitar um aluno. Do mesmo modo, os nadadores procurarão os melhores treinadores que possam encontrar, em vez daquele que está mais convenientemente localizado. Com o aprofundamento do nível de instrução, os alunos começam a praticar durante mais horas. Os pais fornecerão suporte, tal como pagar por aulas e equipamentos, mas a responsabilidade pela prática recai quase inteiramente nos próprios alunos e seus professores e treinadores.

David Pariser, um pesquisador na Concordia University, de Montreal, descobriu uma motivação semelhante em crianças que, ao crescerem, se tornaram artistas talentosos. Elas tinham um "autoabastecimento, uma energia automotivadora dirigida para um tremendo trabalho",[10] relatou ele, embora ainda demandassem "apoio emocional e técnico" de seus pais e professores.

Bloom percebeu que, após dois a cinco anos nesse estágio, os futuros *experts* começam a se identificar mais com a habilidade que eles estavam desenvolvendo e menos com outras áreas de interesse, tais como escola ou vida social. Eles se veem como "pianistas" ou "nadadores", por volta dos 11 ou 12 anos, ou como "matemáticos" antes de completarem 16 ou 17. Estavam se tornando sérios em relação ao que faziam.

Ao longo desses estágios – e, na verdade, ao longo da vida inteira de uma pessoa –, é difícil desvendar as várias influências sobre a motivação. Certamente, existem alguns fatores psicológicos intrínsecos que desempenham um papel, tal como curiosidade, além de outros fatores extrínsecos, tais como o apoio e o encorajamento dos pais e dos pares. Porém, muito frequentemente, não conseguimos reconhecer os efeitos neurológicos de realmente fazer a atividade. Sabemos que qualquer tipo de prática prolongada – jogar xadrez ou tocar um instrumento musical, aprender matemática, e assim por diante – produz mudanças no cérebro que levam ao aumento da capacidade na habilidade que está sendo praticada, por isso é razoável perguntar se essa prática também pode produzir mudanças nas estruturas cerebrais que regulam a motivação e o prazer.

Ainda não podemos responder a essa pergunta, mas sabemos que pessoas que desenvolvem habilidades em certas áreas durante anos de prática parecem obter uma grande quantidade de prazer por estarem engajadas naquela habilidade. Os músicos gostam de interpretar músicas. Os matemáticos apreciam ser matemáticos. Os jogadores de futebol se deleitam em jogar futebol. É claro que é possível que isso se deva totalmente a um processo próprio de seleção – que as únicas pessoas que passaram anos praticando algo são aquelas que naturalmente amam fazer isso –, mas também é possível que a própria prática possa levar a adaptações fisiológicas que produzam maior engajamento e maior motivação para fazer aquela atividade em particular. Nesse ponto, trata-se apenas de especulação, mas é uma especulação razoável.

Compromisso

Geralmente, quando estão no início ou no meio da adolescência, os futuros *experts* assumem um importante compromisso de se tornarem os melhores que puderem ser. Esse compromisso é o terceiro estágio.

Agora os alunos irão frequentemente buscar os melhores professores ou escolas para seu treinamento, mesmo que isso requeira mudar-se para o outro lado do país. Na maioria dos casos, aquele professor vai ser alguém que alcançou os mais altos níveis na sua área – um pianista concertista que se tornou professor, um treinador de natação que treinou atletas olímpicos, um pesquisador matemático de ponta, e assim por diante. De modo geral, não é fácil ser aceito nesses programas, e a aceitação significa que o professor partilha da crença do aluno de que ele pode atingir os níveis mais altos possíveis.

O aluno enfrenta expectativas que aumentam gradualmente até que ele esteja, essencialmente, fazendo tanto quanto é humanamente possível para melhorar. Os nadadores são incentivados a darem o seu melhor e, em última instância, a perseguirem tempos recordes nacionais e até mesmo internacionais. Dos pianistas, espera-se que aperfeiçoem seu desempenho com peças cada vez mais difíceis. Quanto aos matemáticos, a expectativa é que demonstrem seu domínio de determinada área, trabalhando num problema que ninguém resolveu antes. É claro que nada disso é esperado de imediato, mas não há dúvida de que será sempre o objetivo final – sair do limite da habilidade humana e se classificar entre os melhores.

Durante esse estágio, a motivação situa-se unicamente no aluno, mas a família ainda pode desempenhar um importante papel. No caso de adolescentes que se mudam para outros lugares do país a fim de se exercitar com um treinador de ponta, por exemplo, muitas vezes a família também se muda para o mesmo lugar. E o treinamento em si pode ser incrivelmente caro – não apenas o custo do professor, mas também o equipamento, o transporte e assim por diante.

Em 2014, a revista *Money* calculou quanto custa para uma família[11] treinar uma criança que é um jogador de tênis de elite. As aulas particulares custarão de 4.500 a 5.000 dólares, mais 7.000 a 8.000 dólares para aulas de grupo. O uso da quadra custará a partir de 50 até 100 dólares por hora. A taxa de inscrição para um torneio nacional é de cerca de 150 dólares, mais os custos de transporte, e os melhores jogadores competem em mais ou menos 20 torneios por ano. Trazer seu treinador para esses torneios custará mais 300 dólares por dia, além de transporte, hospedagem e refeições. Somados todos esses fatores, é fácil gastar 30.000 dólares por ano. No entanto, muitos dos alunos realmente sérios se deslocam para academias de tênis onde treinam o ano todo, o que pode aumentar as despesas drasticamente. Frequentar a Academia IMG na Flórida, por exemplo, vai custar 71.400 dólares por ano para pagar os estudos, a acomodação e a alimentação – e você ainda tem que pagar para participar de qualquer torneio em que escolha jogar.

Não é surpresa, como Bloom relatou, que muito poucas famílias possam arcar com as despesas de mais de um filho aspirando a esse nível de desempenho. Não é apenas caro, é quase como um emprego de tempo integral que um pai precisa ter se quiser apoiar um filho nessa busca – levar para as aulas durante a semana, fornecer transporte para as competições no fim de semana, e assim por diante.

No entanto, o aluno que consegue ir até o fim dessa árdua estrada se juntará à elite de pessoas que podem dizer categoricamente que alcançaram o ápice da realização humana.

Os benefícios de começar cedo

No estudo de Bloom, todos os 120 *experts* tinham começado a sua escalada em direção ao auge enquanto eram crianças, o que é típico entre os atores *experts*. Mas muitas vezes as pessoas me perguntam quais são as possibilidades para alguém que só comece a treinar bem mais tarde na vida. Embora os detalhes específicos variem de campo para campo, há relativamente poucas limitações absolutas no que diz respeito ao que é possível para aqueles que começam a treinar quando já são adultos. Na verdade, as limitações práticas – tais como o fato de que poucos adultos têm de quatro a cinco horas por dia para se dedicar à prática deliberada – são muitas vezes apenas mais um problema do que uma limitação física ou mental.

No entanto, a *expertise* em alguns campos é simplesmente inatingível para qualquer um que não tenha começado a treinar quando criança. Compreender tais limitações pode ajudar você a decidir que áreas gostaria de perseguir.

As questões mais óbvias sobre o desempenho são aquelas que envolvem habilidades físicas. Na população em geral, os picos de desempenho físico situam-se em torno dos 20 anos. Com o aumento da idade, perdemos a flexibilidade, tornamo-nos mais propensos a lesões e levamos mais tempo para nos curarmos. Diminuímos a velocidade. Os atletas normalmente alcançam o seu desempenho máximo em algum momento durante os 20 anos. Os atletas profissionais podem continuar competitivos aos 30 ou até aos 40 anos, com os avanços no treinamento. De fato, as pessoas podem efetivamente treinar bem até por volta dos seus 80 anos.[12] Grande parte da deterioração relacionada à idade em várias habilidades acontece porque as pessoas diminuem ou param o seu treinamento; pessoas idosas que continuam a treinar regularmente veem seu desempenho diminuir muito menos. Há divisões principais nas competições de pista e de campo, com faixas etárias até 80 anos ou mais, e as pessoas que treinam para esses eventos fazem isso exatamente da mesma forma que as pessoas décadas mais jovens fazem; elas simplesmente treinam por períodos mais curtos e com menos intensidade por causa do aumento do risco de lesões e do aumento do período de tempo que o organismo leva para se recuperar do treinamento. E com a compreensão de que a idade não é a limitação que se pensava que fosse, mais e mais adultos mais velhos estão treinando árdua e severamente. Na verdade, durante as últimas décadas, o desempenho dos atletas de categoria master[13] melhorou a uma taxa muito mais elevada do que aquela dos atletas mais jovens. Hoje, por exemplo, pode-se esperar que um quarto dos corredores de maratona que tem 60 anos[14] supere mais da metade dos seus concorrentes com idades entre 20 e 54 anos.

Uma das pessoas mais velhas a participar desses eventos de categoria master é Don Pellmann, que em 2015 tornou-se a primeira pessoa com 100 anos de idade ou mais[15] a correr 100 m em menos de 27 segundos. No mesmo evento de atletismo – as Olimpíadas Seniores de San Diego – Pellmann também estabeleceu quatro outros recordes de pessoas idosas

– para o salto em altura, salto em distância, arremesso de disco e arremesso de peso. Há inúmeros atletas que competem na atual faixa etária da Pellmann, que inclui concorrentes de 100 a 104 anos, e as competições incluem a maioria dos eventos de qualquer competição de atletismo, inclusive a maratona. (O tempo de recorde mundial para a maratona nessa faixa etária é de 8 horas, 25 minutos, 17 segundos, estabelecido por Fauja Singh, do Reino Unido, em 2011.) Os tempos podem ser mais longos, as distâncias saltadas podem ser mais curtas, e as alturas autorizadas podem ser menores, mas esses atletas ainda seguem em frente.

Além da gradual deterioração das habilidades físicas que acompanha o envelhecimento, algumas habilidades físicas simplesmente não podem ser desenvolvidas em níveis *experts* se a pessoa não começa a trabalhar na infância. O corpo humano cresce e se desenvolve até o final da adolescência ou 20 anos, mas uma vez que chegamos aos 20 anos ou perto disso, a nossa estrutura esquelética está mais definida, o que tem implicações para certas habilidades.

Por exemplo, se os bailarinos precisam desenvolver a clássica rotação[16] – a capacidade de girar a perna inteira, começando no quadril, para que ela aponte diretamente para o lado – devem começar a treinar cedo. Se esperarem até depois que suas articulações do quadril e do joelho tenham se calcificado – o que normalmente acontece entre os 8 e os 12 anos –, provavelmente nunca serão capazes de obter uma rotação completa. O mesmo vale para os ombros dos atletas,[17] como os lançadores do beisebol, cujo esporte requer que eles atirem a bola com um movimento do braço sobre a cabeça. Somente aqueles que começam a treinar quando jovens terão os requisitos da amplitude do movimento quando forem adultos, sendo capazes de esticar bem o braço para trás do ombro, a fim de produzir o clássico movimento de arremesso *wind-up*. Algo semelhante acontece com o movimento que os tenistas usam quando servem a bola – somente aqueles que começaram a jogar quando jovens têm toda a gama do movimento para efetuar o serviço.

Os jogadores profissionais de tênis que começam cedo também desenvolvem demasiadamente o antebraço que usam para segurar a raquete – não apenas os músculos, mas também os ossos. Os ossos do braço dominante de um jogador de tênis[18] podem ser 20% mais espessos do que os ossos de seu outro braço. Essa é uma enorme diferença que permite que os ossos do braço dominante aguentem os constantes solavancos que acontecem quando se rebate uma bola de tênis que pode atingir 80,5 km por hora. Mesmo os jogadores de tênis que começam tarde[19] – por volta dos 20 anos – ainda podem se adaptar até certo grau, mas não tanto quanto aqueles que começam cedo. Em outras palavras, nossos ossos retêm a habilidade de mudar em resposta ao estresse até bem depois da puberdade.

Testemunhamos esse padrão repetidas vezes quando examinamos a relação entre a idade e a habilidade do corpo para se adaptar ao estresse ou a outro estímulo. Tanto o corpo quanto o cérebro são mais adaptáveis durante a infância e a adolescência do que podem ser na idade adulta, mas em muitos aspectos eles permanecem adaptáveis ao longo da vida até certo grau. A relação entre idade e adaptabilidade varia consideravelmente de acordo com exatamente quais características temos em mente. Por sua vez, os padrões para adaptações são muito diferentes entre as adaptações mentais e as físicas.

Considere as várias maneiras como o treinamento musical pode afetar o cérebro. Os estudos mostraram que algumas partes do cérebro são maiores nos músicos do que nas pessoas que não são musicistas, mas há certas partes do cérebro para as quais tal resultado somente será verdadeiro se o musicista começa a estudar música quando criança. Os pesquisadores encontraram provas disso, por exemplo,[20] no corpo caloso, aquele conjunto de tecidos que conecta os dois hemisférios do cérebro e serve como o caminho de comunicação entre eles. O corpo caloso é significativamente maior em um adulto musicista do que em um adulto não musicista, mas um olhar mais atento mostra que realmente ele só é maior em musicistas que começaram a praticar antes de terem 7 anos. Desde a publicação inicial dessas descobertas, nos anos 1990, a pesquisa descobriu inúmeras outras regiões do cérebro[21] que são maiores nos músicos do que nos não músicos, mas somente se os músicos começarem a treinar antes de certa idade. Muitas dessas regiões estão relacionadas ao controle muscular, tais como os córtices sensório-motores.

Por outro lado, algumas partes do cérebro envolvidas no controle dos movimentos, como o cerebelo, são maiores nos músicos do que naqueles que não são músicos, mas não apresentam nenhuma diferença de tamanho entre os músicos que começaram a treinar tarde e os que começaram a treinar cedo.[22] Não sabemos exatamente o que acontece no cerebelo, mas a implicação parece ser que o treinamento musical pode afetá-lo de maneira notável mesmo quando a prática começa depois da infância.

A maneira como o cérebro dos adultos aprende é relativamente nova para os pesquisadores, além de ser um campo de estudo particularmente emocionante. Ela está derrubando as crenças tradicionais de que nossos cérebros se tornam estáticos uma vez que a adolescência termina. A lição geral é que certamente podemos adquirir novas habilidades à medida em que envelhecemos, mas a maneira específica como adquirimos essas habilidades muda à medida em que ficamos mais velhos. O cérebro humano tem a maior quantidade de matéria cinzenta durante o início da adolescência – o tecido que contém os neurônios, as fibras nervosas que conectam os neurônios e as células de suporte dos neurônios – e, a partir desse ponto, o cérebro começa a reduzir aquela matéria cinzenta. As sinapses, junções entre as células nervosas, atingem um número máximo no início da vida; uma criança de 2 anos de idade tem 50% mais sinapses do que um adulto. Os detalhes específicos não são tão importantes aqui como é o fato geral de que o cérebro está constantemente se desenvolvendo e mudando durante as primeiras duas décadas de vida e, desse modo, o pano de fundo em que a aprendizagem ocorre também está mudando. Assim, faz sentido que o cérebro de uma criança de 6 anos de idade aprenda de maneira diferente do cérebro de uma criança de 14 anos, o qual, por sua vez, aprende de maneira diferente do cérebro adulto – mesmo se todos eles estiverem aprendendo a mesma coisa.

Considere o que acontece com o cérebro quando ele aprende múltiplas línguas. Sabe-se bem que as pessoas que falam duas ou mais línguas[23] têm mais matéria cinzenta em certas partes do cérebro – em particular, no córtex parietal inferior, que é conhecido por desempenhar um papel na linguagem – e que quanto mais cedo uma pessoa aprende uma segunda língua, mais matéria cinzenta existirá. Assim, a aprendizagem de línguas no início da vida ocorre, ao que parece, pelo menos em parte, por meio da adição de matéria cinzenta.

Porém, um estudo com pessoas multilíngues[24] que, enquanto adultos, estudaram para se tornar intérpretes simultâneos, descobriu um efeito muito diferente no cérebro. Esses tradutores simultâneos, na verdade, têm menos matéria cinzenta do que as pessoas que podem falar o mesmo número de línguas, mas não trabalham como intérpretes simultâneos. Os pesquisadores que realizaram esse estudo especularam que essa disparidade se devia a diferentes contextos em que o aprendizado aconteceu. Quando crianças e adolescentes aprendem novas línguas, o aprendizado acontece contra o pano de fundo de crescente matéria cinzenta, e assim a sua aprendizagem das línguas adicionais pode ocorrer por meio da adição de matéria cinzenta, mas quando os adultos continuam com seu foco em vários idiomas – desta vez com ênfase na tradução simultânea – isso ocorre contra um pano de fundo de poda de sinapses. Assim, o aprendizado da língua que acontece na idade adulta pode acontecer mais por meio de um processo de se livrar de matéria cinzenta – livrar-se de algumas células nervosas ineficazes para aumentar a velocidade dos processos –, o que explicaria por que os tradutores simultâneos têm menos massa cinzenta do que outros adultos multilíngues.

Nesse ponto, há mais questões do que respostas sobre as diferenças de aprendizado em cérebros de várias idades, mas para o nosso propósito há duas lições para levarmos conosco. A primeira é que, mesmo que o cérebro adulto não seja tão adaptável de certas maneiras, como o cérebro da criança ou do adolescente, ele ainda é mais do que capaz de aprender e mudar. A segunda lição é que, uma vez que a adaptabilidade do cérebro adulto é diferente da adaptabilidade do cérebro jovem, é provável que o aprendizado quando se é adulto ocorra por meio de mecanismos um tanto quanto diferentes. Mas se nós, adultos, tentarmos o suficiente, o nosso cérebro vai encontrar um caminho.

Mais lições provenientes do ouvido absoluto

Para exemplificar como o cérebro adulto pode encontrar um caminho, considere o ouvido absoluto – o exemplo da adaptabilidade do cérebro com que iniciamos este livro. Conforme discuti, parece que existe uma idade depois da qual é muito difícil, se não impossível, desenvolver o ouvido absoluto. Se fizer o treinamento adequado antes de completar 6 anos de idade, você está mais propenso a desenvolver o ouvido absoluto. Se esperar até que tenha 12 anos, estará sem sorte. Pelo menos essa é a narrativa-padrão do conto. Acontece que há uma versão mais distorcida e que é muito instrutiva.

Em 1969, Paul Brady, um pesquisador dos laboratórios *Old Bell Telephone*, partiu para o que deve ter parecido ser mais uma tarefa quixotesca.[25] Na época, ele tinha 32 anos de idade e estava envolvido com música durante toda a sua vida. Tocava piano desde que tinha 7 anos, cantava em um coro desde que tinha 12 anos e, até mesmo, afinava seu próprio cravo. Mas nunca teve um ouvido absoluto ou qualquer coisa que chegasse perto disso. Nunca foi capaz de dizer qual era a nota que estava sendo tocada no piano ou no cravo. E, como era adulto, tudo o que se sabia na época sobre o ouvido absoluto indicava que ele havia perdido sua chance – nunca desenvolveria um ouvido absoluto, não importava o quanto tentasse.

Mas Brady não era o tipo de pessoa que acreditava que algo era verdade só porque alguém havia dito que era. Quando tinha 21 anos, decidiu que iria tentar ensinar a si mesmo a reconhecer as notas. Durante duas semanas tocou um Lá no seu piano e tentou se lembrar de como ele soava. Sem sorte. Quando voltava pouco tempo depois, não podia diferenciar um Lá de um Si ou um Dó de um Sol sustenido. Alguns anos depois tentou novamente, usando uma técnica similar, com resultados similares.

Quando estava com 32 anos, resolveu tentar novamente, dessa vez prometendo que iria continuar trabalhando com isso até que conseguisse. Tentou tudo em que podia pensar: passou horas pensando nas notas e tocando peças em sua cabeça, tentando ouvir o que distinguia uma nota da outra. Nada. Tentou tocar peças de piano em claves diferentes, com a esperança de que pudesse aprender a dizer a diferença entre as diversas teclas. Nada ainda. Depois de três meses, estava tão longe do ouvido absoluto como quando havia começado.

Então foi inspirado por um trabalho que descrevia uma técnica de treinamento[26] que ajudava os músicos que não tinham ouvido absoluto a aprender a reconhecer uma única nota. Brady configurou um computador para produzir tons puros aleatórios – esses são os tons que consistem em uma única frequência, ao contrário de uma nota de um piano, que tem uma frequência dominante, mas também, igualmente, uma série de outras frequências – e usou esses tons puros para praticar. De início, teve uma grande percentagem dos tons gerados aleatoriamente na frequência de uma nota Dó, teorizando que se ele pudesse aprender a reconhecer o Dó, poderia usá-lo como uma base a partir da qual reconheceria os outros tons por sua relação com o Dó. Ao longo do tempo, como ficou cada vez melhor em reconhecer o Dó, o computador foi ajustado para gerar cada vez menos notas Dó até que todas as 12 notas estavam sendo geradas com igual frequência.

Brady passava meia hora por dia treinando com o gerador de tom, e no final de dois meses podia identificar sem erro cada uma das 12 notas que estavam sendo tocadas. Então, para testar se havia realmente conseguido treinar a si mesmo para ter um ouvido absoluto, inventou um teste com o piano. Todo dia sua mulher tocava uma nota aleatória no piano e ele tentava identificá-la. Ela fez isso durante quase dois meses – 57 dias, para ser exato – e no final Brady olhou o resultado para ver como havia se saído. Acertou perfeitamente 37 notas; errou 18, mas apenas por meio tom – um Si bemol em vez de um Si, por exemplo – e duas por um tom inteiro. Não foi perfeito, mas estava muito perto. Além disso, a definição técnica de ouvido absoluto, na verdade, permite uma certa percentagem de respostas que estão fora por meio tom, e muitas pessoas que são aceitas pelos pesquisadores como tendo ouvido absoluto, na verdade, cometem elas mesmas esses erros. Então, pela definição literal de ouvido absoluto – e também por qualquer definição prática – Brady tinha aprendido sozinho, com dois meses do tipo certo de prática, a ter um ouvido absoluto.

O artigo que Brady escreveu descrevendo sua façanha recebeu relativamente pouca atenção nas décadas seguintes, provavelmente porque ele era apenas uma pessoa e havia feito o experimento consigo mesmo, e os pesquisadores continuavam a afirmar que não havia nenhuma evidência convincente de que os adultos pudessem desenvolver um ouvido absoluto.

Em meados dos anos 1980, um aluno de graduação da Universidade Estadual de Ohio, Mark Alan Rush, planejou testar aquela afirmação[27] com um estudo cuidadosamente controlado que tentava desenvolver o ouvido absoluto em um grupo de adultos. Decidiu usar um sistema projetado por David Lucas Burge, que oferecia um curso de treinamento no qual declarava poder ajudar qualquer pessoa a desenvolver o ouvido absoluto. O curso – que ainda está sendo vendido atualmente – tratava das cores das diferentes notas e pedia aos alunos para ouvirem as notas de uma maneira que estivessem prestando atenção não a coisas como volume ou timbre das notas, mas sim às suas cores. Rush recrutou 52 alunos de graduação de música, metade dos quais faria o curso de Burge, em um esforço para desenvolver o ouvido absoluto, e a outra metade não faria nada. Rush testou as suas habilidades de identificar notas antes e depois de um período de nove meses, durante o qual a metade dos alunos estava trabalhando com o curso de Burge.

Os resultados de Rush não foram exatamente um retumbante endosso dos métodos de Burge, mas ofereceram evidências encorajadoras sobre a possibilidade de aperfeiçoar a habilidade de alguém para identificar notas. No final do período de nove meses, as pontuações do grupo de controle, de maneira não surpreendente, eram praticamente idênticas às suas pontuações obtidas de antemão. Mas no outro grupo, inúmeros não graduados haviam aperfeiçoado seu julgamento sobre as notas. O teste envolveu um total de 120 notas, e Rush analisou quantas notas eles acertaram, e também o quanto estavam longe das respostas corretas.

O aluno que teve o maior aperfeiçoamento foi também o aluno que apresentou o melhor ouvido no começo. Esse aluno obteve cerca de 60 respostas corretas no primeiro teste e mais de 100 no segundo – bom o bastante para ser descrito como tendo ouvido absoluto, mas depois que o aluno havia se saído bem no seu caminho antes do treino. Três outros alunos que tiveram pontuações relativamente pobres no primeiro teste se saíram muito melhor no segundo, duplicando ou triplicando o número de respostas certas e cometendo muito menos erros significativos. O restante dos 26 alunos melhorou ligeiramente ou permaneceu no mesmo. Mas ficou claro, a partir do padrão de melhoria, que a habilidade de reconhecer as notas poderia realmente ser treinada em adultos – pelo menos em alguns adultos – e que, se o treinamento fosse continuado, ou se talvez tivesse sido usada uma abordagem mais eficaz, inúmeros desses sujeitos poderiam muito bem ter desenvolvido um ouvido absoluto.

Esse é um retrato muito diferente do tradicional, que vê o ouvido absoluto como uma proposição do tipo ou/ou: ou você o desenvolve enquanto criança, ou você nunca o possuirá. O ouvido absoluto pode exigir uma grande quantidade de trabalho, e até mesmo é possível que alguns adultos nunca sejam capazes de possuí-lo, no entanto, agora, parece que pelo menos alguns adultos podem desenvolvê-lo.

Desbravadores

Em 1997, um neozelandês chamado Nigel Richards[28] entrou no campeonato nacional de palavras cruzadas do seu país. Para surpresa de todos, ele ganhou. Dois anos mais tarde, entrou no Campeonato Mundial de Palavras Cruzadas, em Melbourne, na Austrália. Ganhou novamente. Richards passou a dominar os torneios competitivos de palavras cruzadas. Ganhou o campeonato mundial três vezes, o Campeonato Nacional dos Estados Unidos cinco vezes, as Abertas do Reino Unido seis vezes, e a Copa do Rei, em Bangkok – a maior competição de palavras cruzadas do mundo –, 12 vezes. Alcançou a mais alta classificação de palavras cruzadas de todos os tempos. E talvez o mais notável de tudo é que ganhou o Campeonato Francês de Palavras Cruzadas de 2015,[29] mesmo sem ser capaz de falar aquela língua. Levou nove semanas para memorizar as palavras do dicionário francês de palavras cruzadas e, então, estava pronto.

O mundo das palavras cruzadas nunca tinha visto um fenômeno como Nigel Richards. Mas outros campos certamente tinham. Muitos dos nomes são familiares – Beethoven, van Gogh, Newton, Einstein, Darwin, Michael Jordan, Tiger Woods. Essas são as pessoas cujas contribuições deixaram seus campos mudados para sempre, os desbravadores que abriram o caminho em um novo território para que os outros pudessem vir em seguida. Esse é o quarto estágio do desempenho *expert*, no qual algumas pessoas vão além do conhecimento existente em seu campo e fazem contribuições criativas únicas. É o menos bem compreendido dos quatro estágios e também o mais intrigante.

Uma coisa que realmente sabemos sobre esses inovadores é que eles, quase sem exceção, trabalharam para se tornar atores *experts* em suas áreas antes de começarem a desbravar novos caminhos. Faz sentido que o processo devesse ser dessa forma: afinal, como é que você vai aparecer com uma nova teoria valiosa na ciência ou com uma nova técnica útil no violino se você não estiver intimamente familiarizado com as realizações daqueles que o precederam e não for capaz de reproduzi-las?

Isso é verdade mesmo naqueles campos em que talvez não seja tão óbvio que as novas invenções são sempre construídas sobre as mais velhas. Considere Pablo Picasso. Alguém que só conheça as suas pinturas mais tardias e mais famosas pode razoavelmente concluir que elas devem ter surgido diretamente de uma mente intocada pelas tradições artísticas anteriores, porque parecem diferentes demais de qualquer influência decorrente dessas tradições. Na realidade, Picasso começou a pintar em um estilo quase clássico – um estilo no qual ele era muito hábil. Ao longo do tempo, explorou vários outros estilos artísticos, então os combinou e os modificou para desenvolver seu próprio estilo. Mas trabalhou muito e com bastante empenho para se desenvolver como um pintor e sobrepujar as técnicas que seus predecessores haviam dominado.

Mas, em última análise, de onde vem tanta criatividade? Será que ela não vem completamente de outro nível mais além da prática deliberada – a qual, afinal de contas, é baseada em praticar habilidades em estilos que outras pessoas descobriram, a fim de desenvolver habilidades do tipo que os outros já desenvolveram?

Não acredito nisso. Tendo estudado muitos exemplos de gênios criativos,[30] e fica claro para mim que muito do que os atores *experts* fazem para estender o limite de seus campos e criar coisas novas é muito semelhante ao que eles estavam fazendo antes para alcançar esse limite.

Considere este fato: aqueles *experts* que estão bem no limite de suas profissões – os melhores matemáticos, os grandes mestres mais bem classificados no mundo, os golfistas que ganham grandes torneios, os violinistas que fazem turnês internacionais – não alcançaram o topo apenas imitando os seus professores. Por uma razão: a maioria deles nessa fase já ultrapassou seus professores. A lição mais importante que aprenderam com seus professores foi a habilidade de melhorarem por conta própria. Como parte do treinamento, seus professores os ajudaram a desenvolver representações mentais que poderiam usar para monitorar seu próprio desempenho, compreender em que precisam melhorar e descobrir maneiras para realizar essa melhora. Essas representações mentais, que eles estão constantemente aguçando e multiplicando, são aquilo que os orienta em direção à grandeza.

Você pode imaginar o processo como a construção de uma escada degrau por degrau. Você sobe o mais alto que puder e constrói mais um degrau no topo da escada, sobe mais um passo, constrói outro degrau, e assim por diante. Uma vez que tenha chegado ao limite de seu campo, pode não saber exatamente para onde está se dirigindo, mas sabe a direção geral e passou uma boa parte da sua vida construindo essa escada, então você tem uma boa noção do que é preciso fazer para adicionar mais um degrau.

Os pesquisadores que estudam como os gênios criativos em cada campo – ciência, arte, música, esportes e assim por diante – trazem à baila suas inovações descobriram que isso é sempre um longo, lento e repetitivo processo. Às vezes esses desbravadores sabem o que querem fazer, mas não sabem como fazer – como um pintor tentando criar um efeito específico no olho de um observador –, então exploram várias abordagens para encontrar uma que funcione. E às vezes não sabem exatamente aonde estão indo, mas reconhecem um problema que precisa de solução ou uma situação que precisa ser aperfeiçoada – como matemáticos tentando provar um teorema intratável – e novamente tentam diferentes coisas, guiados pelo que funcionou no passado. Não há muitos saltos, apenas desenvolvimentos que parecem grandes saltos para pessoas que estão de fora porque elas não viram todos os pequenos passos que os saltos abrangem. Até os famosos momentos "a-ha" não poderiam existir sem uma grande quantidade de trabalho para se construir um edifício que precisa apenas de mais uma peça para se tornar completo.

Além do mais, a pesquisa sobre as pessoas mais criativas em vários campos, especialmente na ciência, descobriu que a criatividade anda de mãos dadas com a habilidade de trabalhar com empenho e manter o foco por longos períodos de tempo – exatamente o ingrediente da prática deliberada que produziu suas habilidades *expert* em primeiro lugar. Por exemplo, um estudo sobre os ganhadores do Prêmio Nobel[31] descobriu que eles geralmente haviam publicado trabalhos científicos mais cedo do que a maioria de seus pares e que publicaram significativamente mais trabalhos ao longo de suas carreiras do que outras pessoas em sua disciplina. Em outras palavras, eles trabalharam mais duramente do que qualquer outra pessoa.

A criatividade sempre guardará certo mistério porque, por definição, ela gera resultados que ainda não foram vistos ou experimentados. Mas nós realmente sabemos que o tipo de foco e de esforço que dá origem à *expertise* também caracteriza o trabalho daqueles pioneiros que vão muito além de onde qualquer pessoa já esteve.

Um psicólogo que estudou as habilidades de Nigel Richards nas palavras cruzadas chama isso de "efeito Nigel". O aparecimento de Richards no cenário das palavras cruzadas e seu espantoso sucesso nos torneios – ele venceu cerca de 75% de todos os torneios de que participou, um número incrivelmente alto para quem joga regularmente contra os melhores do mundo – mostraram a outros jogadores de palavras cruzadas o que poderia ser alcançado nos seus jogos. Até Richards aparecer, ninguém percebeu que era possível ser tão bom, o que forçou outros jogadores de palavras cruzadas a procurarem maneiras de aumentar os seus próprios níveis de habilidade.

Ninguém sabe exatamente como Richards se tornou tão bom – ele não demonstra absolutamente nenhum interesse em falar sobre suas técnicas ou estratégias de treinamento –, mas fica claro que em parte é porque ele sabe mais palavras do que qualquer um dos seus concorrentes. Outros jogadores de palavras cruzadas estão trabalhando para recuperar o atraso, seja memorizando muitas palavras, seja com alguma outra abordagem que neutralize a sua vantagem. Até o presente momento, Richards ainda está no topo, mas ao longo do tempo, seus pares irão, inevitavelmente, desenvolver técnicas para se igualar a ele ou até mesmo ultrapassá-lo – e o campo terá seguido em frente.

É assim que sempre acontece. O criativo, o inquieto e o compulsivo não estão contentes com o *status quo* e procuram maneiras de avançar, para fazer coisas que os outros não fazem. E uma vez que um desbravador mostra como algo pode ser feito, outros podem aprender a técnica e dar seguimento. Mesmo que o desbravador não compartilhe sua técnica particular, como é o caso de Richards, o simples fato de saber que algo é possível leva os outros a entenderem a possibilidade.

O progresso é feito por aqueles que estão trabalhando nas fronteiras daquilo que é conhecido e que é passível de ser feito, não por aqueles que não investiram o esforço necessário para chegar a essa fronteira. Em suma, na maioria dos casos – e isso é especialmente verdadeiro em qualquer área bem desenvolvida –, devemos contar com os *experts* para seguirmos em frente. Felizmente para todos nós, é o que eles fazem melhor.

08
MAS O QUE DIZER DO TALENTO NATURAL?

■ SEMPRE QUE EU ESCREVO ou falo sobre a prática deliberada e a *expertise*, invariavelmente me perguntam: mas o que dizer do talento natural?

Nos meus artigos e nas minhas palestras, sempre ofereço a mesma mensagem básica que tenho aqui: atores *experts* desenvolvem suas extraordinárias habilidades durante anos e anos de dedicação à prática, aperfeiçoando-se passo a passo em um longo e laborioso processo. Não há atalhos. Vários tipos de prática podem ser eficazes, porém o mais eficiente de todos é a prática deliberada. A prática deliberada obtém vantagem da adaptabilidade natural do cérebro e do corpo humanos para criar novas habilidades. A maioria dessas habilidades é criada com a ajuda de detalhadas representações mentais, que nos permitem analisar e responder a situações de maneira muito mais eficaz do que poderíamos fazer de outra forma.

Muito bem, dirão algumas pessoas, entendemos tudo isso. Mas, mesmo assim, não há algumas pessoas que não têm que trabalhar tão arduamente e ainda assim podem ser melhores do que todos as outras? E não há algumas pessoas que nascem sem qualquer talento para alguma coisa – por exemplo, a música, a matemática ou os esportes – e não importa o quanto tentem, nunca serão boas nessas atividades?

Trata-se de uma das crenças mais duradouras e profundas acerca da natureza humana – a de que o talento natural desempenha um importante papel na determinação da habilidade. Essa crença sustenta que algumas pessoas nascem com talentos naturais que tornam mais fácil para elas se destacarem como atletas, músicos, escritores, jogadores de xadrez, matemáticos ou seja lá o que for. Embora ainda possam precisar de certa quantidade de prática para desenvolver suas habilidades, precisam de muito menos dos que as pessoas que não são talentosas e, em última análise, podem alcançar níveis muito mais elevados.

Meus estudos sobre os *experts* apontam para uma explicação completamente diferente de por que, no final das contas, algumas pessoas desenvolvem maiores habilidades numa área do que outras, com a prática deliberada desempenhando um papel preponderante. Então vamos separar o mito da realidade explorando os papéis entrelaçados do talento e do treinamento no desenvolvimento de habilidades extraordinárias. Como podemos ver, as características inatas desempenham um papel muito menor — e muito diferente — do que muitas pessoas geralmente assumem que elas têm.

A mágica de Paganini

Niccolò Paganini foi o maior violinista de sua época, mas mesmo para ele a história que foi contada e recontada[1] ao longo dos anos parece impossível de se acreditar. Dependendo de qual versão da história se ouve, o local foi uma sala de concerto superlotada ou um espaço ao ar livre, onde Paganini fazia serenata para uma senhora, a pedido de um cavalheiro amigo dela, mas os detalhes básicos permanecem os mesmos.

Paganini estava quase no fim de uma peça requintada, com a audiência — centenas de frequentadores de concertos ou talvez apenas uma senhora de muita sorte — tomada por sua beleza, sem tomar consciência de qualquer outra coisa, quando uma das quatro cordas do violino se rompeu. As cordas de violino, naquela época — dois séculos atrás — eram feitas de intestinos de ovelhas e mais propensas a arrebentar do que as cordas de hoje. E, como Paganini estava se aproximando do clímax da composição, a pobre corda não pôde resistir a seu toque forte. A audiência ficou chocada, triste por ver o fim súbito da peça, quando, para o seu alívio, Paganini continuou tocando. A beleza da peça não foi menor em três cordas do que tinha sido em quatro. Em seguida, uma segunda corda estalou, e novamente ele não parou. Dessa vez, o alívio do público se misturou com a descrença. Como ele poderia extrair aquela bela melodia de apenas duas cordas? A destreza e a flexibilidade exigidas dos dedos da mão que tocava eram mais do que o público imaginava ser possível para qualquer músico, ainda assim, o som não sofreu. A execução de Paganini em duas cordas foi superior à que qualquer outro violinista poderia oferecer com quatro cordas.

E então... adivinhem: uma terceira corda arrebentou. Mais uma vez Paganini não se deixou intimidar. Terminou a peça tocando uma única corda, seus dedos eram tão rápidos que só se via um borrão, e o público estava completamente espantado.

Ouvi essa história de meu pai quando eu tinha mais ou menos 10 anos e me pareceu que, se de fato Paganini tinha sido capaz de fazer o que a história diz, ele deve ter nascido com alguma capacidade inexplicável que era muito rara, talvez única até para ele. Mais tarde, no decorrer da minha vida, quando já vinha estudando prática deliberada havia alguns anos, ainda me lembrava da história do meu pai, e então procurei rastrear seus detalhes, a fim de entender como tal feito poderia ter sido possível.

O primeiro dado que você descobre quando lê sobre Paganini é que ele foi realmente um violinista pioneiro.[2] Desenvolveu inúmeras técnicas novas que lhe permitiram tocar violino de maneiras sem precedentes. E ele era um produtor de espetáculos – gostava de fazer coisas para impressionar a audiência, coisas que nenhum outro violinista conseguia fazer. Mas a chave para compreender a história que meu pai contou veio de um antigo relatório científico[3] que encontrei, o qual repetia aquela antiga história, dessa vez contada pelo próprio Paganini. Ela dizia mais ou menos isto:

Há cerca de 200 anos, Paganini se encontrava fazendo apresentações regulares em Lucca, uma cidade na Itália onde Napoleão Bonaparte – então imperador da França – passava um bom período de tempo com os membros de sua família. Uma senhora, que era uma presença regular nas apresentações de Paganini, havia lhe chamado a atenção e, como a atração de um pelo outro se intensificou, Paganini decidiu escrever uma composição para ela que ele iria tocar em um próximo concerto. Deveria ser chamada de "Cena de Amor", e as notas deveriam refletir a conversação de dois amantes. Paganini teve a ideia de remover as duas cordas do meio do violino e tocar a composição apenas nas cordas superior e inferior, com a corda baixa Sol representando a voz do homem, e a corda alta Ré, a voz da mulher. Paganini descreveu o diálogo entre eles dessa forma: "Agora as cordas tinham que caçoar,[4] e agora que suspirar; elas tinham que sussurrar, gemer, brincar, alegrar-se e, no final, exultar. E na reconciliação final, o par recém-unido, executar uma *pas de deux*, que termina com um arremate brilhante".

O desempenho dessa composição de Paganini foi um grande sucesso, e após o concerto ele recebeu um pedido incomum. Um membro feminino da família de Napoleão, a quem Paganini se refere apenas como "a Princesa", pediu a ele que escrevesse uma peça para ser executada em apenas uma corda. Aparentemente ela era muito sensível ao som, e as composições para todas as quatro cordas às vezes mostravam ser demais para os seus nervos. Paganini concordou e chamou o resultado de composição para a corda Sol "Napoleão", porque o aniversário do imperador estava próximo. A audiência também apreciou aquela canção, e Paganini ficou intrigado com o desafio de compor e interpretar peças escritas para apenas uma nota.

É claro que, pelo fato de ele ser um produtor de espetáculos, uma vez que começou a introduzir composições de uma corda em seu repertório, ele não as anunciava simplesmente como tal. Desenvolveu um ato no qual ele quebraria uma corda após a outra por aplicar força excessiva até que restasse apenas a corda Sol, onde ele terminaria a canção. Ele escreveria as canções tendo isso em mente – com a maior parte da canção escrita para ser interpretada em todas as quatro cordas, seguida de uma parte para três cordas, uma parte para duas cordas, e uma parte final apenas para a corda Sol. Pelo fato de a audiência nunca ter ouvido a música antes disso – isso foi muito antes de as músicas serem gravadas, é claro –, ela não tinha ideia de como a música deveria soar. Ela sabia apenas que era celestial – e que Paganini tinha terminado a execução enquanto lidava com três cordas quebradas.

A habilidade de Paganini de escrever e tocar belos tons em uma corda do violino não deveria ser recebida levianamente. Ele era um mestre do violino, e isso era uma habilidade que ninguém da sua época possuía. Mas sua apresentação não era a façanha mágica que seus ouvintes acreditavam que fosse. Era um produto de longa e cuidadosa prática.

Uma das maiores razões pelas quais as pessoas acreditam no poder do talento inato é a aparente existência de prodígios naturais – pessoas que, como Paganini, parecem exibir habilidades diferentes das de qualquer outra pessoa ou que exibem *expertise* com pouco ou nenhum treinamento. Se esses prodígios naturais realmente existissem, então deveria haver pelo menos algumas pessoas que nascem com habilidades inatas que lhes permitem fazer coisas que outras pessoas não podem.

Na medida em que acontece, fiz disso um hobby para investigar as histórias de tais prodígios e posso relatar com confiança que nunca encontrei um caso convincente de qualquer um com habilidades extraordinárias sem prática intensa e prolongada. Minha abordagem básica para compreender os prodígios é a mesma que se usa para compreender os atores *experts*. Faço duas perguntas simples. Qual é a natureza exata da habilidade? E que tipo de treinamento a tornou possível? Em 30 anos de procura, nunca encontrei uma habilidade que não pudesse ser explicada pela resposta dessas duas perguntas.

Há demasiados prodígios naturais de renome para que eu me dirija a mais do que uma fração deles aqui, e esse não é o propósito deste livro. Mas vamos examinar alguns casos apenas para fornecer um gostinho de como habilidades aparentemente mágicas podem rapidamente se tornar mais críveis quando examinadas através da lente da prática deliberada.

Mozart e sua lenda

Mais de 250 anos depois do seu nascimento, Mozart permanece o exemplo supremo de um prodígio inexplicável, o tipo de pessoa que foi tão perfeita em uma idade tão jovem, que parece não haver maneira de explicar isso a não ser assumindo que ele nasceu com algum dom extra.

Sabemos pelo registro histórico que, em uma idade muito jovem, Mozart impressionava o público em toda a Europa com a sua forma de tocar o cravo, o clavicórdio e o violino. Quando Wolfgang tinha apenas 6 anos de idade, seu pai o levou juntamente com sua irmã a um passeio de vários anos por toda a Europa. Em Munique, Viena, Praga, Mannheim, Paris, Londres, Zurique e inúmeras outras cidades, os três Mozarts – Wolfgang, seu pai, Leopold, e sua irmã Maria Anna – realizaram exibições para as elites da época. E é claro que o pequeno Wolfgang, com as pernas balançando no banco e as mãos mal capazes de alcançar o teclado, foi a principal atração. Os europeus nunca tinham visto nada como ele.

Portanto, suas habilidades quando muito jovem eram inigualáveis. Dessa forma, devemos perguntar: como ele praticava? Poderia isso explicar essas habilidades? Mozart certamente podia tocar o violino e os instrumentos de teclado com uma facilidade que os europeus do século XVIII não estavam habituados a ver em alguém tão jovem. Mas hoje, quando estamos acostumados a ver crianças de 5 e 6 anos de idade treinadas no método Suzuki tocando muito bem o violino e o piano, as realizações de Mozart parecem muito menos maravilhosas.[5] Na verdade, existem vídeos no YouTube de crianças com 4 anos de idade que tocam o violino e o piano com incrível facilidade – melhor do que a maioria dos adultos. No entanto, não pressupomos de imediato que essas crianças nasceram com algum talento musical superior. Já vimos "prodígios" desse tipo o suficiente para saber que eles desenvolvem suas habilidades por meio de uma prática intensa que se inicia aos 2 anos de idade ou ainda mais cedo.

Mozart, é claro, não teve a vantagem do método Suzuki, mas teve um pai que era tão plenamente dedicado a criar um prodígio musical como qualquer pai Suzuki moderno. Além disso, como já mencionei na introdução, não só Leopold Mozart tinha escrito um livro sobre o ensino de música para jovens e testado as suas ideias na irmã mais velha de Wolfgang, como foi um dos primeiros professores de música a lançar a ideia de começar as aulas das crianças em uma idade muito jovem. Wolfgang provavelmente começou seu treinamento antes da idade de 4 anos. Devido ao que sabemos agora, podemos explicar como Mozart desenvolveu suas habilidades em uma idade tão precoce sem recorrer a nenhum tipo de talento inato excepcional.

De modo que isso explica sua precocidade como musicista. Mas seu talento como uma criança compositora, outra parte de sua lenda, não pode ser explicado apontando-se para as origens mundanas dos prodígios modernos de violino. De acordo com muitas biografias,[6] ele começou a compor músicas quando tinha 6 anos e aos 8 anos compôs sua primeira sinfonia. Compôs um oratório e vários concertos de teclado aos 11 e uma ópera aos 12 anos.

Neste ponto, qual foi realmente o talento de Mozart? O que exatamente ele fez? Uma vez que tenhamos respondido a essas perguntas, então vamos tentar descobrir como ele fez.

Em primeiro lugar, vale a pena notar que o treinamento de música atual é completamente diferente daquele que o pai de Wolfgang realizou. Hoje em dia, os professores de música Suzuki concentram-se apenas em um aspecto da música – o desempenho em um único instrumento – enquanto Leopold Mozart não só ensinou Wolfgang a tocar múltiplos instrumentos, como também trabalhou com ele para ouvir e analisar música, assim como para escrever música. Dessa forma, desde o início, Leopold incentivou Wolfgang a desenvolver suas habilidades de composição.

Indo mais diretamente ao ponto, no entanto, as reivindicações de que Mozart compôs aos 6 e 8 anos de idade são quase certamente exageradas. Em primeiro lugar, sabemos que as primeiras composições que Wolfgang supostamente escreveu foram feitas, na verdade, com a letra de Leopold. Este afirmou que ele estava apenas passando a limpo o trabalho do jovem Wolfgang, mas não temos nenhuma maneira de saber que partes de uma composição específica foram obra de Wolfgang ou de Leopold – o qual, lembrem-se, também foi um compositor e, além disso, um frustrado músico e compositor que nunca obteve todos os elogios de que gostaria. Há muitos pais de crianças do ensino fundamental de hoje em dia que se envolvem excessivamente nos projetos da feira de ciências de seus filhos. Não seria de todo surpreendente se algo semelhante tivesse acontecido com as composições do jovem Wolfgang – sobretudo se levarmos em conta o fato de que Leopold, nessa época, já havia desistido de sua própria carreira e atrelado o seu sucesso na carreira de seu filho.

Tal fato parece ainda mais provável, devido ao que sabemos sobre os concertos para piano que Wolfgang "compôs" aos 11 anos.[7] Embora tivessem sido consideradas composições originais durante muitos anos, os musicólogos finalmente perceberam que todas elas eram baseadas em sonatas relativamente desconhecidas, escritas por outras pessoas. Hoje parece mais provável que Leopold tivesse simplesmente designado essas peças para Wolfgang como exercícios de composição, a fim de que ele se sentisse mais confortável com a estrutura do concerto para piano, uma vez que há relativamente pouco nas peças que seja original de Wolfgang. Além disso, a evidência sugere que Wolfgang teve uma grande ajuda de seu pai, mesmo nesse retrabalho das composições de outras pessoas. As primeiras composições sérias que podemos atribuir com certeza a Wolfgang Mozart foram escritas quando ele tinha 15 ou 16 anos – depois de mais de uma década de prática séria sob a tutela do pai.

Então, não temos nenhuma evidência sólida de que ele compôs por si só qualquer música significativa antes de se tornar adolescente, portanto temos uma boa razão para acreditar que Wolfgang de fato não o fez. E quando ele, de modo inequívoco, começou a compor música que era original e sofisticada, havia sido treinado em composição durante uma década ou mais. Em resumo, embora não haja dúvida de que Mozart se tornou um músico e compositor extraordinário, não há evidência – e há muita evidência em contrário – para a reivindicação de que ele foi um prodígio cujas realizações não podem ser entendidas como resultado da prática e devem, portanto, ser atribuídas ao talento inato.

Encontrei a mesma evidência com relação a cada criança prodígio que investiguei.[8] Um exemplo mais atual é Mario Lemieux, o jogador de hóquei canadense geralmente reconhecido como um dos melhores de todos os tempos. Existem várias histórias – muitas delas podem ser rastreadas até a mãe de Lemieux – de como o jovem Mario estava para o gelo[9] como um peixe estava para a água, patinando desde quando era pequeno, como se tivesse nascido para isso, e mostrando-se para as crianças mais velhas que tinham patinado durante anos. Essas histórias, por sua vez, levaram alguns a afirmar que Lemieux é um exemplo[10] de pessoa que claramente nasceu com um talento natural superior.

No entanto, um pouco de escavação na infância de Lemieux[11] revela uma situação muito semelhante à do jovem Wolfgang Mozart. Como mencionei no Capítulo 7, Mario era o terceiro filho de uma família louca por hóquei, e cresceu com seus dois irmãos mais velhos que lhe ensinaram tudo sobre o hóquei e a patinação quase desde a época em que começou a andar. Os três juntos jogavam hóquei no porão com colheres de madeira, deslizando no chão, só de meias, até que, mais tarde, o pai construiu uma pista no quintal para que eles pudessem praticar o hóquei. Os pais de Mario se concentraram tanto em incentivar essa prática de hóquei, que chegariam até mesmo a criar trechos de "gelo" dentro de sua casa, onde os meninos poderiam patinar depois que ficasse muito escuro para patinar do lado de fora. Fizeram isso trazendo montes de neve para dentro de casa, comprimindo-a sobre o piso do corredor da frente, na sala de jantar e na sala de estar, e mantendo a porta aberta para que a casa continuasse fria. Os irmãos poderiam, então, patinar de sala em sala, todas geladas, dando um novo significado ao termo "gelo caseiro". Em suma, a evidência é que, como Mozart, Lemieux teve muita prática antes que as pessoas começassem a notar o talento "natural" que ele possuía.

O mágico saltador de altura

Talvez o mais dramático exemplo recente de um suposto prodígio do esporte seja o praticante de salto em altura Donald Thomas.[12] Sua história foi contada por David Epstein em seu livro *The Sports Gene*, e como ela é realmente espantosa, desde então passou a ser recontada muitas vezes. Aqui está o básico da história.[13]

Donald Thomas, originalmente nascido nas Bahamas, frequentava a Universidade Lindenwood, no Missouri, e era membro do time de basquete júnior da universidade. Jogava basquete com um amigo que era saltador em altura na equipe de atletismo, e se exibia com alguns lances de "enterradas" espetaculares. Mais tarde, no refeitório, ele e seu amigo estavam trocando insultos brincalhões, quando o amigo lhe disse algo como: "Claro, você pode enterrar, mas aposto que você não pode transpor 1,98 m no salto em altura". (Isso seria um salto decente em nível de faculdade – especialmente para os atletas das faculdades da divisão mais baixa como a de Lindenwood – mas o nível dos saltadores das melhores faculdades ultrapassa regularmente 2,13 m.) Então, Thomas aceitou o desafio.

Os dois foram até a casa de campo da universidade, onde o amigo de Thomas colocou a barra de salto em 1,98 m. Thomas, vestindo o calção e o tênis de basquete, saltou-a facilmente. Seu amigo suspendeu a barra para 2,03 m. Thomas a transpôs. Então, o amigo moveu a barra até a altura de 2,13 m. Quando Thomas também a ultrapassou, o amigo o agarrou e o levou para ver o treinador de atletismo da escola, o qual concordou que ele se juntasse à equipe de atletismo e saltasse em um encontro que iria acontecer dali a dois dias.

Naquele encontro, ainda usando o tênis de basquete em vez de sapatilhas, Thomas venceu a competição com um salto de 2,22 m ou cerca de 7 pés e 3/4 de polegada – o que foi um recorde na Universidade do Leste de Illinois, onde aconteceu o encontro. Dois meses depois, Thomas competiu pelas Bahamas, em Melbourne, na Austrália, nos Jogos da Comunidade Britânica, onde ficou em quarto lugar com um salto de 2,23 m. Mais tarde ele se transferiu para a Universidade de Auburn e competiu pela sua equipe de trilha, e apenas um ano depois seu dom para o salto em altura foi descoberto, e ele ficou em primeiro lugar no Campeonato Mundial de Atletismo em Osaka, Japão, com um salto de 2,35 m, ou cerca de 7 pés 8,6 polegadas.

No seu livro, Epstein dramatizou as realizações de Thomas, comparando-o com Stefan Holm da Suécia, que vinha treinando rigorosamente no salto em altura desde que era criança e tinha registrado mais de 20 mil horas de prática. No entanto, no Campeonato Mundial de Atletismo de 2007, ele foi batido por Thomas, que Epstein estimava ter apenas algumas centenas de horas de treinamento.

Existe claramente um fascínio por esse tipo de história, em que alguém parece ter vindo do nada para se destacar como uma espécie de ator naturalmente dotado. E hoje em dia, como a "regra das 10 mil horas" tornou-se tão bem conhecida, as histórias são muitas vezes escritas como "prova" de que essa regra está errada. Donald Thomas, ou alguém mais, mostra-nos que é realmente possível se tornar o melhor do mundo sem praticar muito, se você simplesmente nasceu com os genes certos.

Eu entendo. As pessoas querem acreditar que existe mágica na vida, que nem tudo precisa respeitar as regras chatas e sem graça do mundo real. E o que poderia ser mais mágico do que nascer com alguma habilidade incrível que não requer trabalho árduo ou disciplina para se desenvolver? Há toda uma indústria de quadrinhos construída com base nessa premissa – de que às vezes alguma coisa mágica acontece, e você repentinamente adquire incríveis poderes. Sem saber, você realmente nasceu no planeta Krypton e pode voar. Ou você foi mordido por uma aranha radioativa e pode se agarrar às paredes. Ou você foi exposto à radiação cósmica e agora pode se tornar invisível.

Mas minhas décadas de pesquisa nessa área da *expertise* me convenceram de que não existe mágica. Ao examinar o caso de alguém com habilidades excepcionais através das lentes daquelas duas perguntas que coloquei anteriormente – O que é o talento? Que prática leva ao talento? –, é possível puxar a cortina e descobrir o que realmente está acontecendo.

Considere a história de Thomas. Há realmente pouco ou nada que saibamos sobre seu histórico, a não ser o que veio diretamente dele, e que é muito limitado, por isso é difícil rastrear exatamente o tipo de treinamento que ele poderia ter tido. Mas de fato sabemos de alguns dados. Primeiro, o próprio Thomas disse a um entrevistador que havia competido no salto em altura em pelo menos um torneio interno da escola e tinha saltado "algo em torno de 1,87 a 1,93 m, nada memorável".[14] Então, sabemos, pelo menos, que ele tinha competido antes no salto em altura, e se estava competindo em sua equipe da escola durante o ensino médio, quase certamente teve algum tipo de treinamento. E Thomas está sendo um pouco modesto quando diz que o salto não foi "nada memorável". Embora 1,93 m não seja de modo algum um grande salto, na escola média seria um bom salto.

É claro que é possível que Thomas não tenha tido nenhum treino no ensino médio e simplesmente saiu de lá e saltou 1,93 m sem prática, do mesmo modo que saltou 2,13 m na faculdade, também sem prática alguma. O problema com esse cenário é que nós, de fato, temos fotos de Thomas ultrapassando a barra no primeiro encontro da faculdade, e ele não apresenta a técnica de alguém que nunca treinou no salto em altura. Thomas está claramente usando o "Fosbury Flop", salto que recebeu esse nome devido ao saltador em altura americano Dick Fosbury, que o popularizou na década de 1960. O salto é uma forma altamente contraintuitiva para superar a barra: você corre em direção à barra em um caminho curvo para que, quando atingir o ponto diretamente em frente da barra, esteja de costas para ela, e então você salta para cima e arqueia seu corpo para trás por cima da barra, jogando os pés para cima no último minuto para não bater na barra quando descer. Não é suficiente simplesmente ter muito impulso em suas pernas; você só consegue executar esse salto com a técnica correta. Ninguém executa o Fosbury Flop com eficiência sem uma prática exaustiva. Assim, embora não saibamos nada explicitamente sobre a formação de Thomas antes desse dia na casa de campo Lindenwood, podemos ter certeza de que ele passou pelo menos algumas horas aprendendo aquela técnica a ponto de poder ultrapassar "algo como 1,87 – 1,93 m".

A segunda coisa que sabemos é que Thomas tinha uma incrível habilidade para o salto quando estava enterrando a bola. Há vídeos dele enterrando uma bola de basquete na cesta depois de decolar a partir da linha de arremesso livre, a 4,57 m da meta, e voando sobre um par de pessoas em seu caminho até o aro. Novamente, embora não tenhamos qualquer informação sobre quanta prática Thomas investiu para enterrar a bola na cesta, podemos ter certeza de que ele trabalhou pesado para desenvolver aquele enorme impulso em suas pernas. Enterrar a bola era claramente algo de que se orgulhava, então seria de se estranhar se não tivesse trabalhado fortemente para fazer isso. Então, novamente, nossa afirmação é circunstancial, mas parece claro que Thomas praticou diligentemente em sua habilidade de saltar alto ao enterrar a bola. E, como acontece, o tipo de técnica de salto que você usa para enterrar a bola – que envolve dar vários passos e então saltar sobre um só pé – é muito semelhante à que é usada no salto em altura. Ao treinar sua habilidade de enterrar a bola, Thomas também estava treinando para o salto em altura. Um estudo de 2011 mostrou que a habilidade de saltar sobre uma perna[15] está estreitamente correlacionada com a altura de um salto em altura entre os saltadores altamente qualificados.

Em terceiro lugar, vale a pena notar que Thomas mede 1,90 m, o que é uma boa, se não ideal, medida para o salto em altura. Como mencionei antes, as únicas duas áreas onde temos a certeza de que a genética afeta o desempenho desportivo são a altura e o tamanho do corpo. Stefan Holm, o sueco do salto em altura que Thomas derrotou no Campeonato Mundial de 2007 tem apenas 1,80 m, extremamente baixo para um saltador em altura. Holm precisava treinar com extrema severidade para compensar seu déficit. Por sua vez, Thomas era geneticamente dotado com um bom tamanho de corpo para o salto em altura.

Então, quando se reúne tudo isso, o feito de Thomas não mais parece tão mágico – impressionante, sim, mas não mágico. É quase certo que Thomas treinou o salto em altura anteriormente, pelo menos o bastante para executar um bom Fosbury Flop, e desenvolveu sua habilidade de pular alto sobre um pé por meio da sua prática de enterrar a bola – uma abordagem incomum para treinar para o salto em altura, mas que foi, no caso de Thomas, no mínimo, uma abordagem eficaz.

E nós temos mais alguma evidência. Em 2015, Thomas vinha competindo no salto em altura havia nove anos. Ele tem sido treinado por treinadores que sabem como tirar o máximo proveito de um atleta. Se ele, de fato, não tivesse qualquer treinamento em 2006, a não ser o potencial bruto, deveríamos ter visto algum crescimento fenomenal da parte dele desde que começou a treinar com rigor. Na verdade, mais ou menos no primeiro ano depois que foi descoberto, as pessoas estavam prevendo que seu talento inato significava que ele certamente deveria se desenvolver a tal ponto que iria quebrar o recorde mundial, que é 2,45 m, ou 8,04 pés. Mas ele não chegou nem perto. Seu melhor salto numa competição aconteceu no Campeonato Mundial de Atletismo de 2007, quando alcançou 2,35 m. Desde então, ele se aproximou dessa altura algumas vezes, mas nunca chegou a igualá-la. Nos Jogos da Comunidade de 2014, saltou 2,21 m, menos do que ele fora capaz de saltar oito anos antes nos próprios Jogos da Comunidade de 2006, quando pela primeira vez projetou o seu nome. A conclusão mais óbvia que se tira disso é que, em 2006, quando Thomas competiu na faculdade pela primeira vez, ele já tinha tido uma grande quantidade de treinamento – tanto treinamento de salto em altura quanto treinamento para saltar mais alto para enterrar a bola –, por isso foi difícil obter mais treinamento a ponto de fazer uma grande diferença no seu desempenho. Se, de fato, ele nunca tivesse treinado, certamente teria havido muito mais melhora.

Sábios

Além dos aparentes prodígios como Mozart ou Donald Thomas, há um outro grupo de pessoas que muitas vezes tem a pretensão de exibir extraordinárias habilidades que parecem ter aparecido quase que por magia. São as pessoas que têm a síndrome do sábio, ou savantismo.[16] As habilidades desses sábios, como hoje eles são chamados, geralmente emergem em áreas muito específicas. Alguns tocam um instrumento musical e muitas vezes guardam na memória centenas de peças musicais diferentes e podem, outras vezes, tocar uma nova peça após ouvi-la apenas uma vez. Outros podem pintar ou esculpir ou fazer outros tipos de trabalhos de arte, boa parte das vezes produzindo obras incrivelmente detalhadas. Outros fazem cálculos matemáticos, como multiplicar dois grandes números em suas cabeças. Outros, ainda, fazem cálculos de calendário, como determinar que dia da semana será 12 de outubro de 2577 (um domingo). O que torna essas habilidades especialmente dignas de nota é que, normalmente, a maioria desses sábios é desafiada mentalmente de uma forma ou de outra. Alguns se saem extremamente mal em testes de QI, enquanto outros são autistas severos e mal conseguem interagir com outras pessoas. O aparecimento dessas habilidades impressionantes em pessoas que, em diferentes circunstâncias, se esforçam para atuar no mundo é o que faz com que a síndrome do sábio seja tão intrigante – especialmente porque é como se essas habilidades tivessem aparecido sem o tipo normal da prática que geralmente esperamos ver.

Mais uma vez, a melhor abordagem a adotar para compreender essas habilidades é, em primeiro lugar, entender exatamente o que elas são e, em seguida, procurar os tipos de práticas que poderiam explicá-las. As pesquisas que assumiram essa abordagem indicam que os sábios não são os recipientes de alguns talentos miraculosos; em vez disso, eles trabalharam para ter essas habilidades, exatamente como qualquer outra pessoa.[17]

Francesca Happé e Pedro Vital, dois pesquisadores da Faculdade King, de Londres, compararam crianças autistas que desenvolveram habilidades de savantismo com crianças autistas que não desenvolveram essas habilidades. Descobriram que os sábios autistas são muito mais propensos a ser bastante detalhistas[18] e inclinados a apresentar comportamentos repetitivos do que aqueles que não são sábios. Quando algo captura sua atenção, focam exclusivamente nele, excluindo qualquer outra coisa ou pessoa que esteja ao seu redor, retirando-se para dentro de seus próprios mundos. Essas pessoas, particularmente os autistas, são mais propensas a praticar obsessivamente uma peça musical ou a memorizar um conjunto de números de telefone – e assim tendem a desenvolver habilidades naquelas áreas da mesma maneira que as pessoas engajadas na prática intencional ou deliberada fazem.

Um dos melhores exemplos disso é Donny, um sábio autista que é o mais rápido e o mais preciso calculador de calendário já testado. Donny pode fornecer o dia da semana de uma data específica um segundo depois de ouvir a solicitação e ele, quase invariavelmente, acerta. Marc Thioux, da Universidade de Groningen, na Holanda, esteve estudando Donny durante vários anos, e a pesquisa de Thioux nos dá uma janela sem precedentes para o interior da mente de um sábio autista.

Donny é viciado em datas,[19] disse Thioux. A primeira coisa que Donny faz quando encontra alguém é perguntar pela data de aniversário da pessoa. Ele está constantemente pensando em datas e repetindo datas para si mesmo. Memorizou todos os 14 calendários anuais possíveis[20] — ou seja, os calendários normais de sete anos em que 1º de janeiro é um domingo, segunda, terça, quarta, quinta, sexta, ou sábado, e os calendários correspondentes ao ano bissexto — e desenvolveu maneiras para calcular rapidamente qual desses 14 calendários possíveis se aplica a um determinado ano. Quando se pergunta a ele em que dia da semana uma determinada data irá cair, Donny foca primeiro no ano para descobrir qual dos 14 calendários irá usar, e então ele se remete àquele calendário mental para determinar o dia da semana da data em questão. Em resumo, Donny possui uma habilidade altamente desenvolvida que é o resultado de anos de estudo obsessivo, mas nenhum sinal de talento inato miraculoso.

No final dos anos 1960, um psicólogo chamado Barnett Addis[21] quis demonstrar se seria possível treinar alguém com uma inteligência normal a fazer alguns tipos de cálculo de calendário que os portadores da síndrome do sábio fazem. Ele esteve estudando, especialmente, como dois gêmeos que calculavam calendários realizaram suas façanhas. Cada um dos gêmeos, que tinha um QI na faixa de 60-70, era capaz de fornecer os dias da semana para datas a partir do ano 132470 d.C. dentro de uma média de seis segundos. Addis descobriu que o método dos gêmeos parecia envolver encontrar um ano equivalente entre 1600 e 2000, e depois acrescentar números que correspondiam ao dia do mês, ao mês, ao ano, e ao século. Com isso em mente, Addis então treinou um aluno de graduação com esse método para ver se ele realmente funcionava. Em apenas 16 sessões práticas, o aluno de graduação foi capaz de fazer os cálculos tão rapidamente quanto os gêmeos. O mais interessante foi que o aluno de graduação empregou diferentes períodos de tempo para gerar o dia da semana, dependendo da quantidade do cálculo requerido. Seu padrão de tempos de resposta combinava com aquele do melhor gêmeo, sugerindo a Addis que os dois gêmeos estavam, na verdade, obtendo suas respostas por meio de processos cognitivos semelhantes.

A lição aqui é que não há claramente nada de mágico nas habilidades de cálculo de calendário de Donny — ou de qualquer outro sábio. Donny aprimorou suas habilidades ao longo de anos trabalhando com datas e pensando nelas, atingindo o ponto em que ele sabia cada um dos 14 calendários tão bem como você ou eu sabemos nossos números de telefone, e desenvolveu sua própria técnica — a qual, nesse caso, os pesquisadores ainda não entenderam completamente — para determinar qual calendário usar para cada ano. Não é nada que um estudante universitário motivado em um experimento de psicologia não pudesse fazer.

Nós ainda não sabemos como exatamente outros portadores de savantismo fazem o que fazem e como desenvolveram suas habilidades específicas – os portadores dessa síndrome têm dificuldades de se comunicar ou serem questionados sobre seus métodos – mas, como observei em um artigo de 1988,[22] os estudos de habilidades desses sábios indicam que elas são principalmente competências adquiridas, o que por sua vez implica que os sábios desenvolvem habilidades de maneiras que são muito semelhante à forma como outros *experts* o fazem. Isto é, eles praticam de uma forma que envolve a adaptabilidade do seu cérebro, que por sua vez muda seus cérebros de maneiras que levam às suas habilidades extraordinárias. Estudos de casos mais recentes dos cérebros[23] de portadores de savantismo têm se mostrado consistentes com essa ideia.

Os antiprodígios

Eu poderia continuar com mais análises de prodígios e dos sábios, mas isso seria apenas redundante. A moral da história é que cada vez que você investiga um determinado caso, você descobre que as habilidades extraordinárias são o produto de muita prática e treinamento. Prodígios e sábios não nos dão nenhuma razão para acreditarmos que algumas pessoas nasceram com habilidades naturais em um campo ou outro.

Mas, que tal o outro lado dos prodígios? Que tal as pessoas que parecem ter nascido sem nenhum talento em qualquer que seja o campo? Em um nível pessoal, esse é um problema muito difícil de resolver, uma vez que pode ser difícil descobrir exatamente por qual razão uma determinada pessoa não consegue realizar algo. Será que foi por falta de esforço, falta de um ensino adequado ou falta de "um talento inato"? Nem sempre você pode dizer, mas considere os seguintes casos.

Cerca de um sexto de todos os americanos adultos acreditam que não sabem cantar.[24] São incapazes de cantar uma simples melodia. Não conseguiriam acertar uma nota mesmo se você lhes desse uma raquete de tênis de presente. E, de modo geral, essas pessoas não estão muito felizes com isso.[25] Se conversar com professores de música ou com pesquisadores que estudam os não cantores, eles dirão que esses tipos musicalmente desafiados gostariam que as coisas fossem diferentes. No mínimo, eles gostariam de cantar "Parabéns pra você" sem assustar as pessoas. Eles podem até mesmo sonhar com um karaokê e derrubar a casa com suas versões de "My Way" ou "Baby One More Time".

Mas em algum lugar ao longo do caminho, alguém os convenceu de que não podiam cantar.[26] As entrevistas mostraram que frequentemente isso foi feito por algum tipo de figura de autoridade – um pai, um irmão mais velho, um professor de música, talvez um colega que admiravam – e, geralmente, aconteceu em algum momento decisivo – e muitas vezes doloroso – do qual eles ainda se lembram muito bem, mesmo como adultos. A maioria das vezes, disseram a essas pessoas que elas eram "desafinadas". E, assim, acreditando que não nasceram para cantar, elas simplesmente desistiram.

Atualmente, o termo "desafinado" tem um sentido muito específico: ele significa que você não consegue perceber a diferença entre uma nota musical e outra. Por exemplo, se alguém tocar uma nota Dó no piano e depois uma nota Ré, uma pessoa desafinada não consegue dizer a diferença. E, é claro, se você não consegue distinguir uma nota da próxima, certamente seria impossível ser afinado e cantar bem, o que representa justamente uma série de notas em sequência. Seria como tentar pintar um pôr do sol quando você não consegue diferenciar o vermelho do amarelo e do azul.

Algumas pessoas são realmente desafinadas. Essa condição médica é conhecida como "amusia congênita", mas aqui está a distorção: ela é extremamente rara. É tão rara, que a descoberta de uma mulher com essa condição[27] mereceu um artigo em um importante jornal científico. Ela não tinha sinais de danos ou defeitos óbvios no cérebro, tinha uma audição e inteligência normais e, no entanto, não podia reconhecer a diferença entre uma simples melodia que tinha acabado de ouvir e uma outra que nunca tinha ouvido antes. Curiosamente, ela também apresentava dificuldades em distinguir diferentes ritmos musicais. Essa mulher, não importa o quanto tentasse, nunca seria capaz de ser afinada.

Mas esse não é o caso da maioria das pessoas. O maior obstáculo que a maior parte das pessoas que acreditam que não podem cantar deve superar é essa própria crença. Vários pesquisadores estudaram essa questão, e não há evidência de que um grande número de pessoas[28] tenha nascido sem a habilidade inata de cantar. Na verdade, há algumas culturas,[29] tal como a Anang Ibibio, da Nigéria, onde se espera que todos cantem, todos são ensinados a cantar, e todos conseguem cantar. Na nossa cultura, a razão pela qual a maioria daqueles que não são cantores não pode cantar é simplesmente porque eles nunca praticaram de uma maneira que lhes permitisse desenvolver a habilidade do canto.

O mesmo vale para um assunto como a matemática? Talvez não haja nenhuma outra área em que a maioria das pessoas vá dizer: "Eu não sou bom em...". Uma grande porcentagem de alunos, especialmente nos Estados Unidos, deixa o ensino médio com a convicção de que eles simplesmente não têm o dote genético para fazer qualquer cálculo matemático mais complicado do que a adição, a subtração e, talvez, a multiplicação. Mas inúmeros esforços bem-sucedidos mostraram que praticamente qualquer criança pode aprender matemática se ela for ensinada do jeito certo.

Talvez o mais intrigante desses esforços seja um programa chamado *Jump Math*,[30] desenvolvido por John Mighton, um matemático canadense. O programa usa os mesmos princípios básicos encontrados na prática deliberada: quebrar o ensino em uma série de habilidades bem especificadas, planejar exercícios para ensinar cada uma dessas habilidades na ordem certa e usar o *feedback* para monitorar o progresso. De acordo com os professores que usaram esse programa, a abordagem permitiu que eles ensinassem as habilidades matemáticas relevantes a essencialmente todos os alunos, nenhum deles sendo deixado para trás. O programa foi avaliado em Ontário por meio de um estudo aleatório controlado, com 29 professores e cerca de três centenas de alunos do quinto ano. Após cinco meses, os alunos nas classes que adotavam o programa mostraram duas vezes mais progresso do que os outros na compreensão de conceitos matemáticos, conforme foi medido por testes padronizados.

Infelizmente, os resultados do teste não apareceram em uma revista científica escrita por especialistas, por isso é difícil julgá-los objetivamente, e assim teremos que ver os resultados reproduzidos em outros distritos escolares antes que possamos confiar neles completamente. Mas os resultados estão de acordo com o que tenho observado, de maneira geral, em uma variedade de campos, não apenas nas áreas do canto e na matemática, mas também na escrita, no desenho, no tênis, no golfe, na jardinagem e numa variedade de jogos, tal como palavras cruzadas. As pessoas não param de aprender e melhorar porque atingiram alguns limites inatos no seu desempenho; elas param de aprender e melhorar porque, por quaisquer razões, pararam de praticar – ou nunca começaram. Não há nenhuma evidência de que qualquer pessoa normal nasça sem o talento inato para cantar ou fazer contas ou desempenhar qualquer outra habilidade.

Prática *versus* "talento" no xadrez

Pense em quando você era criança e estava apenas começando a aprender a tocar piano ou a lançar uma bola de beisebol ou a desenhar alguma coisa. Ou talvez pense em como se sentia quando estava apenas um pouco mais à frente – jogando futebol havia seis meses e o jogo estava justamente começando a fazer sentido, ou você se juntou ao clube de xadrez havia um ano e finalmente conseguiu o controle básico sobre o jogo, ou descobriu a adição, a subtração e a multiplicação e, então, seu professor lançou longas divisões sobre você. Em todos esses casos, quando você olhou em torno, notou que alguns de seus amigos ou colegas de classe estavam se saindo melhor do que outros, enquanto alguns estavam se saindo pior. Sempre há diferenças óbvias na rapidez com que pessoas díspares assimilam alguma coisa. Algumas parecem ter uma vida fácil tocando um instrumento musical. Algumas simplesmente parecem ser atletas naturais. Algumas parecem ser naturalmente boas com números. E assim por diante.

E, porque vemos tais diferenças nos iniciantes, é natural assumirmos que essas diferenças persistirão – que as mesmas pessoas que se saíram tão bem no início continuarão a ter sucesso facilmente mais tarde. Essas pessoas de sorte, imaginamos, nasceram com talentos inatos que facilitam o seu caminho e as levam a se destacarem. Esse é um resultado compreensível ao se observar o início da viagem e se concluir que o resto da viagem será semelhante.

Isso também está errado. A partir do momento em que olhamos o percurso inteiro – do iniciante ao *expert* –, desenvolvemos uma compreensão muito diferente de como as pessoas aprendem a se aperfeiçoar e do que é preciso para se destacar.

Talvez o melhor exemplo que temos disso se origine no xadrez. No imaginário popular, a grande habilidade no xadrez está intimamente ligada a uma tremenda lógica e ao intelecto. Se um autor ou roteirista deseja sinalizar que seu personagem é particularmente brilhante, esse personagem será colocado diante de um tabuleiro de xadrez e dará um xeque-mate em seu inimigo com a adequada habilidade. Ainda melhor que isso, esse gênio vai se deparar com uma partida já em andamento e, depois de olhar para o tabuleiro por um segundo ou dois, aponta o caminho da vitória no jogo. Muitas vezes o jogador de xadrez é um detetive peculiar, porém brilhante, ou talvez, ainda, o igualmente peculiar e quase igualmente brilhante conspirador criminoso – ou, de preferência, ambos, de modo que os adversários se enfrentem no tabuleiro, comparando inteligências e trocando gracejos. Às vezes, como na cena clímax no filme de 2011, *O jogo de sombras*, com Sherlock Holmes e o Professor Moriarty, os dois acabam ignorando completamente o tabuleiro de xadrez e apenas lançando seus movimentos um para o outro como dois pugilistas fintando e golpeando até que um caia por terra com o soco de nocaute. Mas não importam as circunstâncias, a mensagem é sempre a mesma: um domínio de xadrez sinaliza o tipo de inteligência profunda com a qual somente uns poucos têm a sorte de ter nascido. E, dito de modo inverso, jogar xadrez brilhantemente exige uma mente brilhante.

Se você examinar a habilidade de jogar xadrez de crianças que estão apenas começando a aprender a jogar, verá que aquelas que têm um QI mais alto se tornam, na verdade, melhores jogadoras mais rapidamente. Mas esse é apenas o começo da história – e é o final da história o que verdadeiramente conta.

Ao longo dos anos, muitos pesquisadores examinaram a conexão entre a inteligência e a habilidade de jogar xadrez. Alguns dos primeiros trabalhos foram feitos nos anos 1890[31] por Alfred Binet, o pai do teste de inteligência, que estudou jogadores de xadrez principalmente para tentar entender que tipo de memória era exigida para jogar às cegas. Binet desenvolveu seu teste de QI como um método de identificar alunos que tinham problemas em se sair bem na escola, e ele de fato foi bem-sucedido, uma vez que os testes de QI são muito correlacionados com o sucesso acadêmico. Mas, desde a época de Binet, muitos pesquisadores têm argumentado que os testes de QI medem habilidades gerais correlacionadas com sucesso em praticamente qualquer domínio, tais como música e xadrez. Dessa forma, esses pesquisadores acreditam que os testes de QI medem algum tipo de inteligência geral inata. Outros, no entanto, discordam e argumentam que o QI é mais bem pensado não como inteligência inata, mas simplesmente como o que os testes de QI medem, o que pode incluir coisas como o conhecimento sobre as palavras relativamente raras e habilidades adquiridas em matemática. Sem me aprofundar intensamente nesse debate, vou apenas dizer que acho que o melhor não é equiparar o QI com a inteligência inata, mas simplesmente se ater aos fatos e pensar em QI como algum fator cognitivo, medido por testes de QI, que tem sido usado para prever certas coisas, tais como o sucesso na escola.

Desde os anos 1970, um crescente número de pesquisadores tem seguido os passos de Binet e tentado entender como os jogadores de xadrez pensam e o que produz um bom jogador do jogo. Um dos mais esclarecedores desses estudos[32] foi desenvolvido em 2006 por três pesquisadores britânicos, Merim Bilalić e Peter McLeod, da Universidade de Oxford e Fernand Gobet, da Universidade Brunel. Por razões a que vamos chegar em um momento, os três escolheram estudar não os grandes mestres, mas sim um grupo de crianças em idade escolar que jogam xadrez, recrutando 57 crianças de clubes de xadrez nas escolas do ensino fundamental e médio. Os jovens jogadores de xadrez tinham geralmente entre 9 e 13 anos de idade, e estavam jogando xadrez havia, em média, quatro anos. Alguns deles eram muito bons – bons o bastante para derrotar facilmente o adulto médio que joga em torneios de xadrez – e alguns não eram muito bons de modo algum. Dos 57 jogadores, 44 eram do sexo masculino.

O objetivo do estudo era examinar a função – se houvesse alguma – que o QI tinha no desempenho de alguém, tornando-o um jogador de xadrez. Essa é uma questão que muito poucos psicólogos já examinaram e, como os três pesquisadores observaram no trabalho que publicaram relatando seus resultados, a questão tem sido bastante confusa. Por exemplo, alguns pesquisadores descobriram uma relação entre o QI e a habilidade de jogar xadrez,[33] bem como entre os testes que medem as habilidades visuoespaciais e a habilidade do xadrez. Nenhum dos dois parece especialmente surpreendente, dada a visão geral de que o xadrez requer inteligência maior do que o normal e dado que as habilidades visuoespaciais parecem ser particularmente importantes para o xadrez, uma vez que os jogadores de xadrez devem ser capazes de visualizar as posições do xadrez e os movimentos de peças na medida em que examinam potenciais linhas de jogo. Mas esses estudos foram feitos com jovens jogadores de xadrez, e apesar de acharem que esses jovens jogadores tinham pontuações mais elevadas do que a média de QI, não houve uma relação clara entre QI e o bom desempenho de um jogador específico.

Por outro lado, os estudos realizados em adultos têm geralmente descoberto que os jogadores de xadrez adultos não têm melhores habilidades visuoespaciais[34] do que os adultos normais que não jogam xadrez. A pesquisa mostrou também que os habilidosos jogadores de xadrez adultos – até mesmo grandes mestres – não têm um QI sistematicamente mais elevado[35] do que outros adultos com níveis semelhantes de educação. Também não existe qualquer correlação entre o QI[36] de jogadores de xadrez altamente qualificados e as suas classificações no xadrez.

Por mais estranho que possa parecer para aqueles de nós que cresceram com os personagens fictícios "torturados, mas brilhantes" que se destacam no xadrez, todas as evidências dizem que a inteligência superior não está correlacionada com melhores jogadores de xadrez entre os adultos.

Ainda mais estranho é o caso do Go, que sempre foi referido como sendo a versão asiática do xadrez. É jogado por duas pessoas que, alternadamente, colocam suas pedras – brancas para um jogador e pretas para o outro – em um dos pontos de interseção de uma grade de 19 × 19 que forma o tabuleiro. O objetivo é cercar e capturar as pedras do outro jogador, e o vencedor é aquele que controla a maior área no tabuleiro no fim do jogo. Apesar de haver apenas um tipo de peça e um tipo de movimento – colocar a pedra sobre um ponto de interseção –, o jogo é verdadeiramente mais complexo do que o xadrez, no sentido de que há muito mais jogos diferentes possíveis que podem ser jogados e, de fato, o Go se mostrou mais desafiador do que o xadrez quando se tentou produzir um *software* que conseguisse jogá-lo bem. Ao contrário dos melhores programas de jogo de xadrez, que podem consistentemente derrotar grandes mestres, os melhores programas de Go – pelo menos da forma como eles estão escritos em 2015 – não conseguem resistir aos jogadores de Go que estão no topo das classificações.

Dessa forma, como no xadrez, você pode supor que os mestres de Go devem ter um QI elevado ou talvez habilidades visuoespaciais excepcionais, mas outra vez você estaria errado. Os recentes estudos dos mestres de Go descobriram[37] que seu QI médio é, na verdade, abaixo da média. Dois estudos separados de especialistas coreanos de Go descobriram um QI médio de cerca de 93, em comparação com grupos de controle de não jogadores coreanos de Go alinhados por idade e sexo, que tinham um QI médio de cerca de 100. Embora os números dos mestres de Go nos dois estudos fossem pequenos o bastante para que o QI abaixo da média pudesse ter sido apenas uma casualidade estatística, fica claro que os mestres de Go, em média, não tiveram uma pontuação maior nos testes de QI[38] do que as pessoas da população em geral.

Diante desses antecedentes, os três pesquisadores britânicos planejaram resolver os resultados conflitantes nos jogadores de xadrez. Será que uma inteligência maior (ou seja, uma maior pontuação de QI) ajuda um indivíduo a desenvolver um melhor jogo de xadrez? O plano dos pesquisadores era fazer um estudo que levasse em consideração tanto a inteligência quanto o tempo de prática. Os estudos anteriores verificaram um ou outro desses aspectos, mas não os dois simultaneamente.

Bilalić e seus colegas resolveram aprender o máximo que pudessem sobre seu grupo de 57 jovens jogadores de xadrez. Mediram vários aspectos de sua inteligência – não apenas seu QI e sua inteligência espacial, mas também sua memória, inteligência verbal e velocidade de processamento. Perguntaram às crianças quando elas haviam começado a jogar e quantas horas passavam praticando. Também pediram aos garotos que mantivessem diários de prática durante seis meses, nos quais registrassem a quantidade de tempo que praticavam a cada dia. Um ponto fraco do estudo é que a maior parte do tempo de "prática" era na verdade jogar xadrez contra os membros dos seus clubes de xadrez em vez de realizarem uma prática solitária, e os pesquisadores não diferenciaram esses dois tipos de prática. Ainda assim, as medidas ofereceram uma razoável estimativa a respeito de quanto esforço cada criança havia investido no desenvolvimento de seu jogo. Finalmente, os pesquisadores avaliaram as habilidades em xadrez das crianças dando-lhes problemas de xadrez para resolverem e mostrando brevemente a elas tabuleiros de xadrez com as peças dispostas em uma posição do meio de um jogo e pedindo-lhes que reconstruíssem os tabuleiros de memória. Alguns dos sujeitos estavam participando regularmente de torneios, e nestes casos os pesquisadores também puderam trabalhar com suas classificações nesses torneios de xadrez.

Quando os pesquisadores analisaram seus dados, descobriram resultados semelhantes àqueles encontrados por outros pesquisadores. A quantidade de prática de xadrez das crianças foi o maior fator para explicar seu bom desempenho no jogo, com uma maior quantidade de prática sendo correlacionada às melhores pontuações nas várias medidas de habilidade do xadrez. Um fator menor, mas ainda assim significativo, foi a inteligência, com um QI mais elevado sendo relacionado a melhores habilidades no xadrez. De modo surpreendente, a inteligência visuoespacial não foi o fator mais importante, mas sim a memória e a velocidade de processamento. Olhando para todas as evidências, os pesquisadores concluíram que em crianças com essas idades, a prática é o fator-chave para o sucesso, embora a inteligência inata (ou QI) ainda tenha sua função.

O quadro mudou dramaticamente, no entanto, quando os pesquisadores olharam apenas para os jogadores de "elite" do grupo. Havia 23 crianças – todos meninos – que jogavam regularmente em torneios nos níveis local, nacional e, às vezes, internacional. Eles tinham uma classificação média no xadrez de 1.603, com as mais elevadas chegando a

1.835 e a menor, a 1.390. Em suma, essas crianças já eram bastante boas no xadrez. A média para todos que jogam em torneios de xadrez, sejam adultos ou crianças, é de cerca de 1.500, o que significa que a maioria dos meninos no grupo de elite estava acima dessa média, e até mesmo o pior deles teria tido pouca dificuldade para dar um xeque-mate em jogador adulto competente.

Entre esses 23 jogadores de elite, a quantidade de prática ainda era o principal fator determinante de suas habilidades no xadrez, mas a inteligência desempenhava um notável papel. Embora o grupo da elite realmente apresentasse, de certa forma, maior média de QI do que o QI médio para todo o grupo de 57 crianças, os jogadores do grupo de elite com QI mais baixo foram, em média, ligeiramente melhores jogadores do que aqueles no grupo de elite com QIs mais altos.

Pare e reflita por um momento: entre esses jovens, jogadores de xadrez de elite, não só um QI mais alto não foi nenhuma vantagem, como ele parecia colocá-los em uma ligeira desvantagem. A razão, descobriram os pesquisadores, era que os jogadores de elite com QI mais baixo tendiam a praticar mais, o que melhorou o seu jogo de xadrez a ponto de eles jogarem melhor do que os jogadores de elite com alto QI.

Esse estudo percorre um longo caminho para explicar a aparente contradição entre os estudos anteriores, que tinham descoberto que o QI estava associado à maior habilidade de xadrez em jogadores jovens, mas não em jogadores adultos de torneios, como também não em mestres e grandes mestres. E essa explicação é muito importante para nós porque ela se aplica não apenas aos jogadores de xadrez, como também ao desenvolvimento de qualquer habilidade.

Quando as crianças estão apenas começando a aprender xadrez, suas inteligências – ou seja, seus desempenhos em testes de QI – cumprem um papel em relação à rapidez com que elas podem aprender o jogo e alcançar certo nível mínimo de competência. Crianças com pontuações de QI mais altas geralmente acham fácil aprender e se lembrar de regras e desenvolver e aplicar estratégias. Todas essas coisas dão a elas uma vantagem nos primeiros estágios da aprendizagem do jogo, quando se joga com o pensamento abstrato aplicado diretamente às peças no tabuleiro. Esse tipo de aprendizagem não é tão diferente do aprendizado que acontece nas escolas, que foi o alvo dos testes de QI originais do projeto de desenvolvimento de Binet.

Mas sabemos que, na medida em que as crianças (ou adultos) estudam e aprendem o jogo, elas desenvolvem conjuntos de representações mentais

– essencialmente, atalhos mentais – que lhes dão tanto uma memória superior para os tipos de posições de xadrez encontrados em um jogo quanto a habilidade em se concentrar em movimentos apropriados numa determinada situação. Parece bastante provável que essas representações mentais superiores lhes permitem jogar o jogo mais rapidamente e mais intensamente. No momento em que veem certo arranjo de peças, não precisam compreender cuidadosamente qual peça está atacando ou poderia atacar qualquer outra peça. Em vez disso, reconhecem um padrão e sabem, quase automaticamente, quais provavelmente seriam as ações e reações mais poderosas. Não precisam mais aplicar suas memórias de curto prazo e habilidades analíticas para imaginar o que aconteceria se fizessem esse movimento e seu oponente fizesse aquele movimento e assim por diante, tentando se lembrar da posição de cada peça no tabuleiro. Ao contrário, têm uma boa ideia geral do que acontece em determinada posição – em termos de linhas de força ou qualquer técnica de imagem que usem – e usam suas habilidades lógicas para trabalhar com suas representações mentais, e não com as peças individuais no tabuleiro.

Com bastante prática solitária, as representações mentais se tornam tão úteis e poderosas para jogar o jogo, que a principal coisa que separa os dois jogadores não é sua inteligência – suas habilidades visuoespaciais, ou mesmo sua memória e velocidade de processamento –, e sim a qualidade e a quantidade de suas representações mentais e com que eficácia eles as usam. Uma vez que essas representações mentais são desenvolvidas especificamente com o propósito de analisar posições de xadrez e produzir os melhores movimentos – lembre-se, elas normalmente são desenvolvidas por meio de milhares de horas de estudo dos jogos dos grandes mestres –, elas são muito mais eficazes para jogar xadrez do que para simplesmente usar a memória e a lógica e analisar o conjunto de peças no tabuleiro como itens que interagem individualmente. Dessa forma, no momento em que uma pessoa se torna um grande mestre ou mesmo um exímio jogador de torneios aos 12 anos de idade, as habilidades medidas por testes de QI são muito menos importantes do que as representações mentais que a pessoa desenvolveu por meio da prática. Isso explica, creio eu, por que não vemos nenhuma relação entre o QI e a habilidade no xadrez quando olhamos para exímios jogadores.

Naturalmente, as habilidades medidas por testes de QI realmente parecem desempenhar um papel logo no início, e parece que as crianças com QI mais alto irão jogar xadrez com mais competência quando começarem. Mas o que Bilalić e seus colegas descobriram foi que, entre as crianças que jogavam em torneios de xadrez – ou seja, os jogadores de xadrez que se dedicaram o suficiente ao jogo a fim de levá-lo a um nível que estivesse além de simplesmente jogar no clube de xadrez de sua escola –, houve uma tendência para aquelas com QI mais baixo se envolverem em mais prática. Não sabemos o motivo, mas podemos especular: todos esses jogadores de elite estavam comprometidos com o xadrez e, no início, aqueles com QI mais alto tiveram um tempo um pouco mais confortável para desenvolver a sua capacidade. Os outros, em um esforço para continuar, praticaram mais e, tendo desenvolvido o hábito de praticar mais, realmente acabaram se tornando melhores jogadores do que aqueles com QI mais alto que, inicialmente, não sentiam a mesma pressão para continuar. E aqui encontramos nossa principal mensagem: no longo prazo, são aqueles que praticam mais que prevalecem, não aqueles que tiveram alguma vantagem inicial na inteligência ou em algum outro talento.

O papel real das características inatas

Os resultados dos estudos sobre o jogo de xadrez forneceram um discernimento crucial da ação recíproca entre "talento" e prática no desenvolvimento de várias habilidades. Enquanto as pessoas com determinadas características inatas – QI, no caso do estudo do xadrez – podem ter uma certa vantagem quando estiverem começando a aprender uma habilidade, tal vantagem torna-se menor ao longo do tempo e, no final, a quantidade e a qualidade da prática assumem um papel muito maior na determinação da habilidade.

Os pesquisadores perceberam evidências desse padrão em muitos campos diferentes.[39] Na música, como no xadrez, há uma correlação precoce entre QI e desempenho. Por exemplo, um estudo com 91 alunos da quinta série[40] que receberam lições de piano durante seis meses descobriu que, em média, os alunos com QIs mais altos tiveram um desempenho melhor no final daqueles seis meses do que os alunos com QIs mais baixos. No entanto, a correlação medida entre QI e desempenho musical diminui na medida em que os anos de estudo de música aumentam, e os testes revelaram que não havia relação entre QI e desempenho musical[41] entre especialistas em música na faculdade ou entre os músicos profissionais.

Em um estudo sobre *expertise* em cirurgia oral,[42] descobriu-se que o desempenho dos alunos de odontologia estava relacionado com o seu desempenho em testes de habilidade visuoespacial, e os alunos que obtiveram pontuação mais alta nesses testes também tiveram melhor desempenho em simulações cirúrgicas feitas sobre o modelo de uma mandíbula. No entanto, quando o mesmo teste foi feito com residentes de odontologia e com cirurgiões-dentistas, não foi encontrada tal correlação. Dessa forma, a influência inicial da habilidade visuoespacial no desempenho cirúrgico desaparece ao longo do tempo, na medida em que os alunos de odontologia praticam suas habilidades, e, quando eles se tornam residentes, as diferenças no "talento" – neste caso, a capacidade visuoespacial – já não têm um efeito perceptível.

Entre as pessoas que estudavam para ser motoristas de táxi em Londres,[43] o que discutimos no Capítulo 2, não havia diferença de QI entre aquelas que terminaram o curso e se tornaram motoristas credenciados e aquelas que desistiram. O QI não fez diferença na capacidade dos motoristas para aprender a encontrar seus caminhos em Londres.

A média do QI dos cientistas é certamente maior do que a média do QI da população em geral, mas entre os cientistas não há correlação entre QI e produtividade científica.[44] Na verdade, o número de cientistas ganhadores dos Prêmios Nobel tem tido QIs que nem mesmo os qualificariam para a Mensa, uma organização cujos membros devem ter uma medida de QI de pelo menos 132, um número que os coloca entre os 2% superiores da população. Richard Feynman, um dos mais brilhantes físicos do século XX, tinha um QI de 126; James Watson, o codescobridor da estrutura do DNA, tinha um QI de 124; e William Shockley, que recebeu o Prêmio Nobel de Física por seu papel na invenção do transistor, tinha um QI de 125.[45] Embora as habilidades medidas pelos testes de QI claramente ajudem o desempenho nas salas de aula de ciências, e os alunos com QIs mais altos geralmente tenham um desempenho melhor nas aulas de ciências do que aqueles com QIs mais baixos – isso é, de novo, consistente com os esforços de Binet para medir o aprendizado escolar –, entre aqueles que se tornaram cientistas profissionais, um QI mais alto não parece oferecer qualquer vantagem.

Vários pesquisadores sugeriram que há, em geral, requisitos mínimos para se ter um desempenho competente em várias áreas. Por exemplo, tem sido sugerido que os cientistas, pelo menos em alguns campos, precisam de um QI de cerca de 110 a 120[46] para serem bem-sucedidos. Porém, uma pontuação maior que essa não lhes confere qualquer benefício adicional. No entanto, não está claro se essa pontuação de QI de 110 é realmente necessária para o desempenho das funções de um cientista ou simplesmente para chegar ao ponto onde é possível ser contratado como um cientista. Em muitas áreas científicas é preciso ter um título de doutor para obter bolsas e realizar pesquisas. Por outro lado, a obtenção de um doutorado requer de quatro a seis anos de desempenho acadêmico em um curso de pós-graduação conceituado, com um alto nível de habilidades de escrita e um grande vocabulário – que são, essencialmente, atributos medidos por testes de inteligência verbal. Além disso, a maioria dos programas de doutorado em ciência exige raciocínio matemático e lógico, que são medidos por outros componentes de testes de inteligência. Quando os alunos da faculdade se inscrevem nos cursos de pós-graduação, devem se submeter a certos testes, como o *Graduate Record Examination* (GRE), que mede essas habilidades, e apenas os estudantes com as maiores pontuações são aceitos em um programa de pós-graduação em ciência. Assim, a partir dessa perspectiva, não é nenhuma surpresa que os cientistas geralmente tenham pontuações de QI de 110 a 120 ou mais. Sem a habilidade para atingir essas pontuações, antes de mais nada, seria improvável que eles tivessem a chance de se tornar cientistas.

Também é possível especular que existem certos requisitos mínimos de "talento" para áreas como a prática de esportes ou a pintura, de modo que, para as pessoas que ficam abaixo desses requisitos, seria difícil ou impossível se tornarem altamente qualificadas nessas áreas. Mas, fora alguns traços físicos muito básicos, tais como altura e o tamanho do corpo no esporte, não temos evidência sólida de que existam esses requisitos mínimos.

De fato, sabemos – e isso é importante – que entre aquelas pessoas que praticaram bastante e alcançaram certo nível de habilidade nos campos de sua escolha, não há evidências de que qualquer habilidade geneticamente determinada desempenhe um papel em decidir quem estará entre os melhores. Uma vez que se chega ao topo, não é o talento natural que faz a diferença, pelo menos não o "talento" da maneira como ele é normalmente entendido, isto é, uma habilidade inata para ter excelência em certa atividade.

Acredito que isso explica por que é tão difícil predizer quem atingirá o topo de um determinado campo. Se algum tipo de habilidade inata desempenhasse um papel para decidir quem, no final, se torna o melhor numa área específica, seria muito mais fácil identificar aqueles futuros campeões no início de suas carreiras. Se, por exemplo, os melhores jogadores profissionais de futebol fossem aqueles que nasceram com algum tipo de talento para o futebol, então esse talento certamente deveria ser aparente na época em que eles estão na faculdade, pois, a essa altura, geralmente estarão jogando futebol há meia dúzia de anos ou mais. Porém, na realidade, ninguém descobriu como olhar para os jogadores de futebol da faculdade e perceber quais serão os melhores e quais serão os fracassados. Em 2007, o zagueiro JaMarcus Russell, da Universidade do Estado da Luisiana, foi escolhido como o primeiro lugar geral na seleção da Liga Nacional de Futebol; ele acabou sendo um fracasso completo e estava fora do futebol três anos depois. Por outro lado, Tom Brady foi escolhido na sexta rodada da seleção de 2000 – depois de 198 outros jogadores – e se tornou um dos melhores *quarterbacks* da história.

Um estudo com jogadores de tênis, em 2012,[47] observou o sucesso e a classificação de jogadores juniores de tênis – isto é, os jogadores mais jovens que estão trabalhando e competindo para se tornarem profissionais – e comparou o fato com o sucesso deles depois que se tornaram profissionais. Não houve nenhuma relação. Se as diferenças em talentos inatos fossem importantes na determinação de quem são os melhores jogadores de tênis profissionais, seria de se achar que elas teriam sido perceptíveis durante os seus anos de juniores no tênis, mas não foram.

O ponto principal é que ninguém nunca conseguiu descobrir como identificar as pessoas que têm um "talento inato". Ninguém jamais encontrou um gene variante que prevê um desempenho superior em uma área ou outra, e ninguém nunca propôs uma forma de, por exemplo, testar as crianças e identificar quais entre elas vão se tornar os melhores atletas, ou os melhores matemáticos, ou os melhores médicos, ou os melhores músicos.

Há uma simples razão para isso. Se realmente existem diferenças genéticas que de fato influenciam como é o desempenho de alguém (além de nos estágios iniciais, quando se está justamente aprendendo uma habilidade), elas não são suscetíveis de afetar as habilidades relevantes diretamente – um "gene da música", ou um "gene do xadrez", ou um "gene da matemática". Não, eu suspeito que essas diferenças genéticas – se é que elas existem – são mais propensas a se manifestar por meio da prática e dos esforços que servirão para desenvolver uma habilidade. Talvez, por exemplo, algumas crianças nasçam com um conjunto de genes que as leve a obter mais prazer do desenho ou da música. Então, essas crianças serão mais propensas a desenhar ou fazer música do que as outras crianças. Se forem colocadas em aulas de arte ou aulas de música, estarão propensas a passar mais tempo praticando, porque é mais divertido para elas. Elas carregam seus desenhos e pranchetas ou suas guitarras onde quer que vão. E, ao longo do tempo, elas se tornarão melhores artistas ou melhores musicistas do que seus pares, não porque sejam mais talentosas inatamente, no sentido de que têm alguns genes para as habilidades musicais ou artísticas, mas porque alguma coisa – talvez genética – as estimula a praticar e, assim, desenvolver suas habilidades em um grau mais alto do que os seus pares.

A pesquisa sobre o desenvolvimento do vocabulário em crianças muito pequenas mostrou que fatores como o temperamento da criança e a habilidade de prestar atenção a um dos pais influenciam o tamanho do vocabulário que a criança vai construir. A maior parte do desenvolvimento do vocabulário de uma criança acontece por meio da interação com um dos pais ou outro cuidador, e os estudos têm mostrado que crianças que apresentam um temperamento que incentiva a interação social[48] acabam por desenvolver melhores habilidades linguísticas. Do mesmo modo – e mais de acordo com os tipos de fatores que podem contar na aquisição de habilidades com a prática – bebês de nove meses de idade que dariam mais atenção a um dos pais,[49] enquanto ele está lendo um livro e apontando para as imagens contidas no livro, acabam tendo um vocabulário muito melhor aos 5 anos de idade do que as crianças que recebem menos atenção.

É possível imaginar uma série de diferenças de origem genética deste tipo. Algumas pessoas podem, por exemplo ser naturalmente capazes de se concentrar mais intensamente e por períodos maiores do que outras; uma vez que a prática deliberada depende de ser capaz de focar dessa maneira, essas pessoas podem ser naturalmente capazes de praticar mais eficazmente que outras e, assim, se beneficiar mais de sua prática. Pode-se até imaginar que há diferenças na forma como o cérebro responde aos desafios, de modo que a prática seria mais eficaz em algumas pessoas do que em outras na construção de novas estruturas cerebrais e da capacidade mental.

Grande parte disso continua sendo especulação neste momento. Mas, uma vez que sabemos que a prática é o fator mais importante na determinação da realização final de uma pessoa em um determinado domínio, faz sentido que, se os genes realmente desempenham uma função, esta seria apresentar, por meio da formação, a probabilidade de uma pessoa se engajar na prática deliberada ou de avaliar a eficácia provável dessa prática no futuro. Ver o fato dessa forma coloca as diferenças genéticas sob uma luz completamente diferente.

O lado negro da crença no talento inato

Neste capítulo discuti os papéis que a prática e o talento inato desempenham no desenvolvimento dos atores *experts* e argumentei que, embora as características inatas possam influenciar o desempenho entre aqueles que estão apenas aprendendo uma nova aptidão ou habilidade, o grau e a efetividade do treinamento desempenham um papel muito mais significativo na determinação de quem se sobressai entre aqueles que trabalharam para desenvolver uma habilidade. Isso ocorre porque, em última análise, a capacidade natural do corpo e do cérebro de se adaptarem diante de desafios supera quaisquer diferenças genéticas que possam, inicialmente, dar uma vantagem a algumas pessoas. Assim, acredito que é muito mais importante compreender como e por que determinados tipos de prática levam a uma melhoria do que sair à procura de diferenças genéticas entre as pessoas.

Mas existe, acredito eu, uma razão ainda mais urgente para enfatizar o papel da prática sobre o das diferenças inatas, e esse é o perigo da profecia autorrealizável.

Quando as pessoas assumem que o talento desempenha um importante, e mesmo determinante, papel no grau de suas realizações, essa suposição a direciona para certas decisões e ações. Se você assume que as pessoas que não são dotadas por natureza nunca irão ter um bom desempenho em determinada atividade, então a criança que não se destaca em algo imediatamente é encorajada a tentar outra coisa. Os desajeitados são empurrados para longe dos esportes, os que não conseguem executar uma melodia prontamente são informados de que deveriam tentar algo diferente da música, e os que não ficam imediatamente confortáveis com números são advertidos de que não são bons em matemática. E não é surpresa que as previsões se tornem realidade: a menina a quem foi dito para esquecer os esportes nunca terá um bom desempenho ao bater uma bola de tênis ou chutar uma bola de futebol; o menino a quem foi dito que era desafinado não aprenderá a tocar um instrumento musical ou a cantar bem; e as crianças que foram informadas de que não eram boas em matemática crescerão acreditando nisso. A profecia se torna autorrealizável.

Por outro lado, é claro, as crianças que recebem mais atenção e elogios de seus professores e treinadores, e mais apoio e incentivo de seus pais realmente acabam desenvolvendo suas habilidades em um grau muito maior do que aquelas a quem foi dito para nunca tentarem – convencendo, assim, a todas elas de que suas avaliações iniciais estavam corretas. Mais uma vez, uma profecia autorrealizável.

Malcolm Gladwell contou uma história em seu livro *Outliers*[50]– uma história que outros contaram antes dele, mas que só chamou a atenção quando Gladwell foi o autor da narrativa – de como existem muito mais jogadores profissionais de hóquei canadenses nascidos entre os meses de janeiro a março do que de outubro a dezembro. Há algo de mágico sobre ter nascido nesses meses que conceda um talento extra para o hóquei a bebês que tiveram a sorte de nascer naquela ocasião? Não. O que acontece é que há um corte para jogar hóquei juvenil no Canadá – você deve ser uma certa idade até 31 de dezembro do ano anterior – e as crianças nascidas nos primeiros três meses do ano são os jogadores mais velhos em cada classe de jogadores. Quando uma criança começa a jogar hóquei por volta da idade de 4 ou 5 anos, a vantagem de que as crianças mais velhas podem ter sobre as mais jovens é impressionante. Crianças com uma vantagem de idade de cerca de um ano, geralmente, serão mais altas, mais pesadas e um pouco mais coordenadas e mentalmente mais maduras, e elas podem ter tido mais uma temporada de hóquei para desenvolver suas habilidades de jogo, de modo que tendem a ser melhores do que os jogadores mais jovens da sua faixa etária. Mas essas diferenças físicas relacionadas com a idade ficam cada vez menores, na medida em que os jogadores de hóquei ficam mais velhos, e elas praticamente desaparecem no momento em que os jogadores atingem a idade adulta. Assim, a vantagem relacionada com a idade deve ter suas raízes na infância, quando as diferenças físicas ainda existem.

A explicação óbvia para o efeito da idade é que ela começa com os treinadores, que estão buscando por jogadores mais talentosos, começando nos primeiros anos da infância. Os treinadores não podem realmente dizer quantos anos têm as várias crianças jogadoras de hóquei. Tudo o que podem ver é quem está se saindo melhor e, assim, por inferência, quem parece ser mais talentoso. Muitos treinadores tendem a tratar os jogadores mais "talentosos" com mais elogios e melhor instrução e dar a eles mais oportunidades para participar de jogos. E esses jogadores serão vistos como mais talentosos não apenas por seu treinador, mas também pelos outros jogadores. Além disso, esses jogadores devem ser mais propensos a treinar mais, porque foram informados de que têm a promessa de jogar em níveis muito elevados, mesmo profissionalmente. Os resultados de tudo isso são impressionantes – e não apenas no hóquei. Por exemplo, um estudo descobriu que, entre os jogadores de futebol de 13 anos de idade, mais de 90% dos que foram classificados como o melhor tinham nascido nos primeiros seis meses do ano.

A vantagem entre os jogadores de hóquei de fato parece diminuir[51] gradualmente uma vez que os jogadores começam a ter sucesso nas ligas principais – talvez porque os mais jovens que conseguiram se manter por perto aprenderam a trabalhar mais em sua prática e, assim, acabaram por suplantar muitos dos jogadores que são seis meses mais velhos – mas não há dúvida de que ter nascido entre janeiro e março é uma vantagem para qualquer garoto canadense que queira jogar hóquei.

Agora suponha que a mesma coisa aconteceu com o xadrez. Suponha que havia algum grupo de pessoas que decidiu iniciar jogadores de xadrez em algum programa de xadrez de acordo com o que parecia ser seu "talento inato". Eles iriam ensinar a um grupo de jovens como jogar e, em seguida, depois de se passarem três ou seis meses, observariam os jogadores para ver quais foram os melhores. Sabemos o que iria acontecer. Em média, as crianças com QI mais alto teriam mais facilidade no início para aprender os movimentos e seriam selecionadas para treinamento e preparação adicionais; aos outros não seria oferecido um lugar no programa. O resultado final seria um grupo de jogadores de xadrez com um QI muito maior do que a média. Mas sabemos que no mundo real há muitos grandes mestres que não pontuam particularmente bem em testes de QI – por isso, nesse caso, teríamos perdido as contribuições de todas aquelas pessoas que poderiam ter se tornado grandes jogadores de xadrez.

E agora suponha que não estamos falando sobre um programa de xadrez, mas sim sobre matemática, da maneira como ela é ensinada na maioria das escolas. Ninguém fez estudos sobre a matemática que correspondam àqueles feitos com o xadrez, mas suponhamos por um momento que uma coisa semelhante seja verdade – isto é, que as crianças com uma inteligência espacial mais alta podem aprender a exercitar a matemática básica mais rapidamente do que as outras. Uma pesquisa recente mostrou que crianças que experimentaram jogar jogos de tabuleiros lineares[52] com contagem de passos antes de começarem a ir à escola vão se sair melhor em matemática quando estiverem frequentando a escola. E, provavelmente, há muitas outras maneiras em que certas experiências pré-escolares irão, mais tarde, ajudar as crianças a terem melhor desempenho em matemática. A maioria dos professores, no entanto, não está familiarizada com essa possibilidade, assim, quando algumas crianças "aprendem" a matemática mais rapidamente do que outras, os professores geralmente assumem que elas possuem um talento para a matemática que as outras não possuem. Então, aquelas que são "dotadas" recebem mais encorajamento, mais treinamento e assim por diante. Dessa forma, certamente, depois de mais ou menos um ano, elas estarão muito melhores em matemática do que as outras, e essa vantagem se propaga durante os anos escolares. Uma vez que existem várias carreiras, como engenharia ou física, que requerem cursos de matemática na faculdade, os alunos que foram julgados como não possuidores de talento para a matemática veem essas carreiras como uma área "proibida" para eles. Mas, se a matemática funciona da mesma maneira que o xadrez, então outra vez teremos perdido todo um grupo de crianças que poderiam, ao final, ter se tornado bastante realizadas nessas áreas se não tivessem simplesmente sido rotuladas como crianças que "não são boas em matemática".

Esse é o lado negro da crença no talento inato. Pode gerar uma tendência a assumir que algumas pessoas têm um talento para alguma coisa, e outras não têm, e que você é capaz de fazer a distinção entre elas logo no início. Se acreditar nisso, você estimula e apoia os "talentosos" e desencoraja o resto, criando uma profecia autorrealizável. Faz parte da natureza humana querer investir esforço – tempo, dinheiro, ensinamento, encorajamento, apoio – onde ele terá melhores resultados, como também tentar proteger as crianças da decepção. Geralmente não há nada de nefasto nisso, mas os resultados podem ser incrivelmente prejudiciais. A melhor maneira de evitar fazer essa distinção é reconhecer o potencial em todos nós – e trabalhar para encontrar formas de desenvolvê-lo.

09
PARA ONDE VAMOS DAQUI?

■ CHAME DE UM VISLUMBRE. Durante uma semana, um grupo de estudantes inscritos numa classe de Física para principiantes teve uma ideia de como poderia ser a aprendizagem da física no futuro. Foi apenas uma seção sobre ondas eletromagnéticas que era ensinada próximo ao final de um curso de dois semestres, mas naquela única seção os resultados foram quase mágicos. Os alunos a quem o material foi ensinado com um método inspirado nos princípios da prática deliberada aprenderam mais que o dobro dos alunos ensinados com a abordagem tradicional. Segundo estimativas recentes, foi o maior efeito já visto em uma intervenção educativa.

Esse vislumbre veio como uma cortesia de três pesquisadores[1] associados à Universidade da Colúmbia Britânica (UCB): Louis Deslauriers, Ellen Schelew, e Carl Wieman. Wieman, que ganhou o Prêmio Nobel de Física em 2001, fez uma segunda carreira trabalhando para melhorar a educação científica dos alunos de graduação. Utilizando parte de seus ganhos com o Prêmio Nobel, criou, em 2002, o Projeto de Tecnologia da Formação de Física da Universidade do Colorado, e mais tarde fundou a Iniciativa de Educação Científica Carl Wieman, na Universidade da Colúmbia Britânica. Em ambas as iniciativas ele foi guiado pela convicção de que há um caminho melhor para ensinar ciência do que as tradicionais palestras em sala de aula com duração de 50 minutos. E isso foi o que ele e seus dois colegas planejaram para demonstrar o curso de principiantes da física naquele bastião do ensino tradicional.

A classe da UCB tinha 850 alunos divididos em três sessões. Era um curso de física extremamente pesado voltado para o primeiro ano de engenharia, com conceitos de física ensinados em termos de cálculo e no qual se esperava que os alunos aprendessem a resolver problemas de matemática intensiva. Os professores eram bem-conceituados por suas habilidades de ensino, com anos de experiência lecionando esse curso específico e apresentando bons resultados em suas avaliações dos alunos. Seu método de instrução era relativamente padrão: três vezes por semana, 50 minutos de palestras em PowerPoint, dadas em uma grande sala de aula, lições de casa semanais e sessões tutoriais em que os alunos resolviam problemas sob o olhar de um aluno monitor.

Wieman e seus colegas escolheram duas das seções dos cursos, cada uma com cerca de 270 alunos, para servir como seu grupo de teste. Lá pela décima segunda semana do segundo semestre, uma dessas seções iria continuar com a instrução, como de costume, enquanto a outra sessão conheceria uma forma completamente diferente de aprender sobre as ondas eletromagnéticas. Os alunos nas duas seções eram tão iguais quanto era possível ser: as notas médias nos dois testes da metade do semestre que os estudantes tinham feito até então eram idênticas entre as duas classes; as pontuações médias da classe em dois testes padronizados de conhecimento da física dados durante 11 semanas eram idênticas; as taxas de frequência de aulas durante as semanas de 10 e 11 eram idênticas; e os níveis de engajamento avaliados durante as semanas 10 e 11 eram idênticos para as duas classes. Em suma, até aquele ponto, as duas classes tinham sido essencialmente idênticas no seu comportamento em sala de aula e no quanto estavam aprendendo sobre a física. Isso estava prestes a mudar.

Na décima segunda semana, enquanto o instrutor de uma seção continuou como de costume, o instrutor da segunda secção foi substituído por dois colegas de Wieman, Deslauriers e Schelew. Deslauriers serviu como o instrutor principal e Schelew, como seu assistente. Nenhum deles jamais havia sido encarregado de lecionar para uma classe antes. Deslauriers, um aluno de pós-doutorado, havia recebido algum treinamento em métodos de ensino eficazes e, em particular, no ensino da física durante o seu tempo na Iniciativa para a Educação Científica Carl Wieman. Schelew era um aluno de pós-graduação em física que tinha participado de um seminário sobre o ensino da física. Ambos haviam passado algum tempo como alunos monitores. Mas, juntos, eles tinham muito menos experiência em sala de aula do que o instrutor que continuava a ensinar a outra seção durante a semana experimental.

O que Deslauriers e Schelew realmente tinham era uma nova abordagem para o ensino da física que Wieman e os outros haviam desenvolvido pela aplicação dos princípios da prática deliberada. Durante uma semana eles fizeram com que os estudantes em sua seção seguissem um padrão muito diferente do que o da classe tradicional. Antes de cada aula esperava-se que eles tivessem lido determinadas seções – geralmente apenas três ou quatro páginas – do seu texto de física e, em seguida, completassem um curto teste on-line com respostas do tipo verdadeiro/falso sobre o que tinham lido. A ideia era torná-los familiarizados com os conceitos que seriam trabalhados em sala de aula antes mesmo que eles viessem para a aula. (Para equilibrar as coisas, os alunos da turma tradicional também deveriam fazer a mesma leitura durante a semana antes de irem para a aula. Foi a única alteração na forma como a aula tradicional foi dada durante essa semana.)

Na classe de prática deliberada, o objetivo não era alimentar os alunos com informações, mas sim levá-los à prática de pensar como pensam os físicos.[2] Para fazer isso, Deslauriers primeiro dividia os alunos em pequenos grupos e, em seguida, apresentava uma "questão a ser clicada", isto é, uma questão que os alunos responderiam por via eletrônica, cujas respostas seriam enviadas automaticamente para o instrutor. As questões foram escolhidas para manter os alunos da classe pensando sobre conceitos que, normalmente, apresentam dificuldades para os alunos do primeiro ano de física. Os alunos conversariam sobre cada questão dentro de seus pequenos grupos, mandariam suas respostas, e então Deslauriers exibiria os resultados e falaria sobre eles, respondendo a qualquer dúvida que os alunos pudessem ter. As discussões mantinham os alunos pensando sobre os conceitos, estabelecendo conexões e, muitas vezes, movimentando-se para além da "questão a ser clicada" que havia sido perguntada a eles. Várias questões desse tipo foram propostas durante o desenrolar das aulas, e, às vezes, Deslauriers conseguia manter os grupos de alunos discutindo uma mesma pergunta pela segunda vez, depois de ter oferecido a eles alguns pensamentos para que ponderassem a respeito. Às vezes, fazia uma pequena preleção, quando parecia que os alunos estavam tendo dificuldade com uma ideia específica. Cada aula ainda incluía uma "tarefa de aprendizagem ativa", em que os alunos de cada grupo consideravam uma pergunta e, em seguida, escreviam individualmente as suas respostas e as apresentavam, depois do que Deslauriers voltaria a responder a perguntas e a enfocar os conceitos errados. Durante a aula, Schelew andava entre os grupos, respondendo a perguntas, ouvindo as conversas e identificando as áreas problemáticas.

Os alunos eram participantes muito mais ativos nessa classe do que na classe tradicional. Isso foi demonstrado pelas medidas de engajamento que o grupo de Wieman usou. Embora não houvesse diferença no comprometimento entre os dois grupos durante as semanas 10 e 11, durante a semana 12 o engajamento dos alunos na classe em que Deslauriers lecionava chegou perto do dobro do que foi na classe tradicional. Porém, aconteceu mais do que apenas engajamento. Os alunos da classe de Deslauriers estava recebendo *feedback* imediato sobre sua compreensão dos vários conceitos, com ambos, colegas e professores, ajudando a esclarecer qualquer confusão. E tanto as questões a serem clicadas quanto as tarefas de aprendizagem ativa foram projetadas para manter os alunos pensando como físicos – a fim de, primeiramente, entender a questão de forma adequada, em seguida descobrir quais os conceitos eram aplicáveis a ela, e então ponderar sobre esses conceitos para dar uma resposta. (O instrutor da classe tradicional observou a aula de Deslauriers antes de lecionar a sua e escolheu usar a maioria das mesmas questões a serem clicadas em sua própria classe, mas não as usou para começar discussões, somente para mostrar à classe quantos alunos tinham obtido cada resposta correta).

No final da semana 12, os alunos em ambas as seções receberam um teste de múltipla escolha com questões a serem clicadas para ver quanto haviam aprendido do material. Deslauriers e o instrutor da classe tradicional trabalharam juntos para desenvolver o teste que eles e o instrutor de uma terceira seção concordaram ser uma boa medida dos objetivos de aprendizagem daquela semana. As questões do teste eram muito padronizadas. De fato, a maioria delas eram questões que haviam sido usadas para uma aula de física em outra universidade, às vezes com pequenas modificações.

A pontuação média dos alunos na seção tradicional foi de 41%; a média na classe de Deslauriers foi de 74%. Essa é, obviamente, uma grande diferença, mas, dado que o "chute" teria produzido uma pontuação de 23%, quando você faz as contas o resultado é que os alunos da classe tradicional, em média, sabiam a resposta certa em apenas cerca de 24% das perguntas, em comparação com uma média de cerca de 66% na classe programada para aplicar os princípios da prática deliberada. É uma enorme diferença. Os alunos da classe de prática deliberada obtiveram mais de 2,5 vezes o número de respostas certas que os da outra classe.

Wieman e seus colegas expressaram a diferença de outro modo, utilizando um termo estatístico conhecido como "o tamanho do efeito". Nestes termos, a diferença entre os desempenhos das duas classes foi de 2,5 desvios padrão. Para efeito de comparação,[3] outros novos métodos de ensino de ciências e engenharia nas salas de aula geralmente têm efeito de tamanhos inferior a 1,0 e, antes disso, o maior tamanho do efeito observado para uma intervenção educativa tinha sido de 2,0 – que foi consumado com o uso de tutores pessoais treinados. Wieman chegou a 2,5 com um aluno de pós-graduação e um de pós-doutorado que nunca tinha lecionado em uma classe antes.

A promessa da prática deliberada

O feito de Wieman é tremendamente animador. Sugere que, pela modificação das abordagens tradicionais de ensino para que passem a refletir *insights* de prática deliberada, poderíamos melhorar drasticamente a eficácia do ensino em vários campos. Então, por onde começamos?

Um lugar para começar poderia ser o desenvolvimento de atletas de nível internacional, músicos e outros atores *experts*. Sempre desejei que o trabalho que fiz na compreensão da prática deliberada provasse ser útil para esses atores e seus treinadores. Afinal, não só eles são as pessoas que estão mais interessadas em descobrir caminhos para melhorar o desempenho, como também são aqueles de quem aprendi o principal na minha pesquisa. E, na verdade, acredito que há muito mais que os atores *experts* e os aspirantes a atores *experts* podem fazer para aperfeiçoar seu treinamento.

Por exemplo, para mim sempre foi surpreendente saber, quando converso com atletas de tempo integral e seus treinadores, quantos deles nunca usaram o tempo para identificar aqueles aspectos do desempenho que gostariam de melhorar e depois planejar métodos de treinamento visando, especificamente, a essas melhorias. Na realidade, a maior parte do treinamento que esses atletas fazem – especialmente os atletas de equipes de esportes – é realizada em grupos, sem nenhuma tentativa de descobrir em que cada indivíduo deveria estar centrado.

Além do mais, muito pouco foi feito para se aprender sobre as representações mentais que os atletas de sucesso usam. A abordagem ideal para determinar isso seria ter atletas que informassem verbalmente seu pensamento enquanto estão praticando, o que tornaria possível para os pesquisadores, técnicos, ou talvez até mesmo para os próprios atletas planejarem tarefas de treinamento para melhorar suas representações de situações de jogo, da mesma forma que descrevemos no Capítulo 3. Há, é claro, alguns atletas de elite que desenvolvem representações eficazes por si mesmos, mas a maioria desses jogadores de ponta nem mesmo está ciente de como seu pensamento difere do daqueles atletas menos talentosos. E o oposto certamente muitas vezes também é verdadeiro – que os atletas menos talentosos não entendem até que ponto suas representações mentais são fracas em relação às daqueles que são os melhores no seu esporte.

Por exemplo, durante os últimos anos, falei com treinadores de uma variedade de esportes, inclusive com Chip Kelly, o treinador-chefe dos Philadelphia Eagles da Liga Nacional de Futebol. Esses treinadores são, em geral, ávidos por aprender como a prática deliberada pode aperfeiçoar o desempenho de seus atletas. Em uma reunião de grupo que tive com todos os treinadores do Eagles, na primavera de 2014, discutimos como todos os grandes jogadores parecem estar cientes do que as equipes relevantes e os jogadores oponentes estavam fazendo, de modo que eles podiam conversar a respeito após uma sessão de treinamento ou um jogo. No entanto, descobri que mesmo aqueles treinadores que reconheciam a importância de representações mentais eficazes pouco fizeram para ajudar os jogadores inferiores da elite a melhorarem suas representações. Em vez disso, em geral achavam mais fácil escolher jogadores que já tinham adquirido representações mentais eficientes e, então, propiciar a eles treinamento adicional para melhorar aquelas representações mais adiante.

Durante a visita ao clube de futebol Manchester City, na Inglaterra, em 2011 (antes de esse time vencer a Copa do Desafio da Associação de Futebol), discuti questões semelhantes. Os treinadores dali foram mais receptivos para conversar sobre como treinar representações porque treinavam jogadores jovens, vários dos quais, ao final, poderiam jogar em um time adulto durante partidas regulares.

Também trabalhei com Rod Havriluk,[4] um treinador de natação e presidente da Sociedade Internacional de Técnicos de Natação, a fim de que usasse *insights* da prática deliberada para melhorar a instrução de natação. Rod e eu descobrimos que dificilmente há um treinador de natação individual – ou prática deliberada – para nadadores que se encontram nos níveis baixos e médios.

Como tão pouco trabalho tem sido feito para aplicar os princípios da prática deliberada ao desenvolvimento de atores *experts*, em especial de atletas, fica claro que existe um grande potencial para o aperfeiçoamento com base no foco em treinamento individual e na avaliação das representações mentais dos atletas. E vou continuar a trabalhar com técnicos, treinadores e atletas para ajudá-los a usar a prática deliberada de maneira mais eficaz.

Porém, os maiores benefícios potenciais da prática deliberada, creio eu, estão em outro lugar. Afinal, os melhores atores nos vários domínios altamente especializados e altamente competitivos — os atletas profissionais, os músicos de classe mundial, os grandes mestres de xadrez, e assim por diante — representam apenas uma pequena fração da população mundial, e embora ela seja uma fração muito visível e divertida, vai fazer uma diferença relativamente pequena para o resto do mundo se essas poucas pessoas conseguirem ser ligeiramente melhores no que fazem. Há outras áreas onde muito mais pessoas podem ser ajudadas e onde as melhorias podem ser muito maiores, porque o treinamento realizado nelas vai ainda mais além do que a prática deliberada nos informa ser o ideal.

A educação é uma dessas áreas. A educação atinge a todos, e há uma série de maneiras em que a prática deliberada poderá revolucionar a forma como as pessoas aprendem.

A primeira maneira é pedagógica. Como os alunos aprendem melhor? A prática deliberada tem muito a dizer sobre essa questão.

Vamos observar mais de perto aquela classe de Física da UCB, a fim de descobrir como os princípios da prática deliberada podem ser aplicados para auxiliar os alunos a aprenderem mais depressa e melhor do que fazem com o uso das abordagens tradicionais. A primeira providência de Wieman e seus colegas[5] ao planejar a aula foi falar com os instrutores tradicionais para determinar exatamente o que os alunos deveriam ser capazes de fazer uma vez que terminassem a seção.

Como discutimos no Capítulo 5, uma grande diferença entre a abordagem da prática deliberada e a abordagem tradicional da aprendizagem reside na ênfase colocada sobre habilidades *versus* conhecimento — o que se pode fazer *versus* o que se sabe. A prática deliberada se resume em habilidades. A pessoa escolhe o conhecimento necessário para desenvolver as habilidades, mas o conhecimento nunca deveria ser um fim em si mesmo. Todavia, a prática deliberada tem como consequência alunos que acumulam uma grande quantidade de conhecimento ao longo do caminho.

Se você ensina a um aluno fatos, conceitos e regras, essas coisas penetram na memória de longo prazo como peças individuais, e se depois o aluno deseja fazer alguma coisa com elas — usá-las para resolver problemas, servir-se delas como argumentos para responder a uma questão, ou organizá-las e analisá-las para trazer à baila um tema ou uma hipótese — as limitações de atenção da memória de curto prazo entram em ação. O aluno deve ter em mente todas essas peças diferentes e desconectadas enquanto trabalha com elas rumo a uma solução. No entanto, se essa informação é assimilada como parte da construção de representações mentais destinadas a fazer algo, as peças individuais se tornam parte de um padrão interligado que fornece contexto e significado às informações, tornando mais fácil trabalhar com elas. Como vimos no Capítulo 3, não se constroem representações mentais simplesmente pensando em alguma coisa, mas sim tentando fazer alguma coisa, fracassando, revisando e tentando de novo repetidas vezes. Quando você estiver pronto, não só desenvolveu uma representação mental eficaz para a habilidade que estava aprimorando, como também absorveu uma grande quantidade de informações relacionadas com essa habilidade.

Preparar um plano de aula determinando o que um aluno deveria ser capaz de fazer é muito mais eficaz do que determinar o que o aluno deveria saber. Em seguida, é possível verificar que a parte do conhecimento vem junto na caminhada.

Uma vez que Wieman e seus colegas fizeram uma lista das coisas que seus alunos deveriam ser capazes de fazer, eles a transformaram em um conjunto de objetivos de aprendizagem específicos. Novamente, essa é uma clássica abordagem da prática deliberada: quando se ensina uma habilidade, divide-se a lição numa série de passos que o aluno pode dominar um de cada vez, construindo um, depois o próximo, até alcançar o objetivo final. Embora isso pareça muito semelhante à abordagem construtivista usada na educação tradicional, difere crucialmente por seu foco na compreensão das representações mentais necessárias em cada passo do caminho e na garantia de que o aluno tenha desenvolvido a representação apropriada antes de se mover para o próximo passo. Isso parece ter sido, por exemplo, o ingrediente fundamental no sucesso do programa[6] *Jump Math* descrito no último capítulo: o programa delineia cuidadosamente quais representações são necessárias para o desenvolvimento de uma habilidade matemática específica e, em seguida, ensina de uma forma que essas representações sejam construídas dentro dos alunos.

Falando de maneira geral, em quase qualquer área da educação, os objetivos de aprendizagem mais úteis serão aqueles que ajudam os alunos a desenvolver representações mentais efetivas. Na física, por exemplo, sempre é possível ensinar aos alunos como resolver equações específicas e como decidir quais equações deveriam ser aplicadas em quais situações, mas esta não é a parte mais importante do que os físicos sabem. A pesquisa comparando os *experts* em física com os alunos de física[7] descobriu que, embora os alunos possam, algumas vezes, ser quase tão bons como os *experts* em solucionar problemas quantitativos – isto é, problemas envolvendo números que podem ser solucionados pela aplicação da equação correta –, eles estão muito atrás dos *experts* em sua habilidade para resolver problemas qualitativos, ou problemas que envolvem conceitos, mas não números, do tipo: por que é quente no verão e frio no inverno? Responder a uma pergunta como essa requer menos um controle de números do que uma clara compreensão dos conceitos que fundamentam eventos ou processos particulares – ou seja, boas representações mentais.

A maioria das pessoas – com exceção dos professores de ciências – não pode explicar corretamente o que causa as mudanças das estações,[8] mesmo que seja ensinado em aulas de ciências desde o ensino fundamental. Um divertido vídeo feito na cerimônia de entrega dos diplomas da Universidade de Harvard[9] mostra uma série de recém-graduados explicando confidencialmente que as estações resultam do fato de a Terra estar perto do Sol no verão e muito longe do Sol no inverno. É completamente errado, é claro, uma vez que quando é verão no Hemisfério Norte, é inverno no Hemisfério Sul. A verdadeira causa das estações do ano é a inclinação da Terra sobre seu eixo. Porém, o ponto aqui não é a ignorância dos graduados de Harvard, mas, principalmente, que muito pouco do ensino de ciências dá aos alunos as representações mentais básicas de que precisam para pensar claramente sobre fenômenos físicos, e lhes ensinam simplesmente a conectar os números em uma equação.

Para ajudar os alunos de física de suas classes a desenvolverem tais representações mentais, Wieman e seus colegas desenvolveram conjuntos de questões a serem clicadas e tarefas de aprendizagem que os ajudariam a alcançar os objetivos de aprendizagem que os instrutores haviam identificado previamente. As questões a serem clicadas e as tarefas foram escolhidas para desencadear discussões que levariam os alunos a debater e a aplicar os conceitos que estavam aprendendo e, em última análise, a usar aqueles conceitos para responder às questões e resolver as tarefas.

As questões e as tarefas também foram planejadas a fim de empurrar os alunos para fora de sua zona de conforto – fazendo perguntas cujas respostas eles teriam trabalho para encontrar –, mas não tão fora das zonas de conforto a ponto de que eles não saberiam como começar a respondê-las. Wieman e seus colegas testaram antecipadamente as questões a serem clicadas[10] e as tarefas de aprendizagem em uma dupla de alunos voluntários que estavam inscritos no curso. Forneceram as questões e as tarefas de aprendizagem a esses alunos e, depois, eles tiveram que pensar em voz alta à medida que se fundamentaram até chegar às respostas. Com base no que os pesquisadores ouviram durante as sessões de pensamento em voz alta, eles modificaram as questões e as tarefas, com uma ênfase específica em evitar mal-entendidos e questões que fossem demasiado difíceis para os alunos. Em seguida, passaram por uma segunda rodada de testes com outro voluntário, aprimorando ainda mais as perguntas e as tarefas de aprendizagem.

Finalmente, as aulas foram estruturadas de modo que os alunos tivessem a oportunidade de lidar com os vários conceitos repetidamente, recebendo um *feedback* que identificava seus erros e mostrava como corrigi-los. Alguns dos comentários vieram dos colegas nos grupos de discussão e alguns dos instrutores, mas o importante foi que os alunos recebiam respostas imediatas que lhes informavam a eles quando estavam fazendo algo errado e como corrigi-lo.

A aula de física replanejada na Universidade da Colúmbia Britânica oferece um roteiro para redesenhar a instrução de acordo com os princípios da prática deliberada. Comece identificando o que os alunos devem aprender a fazer. Os objetivos devem ser as habilidades, não o conhecimento. Ao descobrir o modo específico como os alunos devem aprender uma habilidade, analise a forma como os *experts* procedem. Em especial, entenda o máximo possível sobre as representações mentais que os especialistas usam, e ensine a habilidade de modo a ajudar os alunos a desenvolverem representações mentais semelhantes. Isso envolve ensinar a habilidade passo a passo, cada passo projetado para manter os alunos fora de sua zona de conforto, mas não tão longe dela que não possam controlar aquele passo. Depois forneça aos alunos farta repetição e *feedback*. O ciclo regular de tentar, falhar, obter *feedback*, tentar novamente, e assim por diante é a forma como os alunos irão construir suas representações mentais.

Na Universidade da Colúmbia Britânica, o sucesso da abordagem baseada na prática deliberada para o ensino da física aplicada por Wieman levou muitos outros professores da universidade a seguirem o mesmo caminho. De acordo com um artigo na revista *Science*, nos anos posteriores ao experimento, os métodos da prática deliberada foram adotados[11] ali em aproximadamente 100 aulas de ciência e matemática, com um registro total de mais de 30 mil alunos. Uma vez que os professores de Matemática e Ciências têm sido tradicionalmente muito resistentes a mudar os seus métodos de ensino, o que diz muito sobre a qualidade dos resultados de Wieman.

Redesenhar os métodos de ensino que utilizam a prática deliberada poderia aumentar drasticamente a rapidez e o desempenho dos alunos em sua aprendizagem – uma vez que os métodos indicam melhorias quase inacreditáveis nos alunos de Wieman –, mas isso vai exigir não só uma mudança de mentalidade entre os educadores, como muito mais investigação sobre as mentes dos *experts*. Estamos apenas começando a compreender os tipos de representações mentais que os *experts* usam, e tentando entender como desenvolver essas representações com a prática deliberada. Há muito mais a fazer.

Além de métodos de ensino mais eficazes, há outras maneiras menos óbvias pelas quais a prática deliberada pode ser aplicada à educação. Particularmente, penso que haveria um enorme valor em ajudar as crianças e, em especial, os adolescentes a desenvolverem representações mentais detalhadas em pelo menos uma área, por razões que discutiremos abaixo. Não se trata de uma meta do sistema educacional atual e, geralmente, os únicos alunos que desenvolvem tais representações são aqueles que estão perseguindo uma habilidade fora da escola – praticando um esporte ou um instrumento musical, por exemplo – e, mesmo então, os alunos não compreendem realmente o que estão fazendo, nem reconhecem que suas representações são parte de um fenômeno maior que se estende através dos campos.

Um benefício que um jovem aluno – ou, na verdade, qualquer pessoa – obtém do desenvolvimento de representações mentais é a liberdade para começar a explorar por si mesmo aquela habilidade. Na música, possuir claras representações de como soam as peças musicais, como as diferentes seções de uma peça se juntam para criar um todo e como as variações na execução afetam a sonoridade de uma música permite que os estudantes de música executem as obras para si próprios ou para outrem, improvisem e explorem seus instrumentos. Eles não precisam mais de um professor para conduzi-los ao longo de cada caminho; podem descobrir alguns caminhos por conta própria.

Algo similar é verdadeiro para assuntos acadêmicos. Os alunos que desenvolveram representações mentais podem seguir em frente e gerar seus próprios experimentos científicos ou escrever seus próprios livros – e a pesquisa mostrou que muitos cientistas e autores bem-sucedidos começaram suas carreiras na juventude exatamente desse modo. A melhor maneira para ajudar estudantes a desenvolverem suas habilidades e representações mentais em uma área é lhes dar modelos que possam replicar e a partir dos quais possam aprender, exatamente como Benjamin Franklin fez quando aperfeiçoou sua escrita por meio da reprodução de artigos do *Spectator*. Eles precisam tentar e fracassar – mas com acesso imediato a modelos que mostrem como é o sucesso.

Fazer os alunos criarem representações mentais em uma área ajuda-os a entender exatamente o que é preciso para ser bem-sucedido não só nessa área, mas também em outras. A maioria das pessoas, mesmo adultas, nunca atingiu um nível de desempenho em qualquer campo que seja suficiente para lhes mostrar o verdadeiro poder das representações mentais para planejar, executar e avaliar o seu desempenho na forma como os atores *experts* fazem. E, assim, elas nunca compreendem realmente o que é preciso para chegar a esse nível – não apenas o tempo que leva, mas a prática de alta qualidade. Uma vez que elas entendam o que é necessário para chegar lá em uma determinada área, entenderão, pelo menos a princípio, o que é preciso em outras áreas. Por essa razão, os *experts* em um campo frequentemente podem apreciar os que estão em outros campos. Um físico pesquisador pode entender melhor o que é preciso para se tornar um violinista habilidoso, mesmo que apenas em termos gerais, e uma bailarina pode entender melhor o sacrifício que é preciso para se tornar um pintor habilidoso.

Nossas escolas deveriam fornecer a todos os alunos uma experiência em algum domínio. Somente então eles vão entender que é possível e também o que é preciso para que isso aconteça.

Homo exercens

Na introdução deste livro falei como a prática deliberada pode revolucionar nosso pensamento sobre o potencial humano. Não vejo isso como um exagero ou uma sobreavaliação. A revolução começa quando você percebe que os melhores entre nós, em várias áreas, não ocupam esse posto porque nasceram com algum talento inato, mas sim porque desenvolveram suas habilidades durante anos de prática, tirando vantagem da adaptabilidade do corpo e do cérebro humanos.

Mas essa realização não é o bastante. Precisamos dar às pessoas as ferramentas de que precisam para canalizar essa habilidade e assumir o controle do seu próprio potencial. Divulgar a notícia sobre a prática deliberada – como estou fazendo com este livro – é parte disso, mas muitas das ferramentas necessárias ainda são pouco desenvolvidas. Na maioria dos campos ainda não sabemos exatamente o que distingue os *experts* de todos os outros. Também não temos muitos detalhes sobre as representações mentais dos *experts*. Precisamos mapear os diversos fatores que constituem um *expert* ao longo de toda a sua vida útil, a fim de fornecer orientação para outras pessoas que querem desenvolver *expertises*.

No entanto, mesmo antes de termos um mapa completo da rodovia, podemos muito bem começar a viagem. Como mencionei acima, podemos ajudar os estudantes a desenvolverem *expertise* e representações mentais eficazes em pelo menos uma área, de modo que eles possam aprender sobre a própria *expertise* – o que a produz e quão acessível é para todo mundo. E como discutimos no Capítulo 6, desenvolver uma habilidade por meio da prática deliberada pode aumentar a motivação para melhorias futuras por causa do *feedback* positivo que a pessoa consegue por possuir aquela habilidade. Se conseguirmos mostrar aos alunos que eles têm poder para desenvolver uma habilidade de sua escolha e que, embora isso não seja fácil, há muitas recompensas que vão fazer valer a pena, é muito mais provável que eles irão usar a prática deliberada para desenvolver várias habilidades durante suas vidas.

Ao longo do tempo, então, por aprendermos mais sobre o que acontece dentro do desempenho *expert* em vários campos e por criarmos uma geração de alunos preparados para tirar vantagem disso, podemos produzir um novo mundo, um mundo no qual a maioria das pessoas compreende a prática deliberada e a utiliza para enriquecer suas vidas e a de seus filhos.

Que tipo de mundo seria esse? Para começar, ele conteria muito mais *experts* em muito mais campos do que temos hoje. As implicações sociais seriam enormes. Imagine um mundo no qual médicos, professores, engenheiros, pilotos, programadores de computador e muitos outros profissionais aprimoram suas habilidades da mesma maneira que violinistas, jogadores de xadrez e bailarinas já fazem agora. Imagine um mundo no qual 50% das pessoas nessas profissões aprendam a ter um desempenho no mesmo nível em que os 5% que estão no topo conseguem hoje. O que significaria para a nossa saúde, nosso sistema educacional, nossa tecnologia?

Os benefícios sociais também poderiam ser enormes. Falei muito pouco a este respeito aqui, mas os atores *experts* conseguem grande satisfação e prazer por exercerem suas habilidades e sentem um enorme senso de realização pessoal por incentivarem a si próprios a desenvolverem novas habilidades, particularmente aquelas que estão nos limites extremos de seus campos. É como se eles estivessem em uma jornada constantemente estimulada na qual o tédio nunca é um problema porque há sempre novos desafios e oportunidades. E aqueles *experts* cujas habilidades se relacionam com algum tipo de atuação – os músicos, os dançarinos, os ginastas, e assim por diante – relatam sentir grande prazer ao se apresentarem em público. Quando tudo vai bem eles experimentam um nível de ausência de esforço semelhante em muitos aspectos ao estado psicológico de "fluxo"[12] popularizado por Mihaly Csikszentmihalyi. Isto lhes dá um precioso "barato" que poucas pessoas além dos *experts* já experimentaram.

Uma das épocas mais emocionantes em minha vida foi quando trabalhei com Herb Simon e ele recebeu o Prêmio Nobel. Todos em nosso grupo tinham a sensação de estar na fronteira de nossa área de ciência e se sentiam realmente felizardos por estar ali. Imagino que deve ter sido o mesmo tipo de emoção que os Impressionistas sentiram quando estavam trabalhando para revolucionar a arte. Mesmo aqueles que não alcançam as fronteiras de um campo também podem desfrutar do desafio de assumir o controle de suas próprias vidas e aperfeiçoar suas habilidades. Um mundo em que a prática deliberada fosse parte normal da vida seria um lugar em que as pessoas teriam mais vontade e satisfação.

E eu diria que nós, humanos, somos mais humanos quando estamos melhorando a nós mesmos. Nós, ao contrário de qualquer outro animal, podemos conscientemente mudar a nós mesmos para melhorarmos da maneira que escolhermos. Isso nos distingue de todas as outras espécies vivas hoje e, tanto quanto sabemos, de todas as outras espécies que já viveram.

A clássica concepção de natureza humana está compreendida no nome que damos a nós mesmos como espécie, *Homo sapiens*. Nossos ancestrais distantes incluíam o *Homo erectus*, ou "homem ereto", porque podiam andar eretos, e o *Homo habilis*, o "homem hábil", assim chamado porque, no passado, acreditava-se que aqueles seriam os primeiros seres humanos a fazer e usar ferramentas de pedra. Nós nos chamamos de "o homem que conhece", porque nos vemos como distintos de nossos antepassados pela nossa vasta quantidade de conhecimento. Mas, talvez, a melhor maneira de vermos a nós mesmos seria como *Homo exercens* ou "o homem que exercita", a espécie que assume o controle de sua vida por meio da prática e faz de si mesmo o que quiser.

É bem possível que este novo entendimento não poderia ter vindo em melhor hora. Graças à tecnologia, nosso mundo está mudando a um ritmo cada vez maior. Duzentos anos atrás, uma pessoa poderia aprender um ofício ou profissão e ter certeza de que aquela educação seria suficiente para uma vida inteira. As pessoas nascidas na minha geração cresceram pensando da mesma maneira: obtenha uma educação, consiga um emprego e estará estabelecido até se aposentar. Isso mudou durante minha vida. Muitos postos de trabalho que existiam há 40 anos desapareceram ou então mudaram tanto que são quase irreconhecíveis. E as pessoas que entram na força de trabalho hoje em dia devem esperar mudar de carreira duas ou três vezes durante a sua vida profissional. Para as crianças que estão nascendo hoje, ninguém sabe, mas eu acho que é seguro dizer que a velocidade das mudanças não vai diminuir.

De que modo nós, como sociedade, nos preparamos para isso? No futuro, a maioria das pessoas não terá escolha, a não ser aprender novas habilidades continuamente. Assim, será essencial treinar os estudantes e os adultos sobre como aprender eficientemente. Com a revolução tecnológica há novas oportunidades para tornar o ensino mais eficaz. É possível, por exemplo, fazer vídeos de experiências do mundo real de médicos, atletas e professores, e criar bibliotecas e centros de ensino onde os alunos possam ser treinados de uma forma que evite ter de aprender no trabalho e arriscar o bem-estar de pacientes, estudantes e clientes.

Precisamos começar agora. Para os adultos que já estão no mundo do trabalho, precisamos desenvolver melhores técnicas de treinamento – com base nos princípios da prática deliberada e visando à criação de representações mentais mais eficazes – que não só vão ajudá-los a melhorar as habilidades que usam em seus empregos atuais, como lhes permitirão desenvolver novas habilidades para novos empregos. E precisamos passar a mensagem: você pode assumir o controle de seu próprio potencial.

Mas são as próximas gerações que terão mais a ganhar. Os presentes mais importantes que podemos dar aos nossos filhos são a confiança na sua capacidade de se refazer repetidas vezes e as ferramentas que devem usar para fazer esse trabalho. Eles terão que ver em primeira mão – por suas próprias experiências em desenvolver habilidades que pensavam estar além deles – que controlam suas habilidades e não são mantidos como reféns de alguma ideia antiquada de talento natural. E teremos que lhes dar o conhecimento e o apoio para melhorar a si mesmos de todas as maneiras que escolherem.

Em última análise, pode ser que a única resposta a um mundo no qual as tecnologias que se aprimoram rapidamente estão mudando constantemente as condições sob as quais trabalhamos, nos divertimos e vivemos seja a criação de uma sociedade de pessoas que reconhecem que elas podem controlar seu desenvolvimento e entender como fazê-lo. Esse novo mundo do *Homo exercens* pode muito bem ser o resultado final do que temos aprendido e aprenderemos sobre a prática deliberada e sobre o poder que ela nos dá para tomarmos o nosso futuro em nossas próprias mãos.

AGRADECIMENTOS

■ A PESQUISA QUE COMPLETEI FOI possível por causa dos fatores que descrevi neste livro. Meus pais me proporcionaram um ambiente seguro, onde fui incentivado a levar adiante qualquer tipo de projeto, enquanto estivesse disposto a fazer o que fosse preciso. Na Universidade de Estocolmo, na Suécia, fui supervisionado pelo professor Gunnar Goude, que desejava encorajar e apoiar meu interesse na pesquisa sobre o pensamento enquanto seus próprios interesses estavam focados em pesquisas sobre animais, e assim me forçou a pensar de forma independente. Herbert Simon e Bill Chase, na Carnegie Mellon, mostraram-me como encontrar e estudar problemas importantes e me ajudaram a conseguir um emprego como professor de Psicologia na Universidade do Colorado, nos Estados Unidos. Paul Bates, do Instituto para o Desenvolvimento Humano Max Planck, em Berlim, deu-me a oportunidade e os recursos para conduzir a pesquisa sobre os alunos de música, em colaboração com Ralf Krampe e Clemens Tesch-Römer. Gostaria de agradecer a meus muitos alunos e colegas do pós-doutorado e outros colaboradores, especialmente Andreas Lehmann. Quero agradecer aos muitos *experts* e participantes que compartilharam seu pensamento e permitiram meu estudo de seus desempenhos. Finalmente, quero citar os participantes nos estudos de treinamento de longo prazo, particularmente Steve Faloon, Dario Donatelli, John Conrad e Rajan Mahadevan, e manifestar meu agradecimento a eles.

Minha pesquisa foi apoiada por subvenções do Escritório de Pesquisa Naval como investigador principal (N00014-84-K-0250) e investigador coprincipal (N00014-04-1-0588, N00014-05-1-0785, N00014-07-1-0189), uma subvenção do Instituto de Pesquisa do Exército dos Estados Unidos para a Universidade do Colorado como investigador principal (CU-1530638), subvenções da Sociedade Max Planck como investigador principal, uma subvenção da Fundação de Futebol dos Estados

Unidos como coinvestigador principal (Fundação de Pesquisa FSU subvenção 1 1520 0006), e fundos de pesquisa da Dotação Conradi para Acadêmicos Eminentes na Fundação do Estado da Flórida como investigador principal.

– Anders Ericsson

■ QUERO AGRADECER A THOMAS JOINER, do Departamento de Psicologia da Universidade do Estado da Flórida, por me apresentar a Anders Ericsson há muitos anos, sem o que este livro nunca teria acontecido, e agradecer ao próprio Anders, uma das pessoas – com ideias e *insights* – mais generosas que eu já encontrei. O que eu aprendi com ele sobre prática deliberada enriqueceu incomensuravelmente a minha vida, o que teria sido verdade mesmo que nunca tivéssemos escrito o livro. Também gostaria de agradecer a Art Turock por fornecer alguns exemplos fascinantes de como a prática deliberada pode ser aplicada no mundo dos negócios.

Finalmente, meus maiores e mais sinceros agradecimentos a minha esposa, Deanne Laura Pool, por suas muitas, muitas contribuições para este livro. Ela serviu como um gerador de ideias, uma caixa de ressonância, um primeiro leitor perspicaz e um editor extraordinário durante todo o (muito longo) processo de escrever este livro. Ela dá forma ao meu pensamento sobre o tema de inúmeras maneiras, grandes e pequenas, discutindo ideias, fazendo questionamentos, oferecendo sugestões profundas, identificando fraquezas e apontando pontos fortes. Sendo ela própria uma escritora, foi responsável por tornar este livro muito mais bem planejado e escrito do que poderia ter sido. Embora seu nome não esteja na capa, suas impressões digitais estão por todo o livro.

– Robert Pool

■ NÓS DOIS QUEREMOS AGRADECER A Elyse Cheney e Alex Jacobs por todo o apoio e pelos esforços em nos ajudar a dar forma à proposta do livro e, por fim, ao próprio livro, para que seja interessante a tantos leitores quanto possível. Nós também somos muito gratos ao nosso editor, Eamon Dolan, pelas questões e ideias cuidadosas e desafiadoras que ele propôs, todas as quais melhoraram muito a estrutura dos nossos argumentos e do livro.

.... **NOTAS**

Introdução: o dom

1. "[...] uma carta um tanto quanto emocionante [...]" – A carta descrevendo o ouvido absoluto de Mozart pode ser encontrada em: DEUTSCH, Otto Erich. *Mozart: A Documentary Biography*. 3. ed. Londres: Simon and Schuster, 1990. p. 21. Ver também: DEUTSCH, Diana. Absolute Pitch. In: ____. (Ed.). *The Psychology of Music*. 3. ed. San Diego: Elsevier, 1990. p. 141-182.
2. "[...] apenas cerca de uma em cada 10 mil pessoas [...]" – Ver, por exemplo: ADAMS, William Lee. The Mysteries of Perfect Pitch. *Psychology Today*, 1 jul. 2006. Disponível em: <https://www.psychologytoday.com/articles/200607/the-mysteries-perfect-pitch>. Acesso em: 25 fev. 2015.
3. "[...] por volta de 3 a 5 anos de idade [...]" – ZATORRE, Robert J. Absolute Pitch: A Model for Understanding the Influence of Genes and Development on Neural and Cognitive Function. *Nature Neuroscience*, v. 6, n. 7, p. 692-695, 2003. Ver também: BAHARLOO, Siamak *et al.* Absolute Pitch: An Approach for Identification of Genetic and Nongenetic Components. *American Journal of Human Genetics*, v. 62, p. 224-231, 1998.
4. "[...] as pessoas com outras afiliações étnicas." – DEUTSCH, Diana; DOOLEY, Kevin; HENTHORN, Trevor; HEAD, Brian. Absolute Pitch Among Students in an American Music Conservatory: Association with Tone Language Fluency. *Journal of the Acoustical Society of America*, v. 125, p. 2398-2403, 2009.
5. "[...] praticamente tudo o que sabíamos [...]" – Minha própria avaliação da evidência da natureza adquirida do ouvido absoluto está resumida em: ERICSSON, K. Anders; FAIVRE, Irene. What's Exceptional about Exceptional Abilities? In: OBLER, Loraine K.; FEIN, Deborah. (Ed.) *The Exceptional Brain: Neuropsychology of Talent and Special Abilities*. Nova York: Guilford, 1988. p. 436-473.
6. "[...] revista científica *Psychology of Music*." – SAKAKIBARA, Ayako. A Longitudinal Study of the Process of Acquiring Absolute Pitch: A Practical Report of Training with the "Chord Identification Method". *Psychology of Music*, v. 42, n. 1, p. 86-111, 2014.
7. "[...] notas individuais tocadas no piano [...]" – Duas das 24 crianças saíram ao longo do curso do treinamento, mas isso não teve nada que ver com o seu desempenho no treinamento. Todas as 22 crianças que concluíram o treinamento apresentaram ouvido absoluto.

8. "[...] músicos adultos profissionais [...]" – DEUTSCH, 1999, p. 21.
9. "[...] no violino, no teclado e em outros instrumentos." – SADIE, Stanley. *Mozart: The Early Years, 1756-1781*. Nova York: W. W. Norton, 2006. p. 18.
10. "[...] atleta de ginástica artística de nível internacional [...]" – A altura média adulta de ginastas de nível internacional é de 1,58 m, sendo o limite superior de 1,70 m. Ver: GEORGOPOULOS, Neoklis A. *et al*. Growth Velocity and Final Height in Elite Female Rhythmic and Artistic Gymnasts. *Hormones*, v. 11, n. 1, 61-69, 2012.
11. "[...] achavam que ele tinha nascido com essa capacidade." – MACMULLAN, Jackie. Preparation is Key to Ray Allen's 3's. *ESPN Magazine*, 11 fev. 2011. Disponível em: <http://sports.espn.go.com.boston/nba/columns/story?columnist=macmullan_jackie&id=6106450>. Acesso em: 30 mar. 2015.
12. "[...] motivação e esforço." – Ver, por exemplo: GLADWELL, Malcolm. *Outliers: The Story of Success*. Nova York: Little, Brown, 2008; SHENK, David. *The Genius in All of Us: Why Everything You've Been Told About Genetics, Talent, and IQ Is Wrong*. Nova York: Doubleday, 2010; DWECK, Carol. *Mindset: The New Psychology of Success*. Nova York: Random House, 2006. Há muitos outros: ERICSSON, K. Anders; SMITH, Jacqui. (Eds.). *Toward a General Theory of Expertise: Prospects and Limits*. Cambridge, UK: Cambridge University Press, 1991; ERICSSON, K. Anders (Ed.). *The Road to Excellence: The Acquisition of Expert Performance in the Arts and Sciences, Sports, and Games*. Mahwah, NJ: Erlbaum, 1996; STARKES, Janet; ERICSSON, K. Anders (Eds.). *Expert Performance in Sport: Recent Advances in Research on Sport Expertise*. Champaign, IL: Human Kinetics, 2003; ERICSSON, K. Anders *et al*. (Eds.). *The Cambridge Handbook of Expertise and Expert Performance*. Cambridge, UK: Cambridge University Press, 2006; ERICSSON, K. Anders (Ed.). *Development of Professional Expertise: Toward Measurement of Expert Performance and Design of Optimal Learning Environments*. Cambridge, UK: Cambridge University Press, 2009.

01 O poder da prática intencional

1. "[...] Universidade da Pensilvânia [...]" – MARTIN, Pauline R.; FERNBERGER, Samuel W. Improvement in Memory Span. *American Journal of Psychology*, v. 41, n. 1, p. 91-94, 1929.
2. "[...] pouco abaixo de nove dígitos [...]" – O número médio de dígitos lembrado, ou a "extensão de dígitos", foi calculado da seguinte forma: cada resposta certa seguida por uma resposta errada foi assumida como evidência de que Steve tinha atingido o limite de sua memória de extensão de dígitos. Assim, se ele conseguiu seis dígitos corretos e seguidos pela obtenção de sete dígitos errados, assumiu-se que a sua extensão de dígitos estava em algum lugar entre seis e sete, e nós determinamos uma pontuação que ficou a meio caminho entre os dois, ou seja, 6,5. No final da sessão, calculamos todas as pontuações para obter uma pontuação durante toda a sessão. A pontuação média de Steve de 8,5 para a quarta sessão indica que ele geralmente conseguia se lembrar de um número de oito dígitos e, normalmente, perdia um número de nove dígitos, embora houvesse muitas exceções, porque algumas sequências eram naturalmente mais fáceis de lembrar do que outras.
3. "[...] não seria admitido na Escola Juilliard." – TOMMASINI, Anthony. Virtuosos Becoming a Dime a Dozen. *New York Times*, 12 ago. 2011. Disponível

em: <http://www.nytimes.com/2011/08/14/arts/music/yuja-wang-and-kirill-gerstein-lead-a-new-piano-generation.html?_r=2>. Acesso em: 12 nov. 2015.
4. "[...] mais de 212 palavras por minuto [...]" – Disponível em: <http://rcranger.mysite.syr.edu/dvorak/black burn.htm>. Acesso em: 16 nov. 2015.
5. "[...] percorreu 904,45 km numa bicicleta em 24 horas [...]" – Disponível em: <http://www.guinnessworldrecords.com/world-records/greatest-distance--cycled-in-24-hours-(unpaced)-/>. Acesso em: 16 nov. 2015.
6. "[...] de calcular a raiz de 12 números grandes [...]" – Disponível em: <http://www.guinnessworldrecords.com/world-records/most-mental-calculations-in--one-minute>. Acesso em: 16 nov. 2015.
7. "[...] mais rápido do que qualquer outra pessoa." – Comunicação pessoal (e-mail) de Bob J. Fischer, 18 jun. 2012.
8. "[...] têm o tempo todo." – OARE, Steve. Decisions Made in the Practice Room: A Qualitative Study of Middle School Students' Thought Processes while Practicing. *Update: Applications of Research in Music Education*, v. 30, p. 63-70, 2012. (Conversação na p. 63).
9. "[...] ele se aplica aos médicos [...]" – CHOUDHRY, Niteesh K.; FLETCHER, Robert H.; SOUMERAI, Stephen B. Systematic Review: The Relationship between Clinical Experience and Quality of Health Care. *Annals of Internal Medicine*, v. 142, v. 260-273, 2005. Ver também: SPENGLER, Paul M.; PILIPIS, Lois A. A Comprehensive Meta-Analysis of the Robustness of the Experience-Accuracy Effect in Clinical Judgment. *Journal of Counseling Psychology*, v. 62, n. 3, p. 360-378, 2015.
10. "[...] uma conferência de consenso em 2015 [...]" – Ver relatório da conferência. Disponível em: <http://macyfoundation.org/publications/publication/enhancing-health-professions-education-technology>. Acesso em: 12 set. 2017.
11. "[...] habilidades no xadrez de Ben Franklin [...]" – As histórias sobre Ben Franklin e o xadrez são relativamente conhecidas, pelo menos no mundo do xadrez. Ver, por exemplo: MCCRARY, John. Chess and Benjamin Franklin: His Pioneering Contributions. Disponível em: <www .benfranklin300.org/_etc_pdf/Chess_John_McCrary.pdf>. Acesso em: 13 abr. 2015. Ver também: WALL, Bill. Ben Franklin and Chess Trivia. 2014. Disponível em: <www.chess.com/blog/billwall/benjamin-franklin-and-chess-trivia>. Acesso em: 13 abr. 2015.
12. "[...] mais rápido do que Perlman." – TYNER, Christopher L. Violin Teacher Dorothy DeLay: Step by Step, She Helps Students Reach Beyond their Limits. out. 2000. Disponível em: <http://news.investors.com/management-leaders-in--success/100200-350315-violin-teacher-dorothy-delay-step-by-step-she-helps-students-reach-beyond-their-limits.htm#ixzz3D8B3Ui6D>. Acesso em: 13 mar. 2015.
13. "[...] datas e horas do dia." – CHASE, William G.; ERICSSON, K. Anders. Skilled Memory. In: ANDERSON, John R. (Ed.). *Cognitive Skills and Their Acquisition*. Hillsdale, NJ: Lawrence Erlbaum Associates, 1981. p. 141-189.
14. "[...] contornar as limitações da memória de curto prazo." – CHASE, William G.; ERICSSON, K. Anders. Skill and Working Memory. In: BOWER, Gordon H. (Ed.). *The Psychology of Learning and Motivation*. Nova York: Academic Press, 1982. v. 16, p. 1-58; ERICSSON, K. Anders. Memory Skill. *Canadian Journal of Psychology*, v. 39, n. 2, p. 188-231, 1985; ERICSSON, K. Anders; KINTSCH, Walter. Long-term Working Memory. *Psychological Review*, v. 102, p. 211-245, 1995.

02 Aproveitando a adaptabilidade

1. "[...] o teste mais difícil do mundo." – Muitos dos detalhes sobre o teste dos candidatos a motoristas de táxi de Londres foram tirados de: ROSEN, Jody. The Knowledge, London's Legendary Taxi-Driver Test, Puts Up a Fight in the Age of GPS. *New York Times*, dez. 2014. Disponível em: <http://tmagazine.blogs.nytimes.com/2014/11/10/london-taxi-test-knowledge/>. Acesso em: 12 set. 2017.
2. "[...] não eram motoristas de táxi [...]" – MAGUIRE, Eleanor A. *et al*. Navigation-Related Structural Change in the Hippocampi of Taxi Drivers. *Proceedings of the National Academy of Sciences USA*, v. 97, p. 4398-4403, 2000.
3. "[...] alimentos em diferentes lugares [...]" – KREBS, John R. *et al*. Hippocampal Specialization of Food-Storing Birds. *Proceedings of the National Academy of Sciences USA*, v. 86, p. 1388-1392, 1989.
4. "[...] experiências de armazenamento de alimentos." – CLAYTON, Nicola S. Memory and the Hippocampus in Food-Storing Birds: A Comparative Approach. *Neuropharmacology*, v. 37, p. 441-452, 1998.
5. "[...] nos motoristas de táxi do que nos outros indivíduos." – Em particular, os motoristas de táxi tinham mais matéria cinzenta no hipocampo posterior do que aqueles que não dirigem táxis. A massa cinzenta é o tecido cerebral que contém a maioria dos neurônios do cérebro.
6. "[...] era o hipocampo posterior." – Estritamente falando, foi apenas o hipocampo posterior direito que apresentou um aumento significativo no tamanho, com um aumento do tempo passado como um condutor de táxi. Embora os seres humanos tenham dois hipocampos, por uma questão de facilidade eu simplesmente me referi ao hipocampo em geral. Ambos os hipocampos são maiores em motoristas de táxi de Londres do que em outras pessoas, mas o estudo original por Maguire *et al*. encontrou uma relação significativa entre o tamanho e o tempo que se passa dirigindo apenas para o hipocampo posterior direito. É bem possível que a relação exista em ambos os lados, mas que houvesse muito poucos indivíduos no estudo para que a relação se tornasse estatisticamente significativa.
7. "[...] com os dos motoristas de ônibus de Londres." – MAGUIRE, Eleanor A.; WOOLLETT, Katherine; SPIERS, Hugo J. London Taxi Drivers and Bus Drivers: A Structural MRI and Neuropsychological Analysis. *Hippocampus*, v. 16, p. 1091-1101, 2006.
8. "[...] Maguire abordou essa questão [...]" – WOOLLETT, Katherine; MAGUIRE, Eleanor A. Acquiring "the Knowledge" of London's Layout Drives Structural Brain Changes. *Current Biology*, v. 21, p. 2109-2114, 2011.
9. "[...] não havia treinado de modo algum." – Nem todos os indivíduos participaram da segunda rodada de testes. Todos os 31 indivíduos do grupo-controle retornaram, mas apenas 59 dos 79 participantes compareceram – 39 dos 41 que passaram nos treinamento e se tornaram motoristas credenciados, mas somente 20 dos 38 que não conseguiram a licença de taxista.
10. "[...] o cérebro de pessoas cegas ou surdas [...]" – para uma avaliação, ver: MERABET, Lofti B.; PASCUAL-LEONE, Alvaro. Neural Reorganization Following Sensory Loss. *Nature Reviews Neuroscience*, v. 11, n. 1, p. 44-52, 2010.
11. "[...] redireciona alguns de seus neurônios [...]" – para uma análise clara do que se sabe sobre a neuroplasticidade e a cegueira, ver: BUBIC, Andreja;

STRIEMAMIT, Ella; AMEDI, Amir. Large-Scale Brain Plasticity Following Blindness and the Use of Sensory Substitution Devices. In: NAUMER, Marcus Johannes; KAISER, Jochen. (Eds.). *Multisensory Object Perception in the Primate Brain*. Nova York: Springer, 2010. p. 351-380.

12. "[...] pontos em relevo que formam as letras do Braille." – BURTON, H. *et al.* Adaptive Changes in Early and Late Blind: A fMRI study of Braille Reading. *Journal of Neurophysiology*, v. 87, n. 1, p. 589-607, 2002. Ver também: SADATO, Norihiro. How the Blind "See" Braille: Lessons from Functional Magnetic Resonance Imaging. *Neuroscientist*, v. 11, n. 6, p. 577-582, 2005.

13. "[...] qual dos três dedos tinha sido tocado." – STERR, Annette *et al.* Perceptual Correlates of Changes in Cortical Representation of Fingers in Blind Multifinger Braille Readers. *Journal of Neuroscience*, v. 18, n. 11, p. 4417-4423, 1998.

14. "[...] relatado em 2012." – POLAT, Uri. Training the Brain to Overcome the Effect of Aging on the Human Eye. *Scientific Reports*, v. 2, p. 278, 2012. Disponível em: <doi:10.1038/srep00278>. Acesso em: 12 set. 2017.

15. "[...] experiência com ratos [...]" – CARSON, James A.; NETTLETON, Dan; REECY, James M. Differential Gene Expression in the Rat Soleus Muscle during Early Work Overload-Induced Hypertrophy. *FASEB Journal*, v. 16, n. 2, p. 207-209, 2002.

16. "[...] contando 112 genes diferentes [...]" – Para serem completamente precisos, os pesquisadores detectaram 112 RNAm, ou RNAs mensageiros, nas células dos músculos que tinham sido induzidos a trabalhar mais. Os RNAs mensageiros são parte do processo pelo qual a informação no DNA é usada para dirigir a criação de proteínas, e cada RNAm irá ser associado a um gene em particular. Mas foi o RNAm, e não os genes, que os investigadores realmente detectaram.

17. "[...] lidar com o aumento da carga de trabalho." – Mais uma vez, para serem completamente precisos, os ratos foram sacrificados e seu tecido muscular foi analisado antes de seus músculos poderem se ajustar completamente à nova carga de trabalho. Isso foi necessário porque, uma vez que os músculos tivessem se ajustado e a homeostase tivesse sido recuperada, o tecido do músculo já não expressaria todos estes 112 genes. Mas se fosse permitido aos ratos viver o tempo suficiente, seus músculos teriam se ajustado e a homeostase teria sido recuperada.

18. "[...] formam novas células cerebrais." – GAGE, Fred H. Neurogenesis in the Adult Brain. *Journal of Neuroscience*, v. 22, p. 612-613, 2002.

19. "[...] novas conexões ou se livrando das antigas." – BARNES, Samuel J.; FINNERTY, Gerald T. Sensory Experience and Cortical Rewiring. *Neuroscientist*, v. 16, p. 186-198, 2010.

20. "[...] uma habilidade que já foi aprendida." – MAY, Arne. Experience-Dependent Structural Plasticity in the Adult Human Brain. *Trends in Cognitive Sciences*, v. 15, n. 10, p. 475-482, 2011. Ver também: DRIEMEYER, Joenna *et al.* Changes in Gray Matter Induced by Learning – Revisited. *PLoS ONE*, v. 3, p. e2669, 2008.

21. "[...] um desempenho musical extraordinário." – Uma excelente análise dessa pesquisa pode ser encontrada em: BARRETT, Karen *et al.* Art and Science: How Musical Training Shapes the Brain. *Frontiers in Psychology*, v. 4, art. 713, 2013. Inúmeros detalhes desta seção deste livro vêm desse artigo e das referências que ele cita.

22. "[...] publicado em 1995 no jornal *Science*." – ELBERT, Thomas *et al.* Increased Cortical Representation of the Fingers of the Left Hand in String Players. *Science*, v. 270, p. 305-307, 1995.

23. "[...] partes do cérebro responderiam a cada toque." – Por causa da dificuldade envolvida em realizar a magnetoencefalografia, os pesquisadores não mapearam cada dedo na mão esquerda, mas olharam apenas para o polegar e o dedo mínimo. Uma vez que as regiões do cérebro que correspondem aos três dedos do meio se situam entre as regiões do cérebro para o polegar e o dedo mínimo, os pesquisadores foram capazes de mapear o tamanho da região que controla o polegar e os quatro dedos apenas olhando para os dois dígitos.

24. "[...] tanto maior é o seu cerebelo." – HUTCHINSON, Siobhan et al. Cerebellar Volume of Musicians. *Cerebral Cortex*, v. 13, p. 943-949, 2003.

25. "[...] orientação de movimentos no espaço." – GASER, Christian; SCHLAUG, Gottfried. Brain Structures Differ between Musicians and Non-Musicians. *Journal of Neuroscience*, v. 23, p. 9240-9245, 2003.

26. "[...] do que em não matemáticos." – AYDINA, Kubilay et al. Increased Gray Matter Density in the Parietal Cortex of Mathematicians: A Voxel-Based Morphometry Study. *American Journal of Neuroradiology*, v. 28, p. 1859-1864, 2007.

27. "[...] desenvolver raciocínio matemático abstrato." – WITELSON, Sandra F.; KIGAR, Debra L.; HARVEY, Thomas. The Exceptional Brain of Albert Einstein. *The Lancet*, v. 353, p. 2149-2153, 1999.

28. "[...] característica com que a pessoa havia nascido." – Curiosamente, como um matemático, essa correlação entre o comprimento do tempo e o tamanho da região não foi encontrada para o lóbulo parietal inferior esquerdo. No entanto, pode simplesmente ter sido uma questão de não haver sujeitos suficientes no estudo para ser capaz de obter um resultado estatisticamente válido e, com uma abrangência maior, a correlação poderia aparecer.

29. "[...] campo ocular suplementar." – AHAMED, Tosif et al. Structural Differences in Gray Matter between Glider Pilots and Non-Pilots: A Voxel-Based Morphometry Study. *Frontiers in* Neurology, v. 5, p. 248, 2014.

30. "[...] na visualização e no controle dos movimentos do corpo." – WEI, Gaoxia et al. Increased Cortical Thickness in Sports Experts: A Comparison of Diving Players with the Controls. *PLoS One*, v. 6, n. 2, p. e17112, 2011.

31. "[...] tempo de prática gasto na infância." – BENGTSSON, Sara L. et al. Extensive Piano Practicing Has Regionally Specific Effects on White Matter Development. *Nature Neuroscience*, v. 8, p. 1148-1150, 2005.

32. "[...] talvez forneça o melhor exemplo." – WOOLLETT, Katherine; MAGUIRE, Eleanor A. Acquiring "the Knowledge" of London's Layout Drives Structural Brain Changes. *Current Biology*, v. 21, p. 2109-2114, 2011.

33. "[...] tiveram dificuldades para andar." – WILLIAMS, David et al. Acclimation during Space Flight: Effects on Human Physiology. *Canadian Medical Association Journal*, v. 180, p. 1317-1323, 2009.

34. "[...] na cama por mais ou menos um mês." – MUJIKA, Iñigo; PADILLA, Sabino. Detraining: Loss of Training-Induced Physiological and Performance Adaptations. Part II: Longterm Insufficient Training Stimulus. *Sports Medicine*, v. 30, p. 145-154, 2000.

35. "[...] nunca tinham sido motoristas de taxi." – WOOLLETT, Katherine; SPIERS, Hugo J.; MAGUIRE, Eleanor A. Talent in the Taxi: A Model System for Exploring Expertise. *Philosophical Transactions of the Royal Society B*, v. 364, p. 1407-1416, 2009.

03 Representações mentais

1. "[...] melhores jogadores de xadrez daquela região." – Muitos dos detalhes sobre Alekhine e sua dramática exibição simultânea de xadrez às cegas foram extraídas de: HEARST, Eliot; KNOTT, John. *Blindfold Chess: History, Psychology, Techniques, Champions, World Records, and Important Games*. Jefferson, NC: McFarland, 2009.
2. "[...] não haja literalmente nenhum par de olhos vendados." – Detalhes da história do xadrez às cegas podem ser encontrados em muitos lugares, porém o mais abrangente é o de Hearst e Knott (2009).
3. "[...] 2 derrotas e 19 empates." HEARST, Eliot. *After 64 Years: New World Blindfold Record Set by Marc Lang Playing 46 Games At Once*. 16 dez. 2011. Disponível em: <http://www.blindfoldchess.net/blog/2011/12 /after_64_years_new_world_blindfold_record_set_by_marc_lang _playing_46_games/>. Acesso em: 27 maio 2015.
4. "[...] quando tinha 7 anos." – Os detalhes sobre a vida de Alekhine e sua carreira de jogador de xadrez vêm de várias fontes: KOTOV, Alexander. *Alexander Alekhine*. Tradução de K. P. Neat. Albertson, NY: R. H. M. Press, 1975; HEARST; KNOTT, 2011; Alekhine's Biography. Disponível em: <Chess.com, www.chess.com/groups/forum view/alekhines-biography2>. Acesso em: 27 maio 2015; e *Alexander Alekhine*, disponível em: <Chessgames.com, www.chessgames.com/perl/chessplayer?pid =10240>. Acesso em: 27 maio 2015.
5. "[...] e as brancas ganharam!" – KOTOV, 1975.
6. "[...] começou a participar de torneios por correspondência." – HEARST; KNOTT, 2011.
7. "[...] é claro, para si mesmo." – ALEKHINE, Alexander. *On the Road to a World Championship, 1923-1927*. 1. ed. Nova York: Pergamon Press, 1984, como citado em: HEARST; KNOTT, 2009, p. 78.
8. "[...] reproduzir as áreas mais importantes do tabuleiro quase perfeitamente." – DE GROOT, Arianus D. *Thought and Choice in Chess*. 2. ed. Haia: Mouton de Gruyter, 1978.
9. "[...] um experimento simples, mas efetivo." – CHASE, William G.; SIMON, Herbert A. Perception in Chess. *Cognitive Psychology*, v. 4, p. 55-81, 1973. O experimento comparando a memória de um mestre com a de um novato nas posições de xadrez normais e nos conjuntos aleatórios de peças de xadrez foi realmente realizado primeiro por Adriaan de Groot. Ver, por exemplo: DE GROOT, Adrianus Dingeman. *Thought and Choice in Chess*. Haia: Mouton, 1965; DE GROOT, Adrianus Dingeman. Perception and Memory Versus Thought: Some Old Ideas and Recent Findings. In: KLEIMNUNTZ, B. (Ed.). *Problem Solving*. Nova York: Wiley, 1966. p. 19-50.
10. "[...] reiteraram as descobertas originais." – GOBET, Fernand; CHARNESS, Neil. Expertise in Chess. In: ERICSSON, K. Anders *et al*. *The Cambridge Handbook of Expertise and Expert Performance*. Nova York: Cambridge University Press, 2006. p. 523-538.
11. "[...] aconteceu com a memória verbal." – CHASE, William G.; ERICSSON, K. Anders. Skill and Working Memory. In: BOWER, G. H. (Ed.). *The Psychology of Learning and Motivation*. Nova York: Academic Press, 1982. p. 1-58.
12. "[...] cerca de 50 mil desses blocos." – HERBERT A. Simon; GILMARTIN, Kevin. A Simulation of Memory for Chess Positions. *Cognitive Psychology*, v. 5, n. 1, p. 29-46, 1973.

13. "[...] dispostos em padrões de alto nível." – FREYHOF, Hartmut; GRUBER, Hans; ZIEGLER, Albert. Expertise and Hierarchical Knowledge Representation in Chess. *Psychological Research*, v. 54, p. 32-37, 1992.
14. "[...] como 'linhas de força' e 'poder'" – Ver, por exemplo: HEARST; KNOTT, 2011, p. 10.
15. "[...] envolvam habilidades visuoespaciais gerais [...]" – WATERS, Andrew; GOBET, Fernand; LEYDEN, Gery. Visuo-Spatial Abilities in Chess Players. *British Journal of Psychology*, v. 93, p. 557-565, 2002.
16. "[...] seus reflexos não são mais rápidos." – MÜLLER, Sean; ABERNETHY, Bruce. Expert Anticipatory Skill in Striking Sports: A Review and a Model. *Research Quarterly for Exercise and Sport*, v. 83, n. 2, p. 175-187, 2012.
17. "[...] a partir do que já aconteceu no campo." – WARD, Paul; ERICSSON, K. Anders; WILLIAMS, A. Mark. Complex Perceptual-Cognitive Expertise in a Simulated Task Environment. *Journal of Cognitive Engineering and Decision Making*, v. 7, p. 231-254, 2013.
18. "[...] a escalada feita em recintos fechados." – BLÄSING, Bettina E. *et al*. Expertise Affects Representation Structure and Categorical Activation of Grasp Postures in Climbing. *Frontiers in Psychology*, v. 5, p. 1008, 2014.
19. "[...] a quanto essa pessoa já entende do esporte." – Para uma avaliação geral e lista de referências sobre a questão da compreensão da leitura e das representações mentais, ver: ERICSSON, K. Anders; KINTSCH, Walter. Long-Term Working Memory. *Psychological Review*, v. 102, n. 2. p. 211-245, p. 1995.
20. "[...] mais de 200 que enviaram respostas." – SANDERS, Lisa. Think Like a Doctor: A Knife in the Ear. *New York Times*, 23 mar. 2011. Disponível em: <http://well.blogs.nytimes.com/2015/08/06/think-like-a-doctor-a-knife-in-the-ear/>. Acesso em: 24 set. 2015; SANDERS, 24 mar. 2011. Disponível em: <http://well.blogs.nytimes.com/2015/08/07/think-like-a-doctor-a-knife-in-the-ear-solved/>. Acesso em: 24 set. 2015.
21. "[...] várias alternativas para selecionar o mais provável." – PATEL, Vimla L.; AROCHA, Jose F.; KAUFMANN, David R. Diagnostic Reasoning and Medical Expertise. In: MEDIN, Douglas (Ed.). *The Psychology of Learning and Motivation*. Nova York: Academic Press, 1994. v. 30, p. 187-251.
22. "[...] em 150 corretores." – LEIGH, Thomas W. *et al*. Salesperson Knowledge Distinctions and Sales Performance. *Journal of Personal Selling & Sales Management*, v. 34, n. 2, p. 123-140, 2014.
23. "[...] deslocando de um apoio a outro." – SANCHEZ, Xavier *et al*. Efficacy of Pre-Ascent Climbing Route Visual Inspection in Indoor Sport Climbing. *Scandinavian Journal of Medicine & Science in Sports*, v. 22, n. 1, p. 67-72, 2010.
24. "[...] antes de fazer a primeira incisão." – Ver, por exemplo: ZILBERT, Nathan R. *et al*. Planning to Avoid Trouble in the Operating Room: Experts' Formulation of the Preoperative Plan. *Journal of Surgical Education*, v. 72, n. 2, p. 271-277, 2014.
25. "[...] usava ao escrever uma redação." – Como foi dito em: SCARDAMALIA, Marlene; BEREITER, Carl. Knowledge Telling and Knowledge Transforming in Written Composition. In: ROSENBERG, Sheldon (Ed.). *Advances in Applied Psycholinguistics*. Cambridge, UK: Cambridge University Press, 1987. p. 142-175. (Ver p. 149 em particular.)

26. "[...] 'revelação do conhecimento' [...]" – Os termos "revelação do conhecimento" e "transformação do conhecimento" vêm de Scardamalia e Bereiter (1987).
27. "[...] das representações mentais criadas pelos melhores deles." – Para uma boa visão geral, ver: SIKES, Paul L. The Effects of Specific Practice Strategy Use on University String Players' Performance. *Journal of Research in Music Education*, v. 61, n. 3, p. 318-333, 2013.
28. "[...] prática mais ou menos eficiente." – MCPHERSON Gary E.; RENWICK, James M. A Longitudinal Study of Self-Regulation in Children's Music Practice. *Music Education Research*, v. 3, n. 2, p. 169-186, 2001.
29. "[...] mais de três mil alunos de música." – HALLAM, Susan *et al.* The Development of Practicing Strategies in Young People. *Psychology of Music*, v. 40, n. 5, p. 652-680, 2012.
30. "[...] pratica e executa uma peça de música [...]" – ROGER, Chaffin; IMREH, Gabriela. "Pulling Teeth and Torture": Musical Memory and Problem Solving. *Thinking and Reasoning*, v. 3, n. 4, p. 315-336, 1997; ROGER, Chaffin; IMREH, Gabriela. A Comparison of Practice and Self-Report as Sources of Information about the Goals of Expert Practice. *Psychology of Music*, v. 29, p. 39-69, 2001; ROGER, Chaffin *et al.* "Seeing the Big Picture": Piano Playing as Expert Problem Solving. *Music Perception*, v. 20, n. 4, p. 465-490, 2003.
31. "[...] qualquer pianista clássico depara ao aprender uma peça." – ROGER, Chaffin; LOGAN, Topher. Practicing Perfection: How Concert Soloists Prepare for Performance. *Advances in Cognitive Psychology*, v. 2, n. 2-3, p. 113-130, 2006.

04 O padrão de ouro

1. "[...] World Memory Sports Council [...]" – As estatísticas da competição de memória a partir de julho de 2015 são do *site* do World Memory Sports Council: <http://www.world-memory-statistics.com/discipline.php?id=spoken1>. Acesso em: 25 jul. 2015.
2. "[...] ordens detalhadas de muitos clientes sem anotá-las [...]" – ERICSSON, K. Anders; POLSON, Peter G. A Cognitive Analysis of Exceptional Memory for Restaurant Orders. In: CHI, Michelene T. H.; GLASER, Robert; FARR, Marshall J. (Eds.). *The Nature of Expertise*. Hillsdale, NJ: Lawrence Erlbaum, 1988. p. 23-70.
3. "[...] começavam a trabalhar com uma nova peça." – OLIVER William L.; ERICSSON, K. Anders. Repertory Actors' Memory for their Parts. *Eighth Annual Conference of the Cognitive Society*. Hillsdale, NJ: Lawrence Erlbaum Associates, 1986. p. 399-406.
4. "[...] campo do desenvolvimento da realização musical." – Alguns detalhes foram fornecidos em uma publicação anterior: ERICSSON, K. Anders; TESCH-RÖMER, Clemens; KRAMPE, Ralf. The Role of Practice and Motivation in the Acquisition of Expert-Level Performance in Real Life: An Empirical Evaluation of a Theoretical Framework. In: HOWE, Michael J. A. (Ed.). *Encouraging the Development of Exceptional Skills and Talents*. Leicester, UK: British Psychological Society, 1990. p. 109-130. No entanto, a narrativa completa do estudo foi fornecida em: ERICSSON, K. Anders; TESCH-RÖMER, Clemens; KRAMPE, Ralf. The Role of Deliberate Practice in the Acquisition of Expert Performance. *Psychological Review*, v. 100, n. 3, p. 363-406, 1993.

5. "[...] bom, um dos melhores e o melhor." – Nós não confiamos simplesmente nas decisões do corpo docente. Confirmamos esses julgamentos com outras medidas. Em especial, coletamos informações sobre o desempenho dos estudantes em concursos de música abertos e descobrimos que os nossos, que eram "um dos melhores" violinistas, tinham tido mais sucesso do que "os melhores" violinistas e que ambos os grupos tiveram mais sucesso do que os alunos de educação musical. Também descobrimos que os violinistas no grupo "o melhor" podiam executar significativamente mais músicas de memória do que os violinistas no grupo "um dos melhores", e os violinistas de ambos os grupos sabiam mais música de memória do que os futuros professores de música. Então ficamos confortáveis quanto a termos realmente reunido três grupos de violinistas com habilidades claramente distintas.
6. "[...] de seu histórico de prática." – Embora tenhamos tido que contar com antigas memórias de quanto eles tinham praticado no início de suas vidas, acreditamos que suas memórias eram susceptíveis de ser razoavelmente precisas. Quase desde o início, esses violinistas foram reservando um certo período de tempo a cada dia ou a cada semana para a prática – um período de tempo que aumentava de forma constante à medida que eles ficavam mais velhos – e assim eles estavam bastante cientes de quanto tempo de prática estavam investindo em cada estágio.
7. "[...] seriam relativamente precisos." – Uma possível questão era que os diferentes grupos de alunos podiam ter tido diferentes influências em suas estimativas de quanto eles praticavam. No entanto, se não tivesse havido tais influências, seria possível esperar que os melhores alunos – que tinham ouvido em toda a sua vida como eles eram talentosos – teriam comprado a ideia de que não precisam praticar tanto quanto os outros alunos menos talentosos, e assim teriam, sistematicamente, subestimado quanto tempo eles deveriam passar praticando. Assim, qualquer influência deve ter tornado menos provável que constatássemos um efeito com os melhores alunos praticando mais.
8. "[...] que papel a prática desempenhava em seu êxito pessoal." – HUTCHINSON, Carla U.; SACHS-ERICSSON, Natalie J.; ERICSSON, K. Anders. Generalizable Aspects of the Development of Expertise in Ballet Across Countries and Cultures: A Perspective from the Expert Performance Approach. *High Ability Studies*, v. 24, p. 21-47, 2013.
9. "[...] uma década de estudos intensos." – SIMON, Herbert A.; CHASE, William G. Skill in Chess. *American Scientist*, v. 61, p. 394-403, 1973.
10. "[...] pessoa mais jovem entre todas a se tornar um grande mestre." – Sobre a tendência de grandes mestres mais jovens: HOWARD, Robert W. Preliminary Real-World Evidence that Average Human Intelligence Really is Rising. *Intelligence*, v. 27, n. 3, p. 235-250, 1999. Evidência para métodos de treinamento mais eficazes: GOBET, Fernand; CAMPITELLI, Guillermo; WATERS, Andrew J. Rise of Human Intelligence: Comments on Howard. *Intelligence*, v. 30, n. 4, p. 303-311, 2002.
11. "[...] 'prática deliberada' [...]" – ERICSSON; TESCH-RÖMER; KRAMPE, 1993, p. 367-368.
12. "[...] conseguiu se lembrar de mais de 15." – WECHSLER, David. *The Range of Human Capacities*. Nova York: Williams & Wilkins, 1935.
13. "[...] Feng Wang, da China." – ERICSSON, K. Anders; CHENG, Xiaojun; PAN, Yafeng; KU, Yixuan; HU, Yi. Refined Memory Encodings Mediate Exceptional Memory Span in a World-Class Memorist. (Trabalho submetido para

publicação), autor correspondente Yi Hu, Escola de Psicologia e Ciência Cognitiva, East China Normal University, Shanghai, China.

14. "[...] para se lembrar de grandes quantidades de informação." – YATES, Frances A. *The Art of Memory*. Chicago: University of Chicago Press, 1966.

15. "[...] impostas pela memória de curto prazo." – Para uma discussão mais detalhada da utilização de memória de longo prazo nessa forma, ver: ERICSSON, K. Anders; KINTSCH, W. Long-Term Working Memory. *Psychological Review*, v. 102, p. 211-245, 1995.

16. "[...] atração física." – GABRIELSSON, Alf. The Performance of Music. In: DEUTSCH, Diana. (Ed.). *The Psychology of Music,* 2. ed. San Diego, CA: Academic Press, 1999. p. 501-602.

17. "[...] sugeriu um experimento." – HODGSON, Robert T. An Examination of Judge Reliability at a Major U.S. Wine Competition. *Journal of Wine Economics*, v. 3, n. 2, p. 105-113, 2008.

18. "[...] tinham recebido um treinamento mínimo." – DAWES, Robyn M. *House of Cards: Psychology and Psychotherapy Built on Myth*. Nova York: Free Press, 1994.

19. "[...] de novatos ou das escolhas ao acaso." – Um dos primeiros estudos foi de: VON HOLSTEIN, Carl-Axel S. Stäel. Probabilistic Forecasting: An Experiment Related to the Stock Market. *Organizational Behavior and Human Performance*, v. 8, n. 1, p. 139-158, 1972. Staël Von Holstein estudou as previsões de estoque de preços de especialistas do mercado de ações, banqueiros, estatísticos, professores de administração da universidade e professores de negócios da universidade ao longo de um período de 20 semanas e descobriu que, em média, nenhum dos grupos teve um desempenho significativamente melhor do que seria esperado pela probabilidade aleatória. Para uma avaliação mais recente, ver: ERICSSON, K. Anders; ANDERSSON, Patric; COKELY, Edward T. The Enigma of Financial Expertise: Superior and Reproducible Investment Performance in Efficient Markets. Disponível em: <http://citeseerx.ist.psu.edu/viewdoc/download?,doi:10.1.1.337.3918&rep=re p1&type=pdf>. Acesso em: 16 ago. 2015.

20. "[...] categorias de médicos e enfermeiros." – ERICSSON, K. Anders. Acquisition and Maintenance of Medical Expertise: A Perspective from the Expert-Performance Approach with Deliberate Practice. *Academic Medicine*, v. 90, p. 1471-1486, 2015. Ver também: CHOUDHRY, Niteesh K.; FLETCHER, Robert H.; SOUMERAI, Stephen B. Systematic Eeview: The Relationship between Clinical Experience and Quality of Health Care. *Annals of Internal Medicine*, v.142, p. 260-273, 2005; ERICSSON, K. Anders; WHYTE 4th, James; WARD, Paul. Expert Performance in Nursing: Reviewing Research on Expertise in Nursing within the Framework of the Expert Performance Approach. *Advances in Nursing Scienc*, v. 30, n. 1, p. E58-E71, 2007; SPENGLER, Paul M. *et al*. The Meta-Analysis of Clinical Judgment Project: Effects of Experience on Judgment Accuracy. *Counseling Psychology*, v. 20, p. 350-399, 2009.

21. "[...] era capaz de usar os mesmos métodos." – Esses métodos foram descritos em: ERICSSON, K. Anders. Protocol Analysis and Expert Thought: Concurrent Verbalizations of Thinking During Experts' Performance on Representative Task. In: ERICSSON, K. Anders *et al*. (Eds.). *The Cambridge Handbook of Expertise and Expert Performance*. Cambridge, UK: Cambridge University Press, 2006. p. 223-242.

22. "[...] *Outliers,* de Malcolm Gladwell." – GLADWELL Malcolm. *Outliers: The Story of Success.* Nova York: Little, Brown, 2008.
23. "[...] biografia dos Beatles de 2013, escrita por Mark Lewisohn [...]" – LEWISOHN, Mark. *Tune In.* Nova York: Crown Archetype, 2013.
24. "[...] estudantes de música ou nos dançarinos de balé." – Até mesmo alguns pesquisadores esquecem isso de vez em quando. Enquanto eu estava trabalhando neste livro, um grupo de pesquisadores publicou uma meta-análise – isto é, uma análise de um grande número de estudos publicados anteriormente – que concluiu que a prática estruturada (embora eles a chamassem de "prática deliberada") explicou relativamente pouco sobre a diferença de desempenho entre os indivíduos em vários campos, incluindo música, esportes, educação e outras profissões. Ver: MACNAMARA, Brooke N.; HAMBRICK, David Z.; OSWALD, Frederick L. Deliberate Practice and Performance in Music, Games, Sports, Education, and Professions: A Meta-Analysis. *Psychological Science,* v. 25, p. 1608-1618, 2014. O grande problema com essa meta-análise foi que poucos dos estudos que os pesquisadores examinaram estavam realmente considerando os efeitos do tipo de prática sobre o desempenho a que tínhamos nos referido como prática deliberada; em vez disso, os pesquisadores utilizaram critérios muito soltos para decidir quais estudos incluiriam em sua meta- análise, então acabaram examinando conjunto de estudos que tratava principalmente de vários tipos de prática e treinamento que não cumpriam os critérios da prática deliberada como nós a descrevemos anteriormente neste capítulo. Eu faço uma crítica detalhada do trabalho deles em: ERICSSON, K. Anders. Challenges for the Estimation of an Upper-Bound on Relations between Accumulated Deliberate Practice and the Associated Performance in Domains of Expertise: Comments on Macnamara, Hambrick, and Oswald's (2014) Published Meta-Analysis. Disponível no meu *site* (https://psy.fsu.edu/faculty/ericsson/ericsson.hp.html). O ponto principal é que o que sua meta-análise realmente demonstrou é que, se você quiser entender por que algumas pessoas têm melhor desempenho do que outras, não é suficiente tentar medir todas as horas envolvidas em apenas qualquer tipo de prática; você precisa se concentrar nas atividades baseadas em nossos critérios para a prática deliberada. Ver, por exemplo, a discussão em: ERICSSON, K. Anders. Why Expert Performance is Special and Cannot Be Extrapolated from Studies of Performance in the General Population: A Response to Criticisms. *Intelligence,* v. 45, p. 81-103, 2014.
25. "[...] melhorar determinados aspectos do desempenho." – Ver, por exemplo, a definição de prática deliberada encontrada em: ERICSSON, K. Anders; LEHMANN, Andreas C. Expert and Exceptional Performance: Evidence of Maximal Adaptations to Task Constraints. *Annual Review of Psychology,* v. 47, p. 273-305, 1996. A prática deliberada consiste em "atividades de treinamento individualizadas especialmente concebidas por um treinador ou professor para melhorar aspectos específicos do desempenho de um indivíduo por meio da repetição e refinamento sucessivos" (p. 278-279).
26. "[...] antes que a pesquisa seja publicada pela primeira vez." – ERICSSON; TESCH-RÖMER; KRAMPE, 1993.
27. "[...] não é inferior a 10 anos." – HAYES, John R. *The Complete Problem Solver.* Filadélfia: Franklin Institute Press, 1981.
28. "[...] 10 mil horas é um transtorno mental." – ADAMS, Scott. *Dilbert,* 7 fev. 2013.

05 Princípios da prática deliberada no trabalho

1. "Era o ano 1968 [...]" – Os detalhes sobre a criação e primeiros dias da escola *Top Gun* foram extraídos de: CHATHAM, Ralph Earnest. The 20th-Century Revolution in Military Training. In: ERICSSON, K. Anders. (Ed.). *Development of Professional Expertise*. Nova York: Cambridge University Press, 2009. p. 27-60. Ver também: WILCOX, Robert K. *Scream of Eagles*. Nova York: Pocket Star Books, 1990.
2. "[...] porque a ação real ocorria [...]" – CHATHAM, 2009.
3. "Os resultados desse treinamento foram impressionantes." – "You Fight Like You Train," and Top Gun Crews Train Hard. *Armed Forces Journal International*, v. 111, p. 25-26, 34, maio 1974.
4. "[...] o desempenho mais dominante na história [...]" – WILCOX, 1990, p. vi.
5. "[...] Marinha fez isso principalmente por tentativa e erro [...]" – WILCOX, 1990.
6. "[...] mais se assemelham à prática deliberada." – ERICSSON, K. Anders. The Influence of Experience and Deliberate Practice on the Development of Superior Expert Performance. In: ERICSSON, K. Anders *et al*. (Eds.). *Cambridge Handbook of Expertise and Expert Performance*. Cambridge, UK: Cambridge University Press, 2006. p. 685-706.
7. "[...] por meio de um artigo na revista *Fortune* [...]" – COLVIN, Geoff. What It Takes To Be Great: Research Now Shows that the Lack of Natural Talent Is Irrelevant to Great Success. The Secret? Painful and Demanding Practice and Hard Work. *Fortune*, 19 out. 2006. Disponível em: <http://archive.fortune.com/magazines/fortune/fortune_archive/2006/10/30/8391794/index.htm>. Acesso em: 27 set. 2015.
8. "[...] Art abraçou completamente a maneira de pensar da prática deliberada." – Muitos dos detalhes que apresento aqui podem ser encontrados no *site* de Turock (www.turock.com) e em um livro que ele escreveu: TUROCK, Art. *Competent Is Not an Option: Build an Elite Leadership Team Following the Talent Development Game Plan of Sports Champions*. Kirkland, WA: Pro Practice Publishing, 2015.
9. "[...] a companhia de sorvete Blue Bunny [...]" – Turock conta a história da Blue Bunny em seu livro (1999).
10. "[...] realizar esse trabalho muito melhor que outros." – MIGLIORETTI, Diana L. *et al*. When Radiologists Perform Best: The Learning Curve in Screening Mammogram Interpretation. *Radiology*, v. 253, p. 632-640, 2009. Ver também: NODINE, Calvin F. *et al*. How Experience and Training Influence Mammography Expertise. *Academic Radiology*, v. 6, p. 575-585, 1999.
11. "Uma análise de 2004 [...]" – BARLOW, William E. *et al*. Accuracy of Screening Mammography Interpretation by Characteristics of Radiologists. *Journal of the National Cancer Institute*, v. 96, 1840-1850, 2004.
12. "[...] solicitarem regularmente biópsias desnecessárias." – BARLOW, *et al*. 2004.
13. "[...] no encontro anual de 2003 da Associação Americana de Faculdades de Medicina [...] – ERICSSON, K. Anders. Deliberate Practice and the Acquisition and Maintenance of Expert Performance in Medicine and Related Domains. *Academic Medicine*, v. 79, p. S70-S81, 2004.
14. "[...] muito semelhante àquela que propus [...] – Ver: <http://www.breastaustralia.com/public/index>. Acesso em: 16 set. 2017.
15. "[...] interpretaram mamografias em sua prática profissional." – BAOLIN, Pauline Soh *et al*. Certain Performance Values Arising from Mammographic Test Set

Readings Correlate Well with Clinical Audit. *Journal of Medical Imaging and Radiation Oncology*, v. 59, p. 403-410, 2015.
16. "[...] reuniu um conjunto de 234 casos [...]" – PUSIC, M.; PECARIC, M.; BOUTIS, K. How Much Practice Is Enough? Using Learning Curves To Assess the Deliberate Practice of Radiograph Interpretation. *Academic Medicin*, v. 86, p. 731-736, 2011.
17. "[...] os radiologistas de fato desenvolveram representações mentais mais precisas." – LESGOLD, Alan et al. Expertise in a Complex Skill: Diagnosing X-Ray Pictures. In: CHI, Michelene T. H.; GLASER, Robert; FARR, Marshall J. (Eds.). *The Nature of Expertise*. Hillsdale, NJ: Lawrence Erlbaum Associates, 1988. p. 311-342; AZEVEDO, Roger; FAREMO, Sonia; LAJOIE, Susanne P. Expert-Novice Differences in Mammogram Interpretation. In: MCNAMARA, D. S.; TRAFTON, J. G. (Eds.). *Proceedings of the 29th Annual Cognitive Science Society*. Nashville, TN: Cognitive Science Society, 2007. p. 65-70.
18. "[...] dos tipos de casos e lesões [...]" – MELLO-THOMS, Claudia; TRIEU, Phuong Dung; RAWASHDEH, Mohammed A. Understanding the Role of Correct Lesion Assessment in Radiologists' Reporting of Breast Cancer. In: FUJITA, Hiroshi; HARA, Takeshi; MURAMATSU, Chisako. (Eds.). *Breast Imaging: Proceedings, 12th International Workshop, IWDM 2014*. Cham, Suíça: Springer International, 2014. p. 341-347.
19. "[...] Em quase todos os casos, essas lesões foram devidas ao [...]" – WAY, Lawrence L. et al. Causes and Prevention of Laparoscopic Bile Duct Injuries: Analysis of 252 Cases from a Human Factors and Cognitive Psychology Perspective. *Annals of Surgery*, v. 237, n. 4, p. 460-469, 2003.
20. "[...] cirurgiões *experts* desenvolveram maneiras de obter [...]" – MENTIS, Helena M.; CHELLALI, Amine; SCHWAITZBERG, Steven. Learning to See the Body: Supporting Instructional Practices in Laparoscopic Surgical Procedures. In: *Proceedings of the SIGCHI Conference on Human Factors in Computing Systems*. Nova York: Association for Computing Machinery, 2014. p. 2113-2122.
21. "[...] antes de uma transfusão de sangue [...]" – O exemplo da transfusão de sangue vem de: LIU, David et al. Interruptions and Blood Transfusion Checks: Lessons from the Simulated Operating Room. *Anesthesia & Analgesia*, v. 108, p. 219-222, 2009.
22. "[...] publicou um extenso artigo sobre a pesquisa [ ]" – CHOUDHRY, Niteesh; FLETCHER, K. Robert H.; SOUMERAI, Stephen B. Systematic Review: The Relationship Between Clinical Experience and Quality of Health Care. *Annals of Internal Medicine*, v. 142, p. 260-273, 2005. Ver também: SPENGLER, Paul M.; PILIPIS, Lois A. A Comprehensive Meta-Analysis of the Robustness of the Experience-Accuracy Effect in Clinical Judgment. *Journal of Counseling Psychology*, v. 62, n. 3, p. 360-378, 2015.
23. "Outros estudos sobre a precisão da tomada de decisão [...]" – SPENGLER, Paul M. et al. The Meta-Analysis of Clinical Judgment Project: Effects of Experience on Judgment Accuracy. *Counseling Psychology*, v. 20, p. 350-399, 2009.
24. "[...] os enfermeiros mais experientes [...]" – ERICSSON, K. Anders; WHYTE 4th, James; WARD, Paul. Expert Performance in Nursing: Reviewing Research on Expertise in Nursing Within the Framework of the Expert Performance Approach. *Advances in Nursing Science*, v. 30, n. 1, p. E58-E71, 2007.

25. "[...] Davis e um grupo de colegas examinaram [...]" – DAVIS, Dave et al. Impact of Formal Continuing Medical Education: Do Conferences, Workshops, Rounds, and Other Traditional Continuing Education Activities Change Physician Behavior or Health Care Outcomes? *JAMA*, v. 282, n. 9, p. 867-874, 1999.
26. "[...] pesquisadora norueguesa, Louise Forsetlund, atualizou o trabalho de Davis [...]" – FORSETLUND, Louise et al. Continuing Education Meetings and Workshops: Effects on Professional Practice and Health Care Outcomes. *Cochrane Database of Systematic Reviews*, v. 2, p. CD003030, 2012.
27. "[...] 'Veja uma, faça uma, ensine uma'." – RODRIGUEZ-PAZ, J. M. et al. Beyond "See One, Do One, Teach One": Toward a Different Training Paradigm. *Quality and Safety in Health Care*, v. 18, p. 63-68, 2009. Ver também: MCGAGHIE, William C. et al. Does Simulation-Based Medical Education with Deliberate Practice Yield Better Results Than Traditional Clinical Education? A Meta-Analytic Comparative Review of The Evidence. *Academic Medicine*, v. 86, n. 6, p. 706-711, jun. 2011.
28. "[...] não encontraram diferenças na rapidez em que os dois grupos [...]" – MOORE, Michael J.; BENNETT, Charles L.; Southern Surgeons Club. The Learning Curve for Laparoscopic Cholecystectomy. *American Journal of Surgery*, v. 170, p. 55-59, 1995.
29. "Em um estudo muito relevante [...]" – BIRKMEYER, John D. et al. Surgical Skill and Complication Rates after Bariatric Surgery. *New England Journal of Medicine*, v. 369, p. 1434-1442, 2013.
30. "[...] como podemos identificar os médicos *experts*." – ERICSSON, K. Anders. Acquisition and Maintenance of Medical Expertise: A Perspective from the Expert Performance Approach and Deliberate Practice. *Academic Medicine*, v. 90, n. 11, p. 1471-1486, 2015.
31. "[...] pesquisadores liderados por Andrew Vickers [...]" – VICKERS, Andrew J. et al. The Surgical Learning Curve for Prostate Cancer Control After Radical Prostatectomy. *Journal of the National Cancer Institute*, v. 99, n. 15, p. 1171-1177, 2007.
32. "Em um estudo suplementar [...]" – VICKERS, Andrew J. et al. Effects of Pathologic Stage on The Learning Curve for Radical Prostatectomy: Evidence that Recurrence in Organ-Confined Cancer Is Largely Related To Inadequate Surgical Technique. *European Urology*, v. 53, n. 5, p. 960-966, 2008.
33. "[...] ficam melhores à medida que ganham experiência." – ERICSSON, K. Anders. Surgical Expertise: A Perspective from the Expert-Performance Approach. In: FRY, Heather; KNEEBONE, Roger. (Eds.). *Surgical Education in Theoretical Perspective: Enhancing Learning, Teaching, Practice, and Research*. Berlim: Springer, 2011. p. 107-121.
34. "[...] estudo de radiologistas que interpretam mamografias." – MIGLIORETTI, Diana L. et al. When Radiologists Perform Best: The Learning Curve in Screening Mammogram Interpretation. *Radiology*, v. 253, p. 632-640, 2009.
35. "[...] estudo recente de oito cirurgiões [...]" – CRAIG, Curtis et al. Using Cognitive Task Analysis to Identify Critical Decisions in the Laparoscopic Environment. *Human Factors*, v. 54, n. 3, p. 1-25, 2012.
36. "[...] 'até mesmo os cirurgiões *experts*' [...]" – CRAIG et al., 2012.
37. "[...] 'Pensar Como', um Programa de Treinamento de Comando [...]" – LUSSIER, James W.; SHADRICK, Scott B.; PREVOU, Michael. *Think Like*

a Commander Prototype: Instructor's Guide to Adaptive Thinking. Fort Knox, KY: Armored Forces Research Unit, U.S. Army Research Institute, 2003.
38. "[...] estudos recentes feitos por pesquisadores médicos no Canadá [...]" – CRISTANCHO, Sayra M. *et al*. Understanding Clinical Uncertainty: What Is Going On When Experienced Surgeons Are Not Sure What To Do? *Academic Medicine*, v. 88, p. 1516-1521, 2013; CRISTANCHO, Sayra *et al*. When Surgeons Face Intraoperative Challenges: A Naturalistic Model of Surgical Decision Making. *American Journal of Surgery*, v. 205, p. 156-162, 2013.
39. "[...] parar no meio e interrogar as pessoas." – ENDSLEY, Mica R. Expertise and Situation Awareness. In: ERICSSON, K. Anders *et al*. (Eds.). *The Cambridge Handbook of Expertise and Expert Performance*. Cambridge, UK: Cambridge University Press, 2006. p. 633-652. Ver também: SALMON, Paul *et al*. Measuring Situation Awareness in Complex Systems: Comparison of Measures Study. *International Journal of Industrial Ergonomics*, v. 39, p. 490-500, 2009.

06 Princípios da prática deliberada na vida diária

1. "[...] pesquisa da prática deliberada em vários lugares [...]" – Dan McLaughlin havia mencionado especificamente ter lido minha pesquisa em *Talent Is Overrated*, mas já existiam naquela época vários livros que discutiam o poder da prática deliberada, então a ideia era bem conhecida, entre eles: COLVIN, Geoff. *Talent Is Overrated: What Really Separates World-Class Performers from Everybody Else*. Nova York: Portfolio, 2008; GLADWELL, Malcolm. *Outliers: The Story of Success*. Nova York: Little, Brown, 2008; COYLE, Daniel. *The Talent Code: Greatness Isn't Born. It's Grown. Here's How*. Nova York: Bantam Dell, 2009.
2. "[...] seus esforços para se tornar um golfista professional." – Dan McLaughlin tem um *site* em que ele descreve seu plano e seu progresso (thedanplan.com). Há também uma boa história sobre Dan McLaughlin, que foi publicada em: LIPSEY, Rick. Dan McLaughlin Thinks 10,000 Hours of Focused Practice Will Get Him on Tour. *Golf*, 9 dez. 2011. Disponível em: <www.golf.com/tour-and-news/dan-mclaughlin-thinks-10000-hours-focused-practice-will-get-him-tour>. Acesso em: 26 ago. 2015.
3. "Isso lhe permitiria competir nos torneios da PGA." – Desde que Dan começou seu plano, as regras para a obtenção de um cartão PGA Tour mudaram. Atualmente, se você se sair suficientemente bem no Torneio de Qualificação do PGA, você irá à turnê Web.com da PGA, e terá que se sair bem o bastante naquela turnê para entrar no PGA Tour.
4. "[...] deu uma entrevista à revista *Golf*." – LIPSEY, 2015.
5. "[...] pronto para encontrar um treinador que estivesse no próximo nível." – Comunicação pessoal de Dan McLaughlin, 4 jun. 2014.
6. "[...] variando sistematicamente o ponto sobre o alvo [...]" – DUFFY, Linda J.; BALUCH, Bachman; ERICSSON, K. Anders. Dart Performance as a Function of Facets of Practice Amongst Professional and Amateur Men and Women Players. *International Journal of Sports Psychology*, v. 35, p. 232-245, 2004.
7. "Se você quer melhorar no boliche [...]" – HARRIS, Kevin R. *Deliberate Practice, Mental Representations, and Skilled Performance in Bowling*. Tese (Doutorado)

– Florida State University, 2008. (Electronic Theses, Treatises and Dissertations, DigiNole Commons, paper n. 4245.)

8. "[...] um grupo de pesquisadores suecos [...]" – GRAPE, Christina *et al.* Does Singing Promote Well-Being? An Empirical Study of Professional and Amateur Singers During a Singing Lesson. *Integrative Physiological and Behavioral Science*, v. 38, p. 65-74, 2003.

9. "[...] jogadores de golfe do ensino médio desenvolviam esse tipo de foco." – ARMSTRONG, Cole G. The Influence of Sport Specific Social Organizations on the Development of Identity: A Case Study of Professional Golf Management. Tese (Doutorado) – Florida State University, 2015. (Electronic Theses, Treatises and Dissertations, DigiNole Commons, paper n. 9540.)

10. "[...] Cole mencionou um golfista do ensino médio [...]" – ARMSTRONG, 2015, p. 179.

11. "[...] Natalie Coughlin uma vez descreveu [...]" – Os detalhes sobre o treinamento de Natalie Coughlin são extraídos de: KOLATA, Gina. Training Insights from Star Athletes. *New York Times*, 14 jan. 2013.

12. "[...] um longo estudo com nadadores olímpicos [...]" – CHAMBLISS, Daniel F. *Champions: The Making of Olympic Swimmers*. Nova York: Morrow, 1988; CHAMBLISS, Daniel F. The Mundanity of Excellence: An Ethnographic Report on Stratification and Olympic Swimmers. *Sociological Theory*, v. 7, p. 70-86, 1989.

13. "'[...] a excelência em cada detalhe se torne um hábito firmemente enraizado'". – CHAMBLISS, 1989, p. 85.

14. "Pesquisadores que estudaram corredores de longa distância [...]" – Esse estudo pioneiro foi de: MORGAN, W. P.; POLLOCK, M. L. Psychological Characterization of the Elite Distance Runner. *Annals of the New York Academy of Sciences*, v. 301, p. 382-403, 1977. Uma análise mais recente da pesquisa subsequente e uma descrição de relatórios de pensamento mais concomitantes podem ser encontradas em: SAMSON, Ashley *et al.* Think Aloud: An Examination of Distance Runners' Thought Processes. *International Journal of Sport and Exercise Psychology*. 25 jul. 2015. Disponível em: <doi :10.1080/1612197X.2015.1069877>. Acesso em: 14 set. 2017.

15. "No início de sua autobiografia [...]" – FRANKLIN, Benjamin. *The Autobiography of Benjamin Franklin*. Nova York: Henry Holt, 1916 (publicação original em francês, 1791; primeira edição inglesa, 1793). Disponível em: <https://www.gutenberg.org /files/20203/20203-h/20203-h.htm>. Acesso em: 30 ago. 2015. Descrevi pela primeira vez o método de Franklin usado para melhorar sua escrita em meu capítulo introdutório em: ERICSSON, K. Anders (Ed.). *Roads to Excellence: The Acquisition of Expert Performance in the Arts and Sciences, Sports, and Games*. Mahwah, NJ: Erlbaum, 1996. p. 1-50. Uma ótima descrição recente é dada por: SNOW, Shane. Ben Franklin Taught Himself to Write with a Few Clever Tricks. *The Freelancer*, 21 ago. 2014. Disponível em: <http://contently.net/2014/08/21/stories/ben-franklin-taught-write-clever-ricks/>. Acesso em: 30 ago. 2015.

16. "[...] de uma maneira muito semelhante à da técnica que Franklin usou [...]" – BOISBAUDRAN, Lecoq de. *The Training of the Memory in Art and the Education of the Artist*. Tradução de L. D. Luard. Londres: MacMillan, 1911. Disponível em: <https://books.google.com/books?hl=en&lr=&id=SJufAAAAMAAJ&oi=fnd&pg=PR5&dq=the+training+of+the+memory+in+art

+and+the+education+of+the+artist&ots=CvAENj-mHl&sig=Iu4ku1d5F-
-uIP_aacBLugvYAiTU#v=onepage&q=the%20training%20of%20the%20
memory%20in%20art%20and%20the%20education%20of%20the%20
artist&f=false>. Acesso em: 2 out. 2015.
17. "[...] um método bem estabelecido para superar tal patamar." – ERICSSON, K. Anders. The Acquisition of Expert Performance as Problem Solving. In: DAVIDSON, Janet E.; STERNBERG Robert J. (Eds.). *The Psychology of Problem Solving*. Nova York: Cambridge University Press, 2003. p. 31-83.
18. "[...] o que separava os melhores soletradores [...]" – DUCKWORTH, Angela L. *et al.* Deliberate Practice Spells Success: Why Grittier Competitors Triumph at the National Spelling Bee. *Social Psychology and Personality Science*, v. 2, p. 174-181, 2011.
19. "Os que são bem-sucedidos na perda de peso [...]" – Ver, por exemplo: WING, Rena R.; PHELAN, Suzanne. Long-Term Weight-Loss Maintenance. *American Journal of Clinical Nutrition*, v. 82, p. 222S-225S, 2005 (Suplemento); BALL, K.; CRAWFORD, D. An Investigation of Psychological, Social, and Environmental Correlates of Obesity and Weight Gain in Young Women. *International Journal of Obesity*, v. 30, p. 1240-1249, 2006.
20. "Um dos atletas mais famosos da Suécia [...]" – Esse episódio é descrito na autobiografia de Hägg, escrita cerca de 40 anos mais tarde: HÄGG, Gunder. *Mitt Livs Lopp* [The competition of my life]. Estocolmo: Norstedts, 1987.
21. "[...] recrutou 11 das pessoas mais interessantes intelectualmente [...]" – FRANKLIN, 1916.

07 A estrada para o extraordinário

1. "[...] embarcaram em um grande experimento [...]" – Os detalhes da história de Polgár vieram de vários autores: MYERS, Linnet. Trained To Be a Genius, Girl, 16, Wallops Chess Champ Spassky For $110,000. *Chicago Tribune*, 18 fev. 18 1993. Disponível em: <http://articles.chicagotribune.com/1993-02-18/news/9303181339_1_judit-polgar-boris-spassky-world-chess-champion>. Acesso em: 19 ago. 2015; ALLEN, Austin. Chess Grandmastery: Nature, Gender, and the Genius of Judit Polgár. *JSTOR Daily*, 22 out. 2014. Disponível em: <http://daily.jstor.org/chess-grandmastery-nature-gender-genius-judit-polgar/>. Acesso em: 19 ago. 2015; POLGÁR, Judit. Biography. 2015. Disponível em: <http://www.juditpolgar.com/en/biography>. Acesso em: 19 ago. 2015.
2. "[...] baseada apenas nos jogos desse torneio – de 2.735 [...]" – Chessmetrics Player Profile: Sofia Polgar. Disponível em: <http://chessmetrics.com/cm/CM2/PlayerProfile.asp?Params=199510SSSSS1S10271400000011110226760002461 0100>. Acesso em: 20 ago. 2015. Ver também: Zsofia Polgar. Disponível em: <http://www.chessgames.com/player/zsofia-polgar>. Acesso em: 20 ago. 2015.
3. "Ela se tornou grande mestre [...]" – MYERS, 1993.
4. "Em entrevista a uma revista [...]" – RUHLING, Nancy. Putting a Chess Piece in The Hand of Every Child in America. *Lifestyles*, 2006, reed. *Chess Daily News*, 2014. Disponível em: <https://chessdailynews.com/putting-a-chess-piece-in-the-hand-of-every-child-in-america-2/>. Acesso em: 20 ago. 2015.

5. "[...] um projeto na Universidade de Chicago [...]" – BLOOM, Benjamin S. (Ed.). *Developing Talent in Young People*. Nova York: Ballantine Books, 1985. p. 3-18.
6. "No primeiro estágio, as crianças são introduzidas [...]" – BLOOM, 1985, p. 507-549.
7. "[...] os três desciam regularmente ao porão [...]" – CHRISTOPHER Matt; STOUT, Glenn. *On the Ice with... Mario Lemieux*. Nova York: Little, Brown, 2002.
8 "[...] transformou muitas de suas atividades de infância em competições [...]" – HEMERY, David. *Another Hurdle*. Londres: Heinemann, 1976. p. 9.
9. "[...] o próximo passo previsível [...]" – BLOOM, 1985, p. 512-518.
10. "[...] 'autoabastecimento, uma energia automotivadora dirigida para um tremendo trabalho' [...]" – PARISER, David. Conceptions of Children's Artistic Giftedness from Modern and Postmodern Perspectives. *Journal of Aesthetic Education*, v. 31, n. 4, p. 35-47, 1997.
11. "[...] quanto custa para uma família [...]" – BRANDEISKY, Kara. What It Costs To Raise a Wimbledon Champion. 4 jul. 2014. Disponível em: <http://time.com/money/2951543/cost-to-raise-tennis-champion-wimbledon/>. Acesso em: 23 ago. 2015.
12. "[...] as pessoas podem efetivamente treinar bem até por volta dos seus 80 anos." – ERICSSON, K. Anders. How Experts Attain and Maintain Superior Performance: Implications for the Enhancement of Skilled Performance in Older Individuals. *Journal of Aging and Physical Activity*, v. 8, p. 366-372, 2000.
13. "[...] o desempenho dos atletas de categoria master melhorou [...]" – AKKARI, Amanda; MACHIN, Daniel; TANAKA, Hirofumi. Greater Progression of Athletic Performance in Older Masters Athletes. *Age and Ageing*, v. 44, n. 4, p. 683-686, 2015.
14. "[...] um quarto dos corredores de maratona que tem 60 anos [...]" – LEYK, Dieter *et al*. Physical Performance in Middle Age and Old Age: Good News for Our Sedentary and Aging Society. *Deutsches Aerzteblatt International*, v. 7, p. 809-816, 2010.
15. "[...] tornou-se a primeira pessoa com 100 anos de idade ou mais [...]" – CROUSE, Karen. 100 Years Old. 5 World Records. *New York Times*, 21 set. 2015. Disponível em: <http://www.nytimes.com/2015/09/22/sports/a-bolt-from-the-past-don-pellmann-at-100-is-still-breaking-records.html?module=CloseSlideshow&region=SlideShowTopBar&version=SlideCard-10&action=click&contentCollection=Sports&pgtype=imageslideshow>. Acesso em: 1 out. 2015.
16. "[...] se os bailarinos precisam desenvolver a clássica rotação [...]" – MILLER, Edward H. *et al*. Orthopedics and the Classical Ballet Dancer. *Contemporary Orthopedics*, v. 8, p. 72-97, 1984.
17. "O mesmo é verdade para os ombros dos atletas [...]" – TOKISH, John M. Acquired and Adaptive Changes in the Throwing Athlete: Implications on the Disabled Throwing Shoulder. *Sports Medicine and Arthroscopy Review*, v. 22, n. 2, p. 88-93, 2014.
18. "Os ossos do braço dominante de um jogador de tênis [...]" – HAAPASALO, Heidi *et al*. Exercise-Induced Bone Gain Is Due to Enlargement in Bone Size Without a Change in Volumetric Bone Density: A Peripheral Quantitative Computed Tomography Study of the Upper Arms of Male Tennis Players. *Bone*, v. 27, n. 3, p. 351-357, 2000.
19. "[...] mesmo os jogadores de tênis que começam tarde [...]" – KONTULAINEN, Saija *et al*. Effect of Long-Term Impactloading on Mass, Size, and Estimated Strength of Humerus And Radius of Female Racquet-Sports Players: A Peripheral

Quantitative Computed Tomography Study Between Young and Old Starters and Controls. *Journal of Bone and Mineral Research*, v. 17, n. 12, p. 2281-2289, 2002.
20. "Os pesquisadores encontraram provas disso [...]" – SCHLAUG, Gottfried *et al.* Increased Corpus-Callosum Size in Musicians. *Neuropsychologia*, v. 33, p. 1047-1055, 1995.
21. "[...] inúmeras outras regiões do cérebro [...]" – MERRETT, Dawn L.; PERETZ, Isabelle; WILSON, Sarah J. Moderating Variables of Music Training – Induced Neuroplasticity: A Review and Discussion. *Frontiers in Psychology*, v. 4, p. 606, 2013.
22. "[...] os músicos que começaram a treinar tarde e os que começaram a treinar cedo." – HUTCHINSON, Siobhan *et al.* Cerebellar Volume of Musicians. *Cerebral Cortex*, v. 13, p. 943-949, 2003.
23. "[...] pessoas que falam duas ou mais línguas [...]" – MECHELLI, Andrea *et al.* Structural Plasticity in the Bilingual Brain: Proficiency in a Second Language and Age at Acquisition Affect Grey-Matter Density. *Nature*, v. 431, p. 757, 2004.
24. "[...] um estudo com pessoas multilíngues [...]" – ELMER, Stefan; HÄNGGI, Jürgen; JÄNCKE, Lutz. Processing Demands Upon Cognitive, Linguistic, and Articulatory Functions Promote Grey Matter Plasticity in the Adult Multilingual Brain: Insights from Simultaneous Interpreters. *Cortex*, v. 54, p. 179-189, 2014.
25. "[...] uma tarefa quixotesca." – BRADY, Paul T. Fixed-Scale Mechanism of Perfect Pitch. *Journal of the Acoustical Society of America*, v. 48, parte 2, n. 4, p. 883-887, 1970.
26. "[...] um trabalho que descrevia uma técnica de treinamento [...]" – CUDDY, Lola L. Practice Effects in the Absolute Judgment of Pitch. *Journal of the Acoustical Society of America*, v. 43, p. 1069-1076, 1968.
27. "[...] um aluno [...], Mark Alan Rush, planejou testar aquela afirmação [...]" – RUSH, Mark Alan. An Experimental Investigation of the Effectiveness of Training on Absolute Pitch in Adult Musicians. Tese (Doutorado) – Ohio State University, 1989.
28. "[...] um neozelandês chamado Nigel Richards [...]" – Os detalhes sobre Nigel Richards vieram de vários autores. Uma boa fonte é: FATSIS, Stefan. *Word Freak: Heartbreak, Triumph, Genius, on Obsession in the World of Competitive Scrabble*. Nova York: Houghton Mifflin Harcourt, 2001. Ver também: FATSIS, Stefan. An Outtake from Word Freak: The Enigmatic Nigel Richards. *The Last Word*, 21 set. 2011. Disponível em: <http://www.thelastwordnewsletter.com/LastWord/Archives_files/TLW%20September%202011.pdf>. Acesso em: 21 ago. 2015; RO EDER, Oliver. What Makes Nigel Richards the Best Scrabble Player On Earth. 8 ago. 2014. Disponível em: <http://fivethirtyeight.com/features/what-makes-nigel-richards-the-best-scrabble-player-on-earth/>. Acesso em: 21 ago. 2015.
29. "[...] ganhou o Campeonato Francês de Palavras Cruzadas de 2015 [...]" – WILLSHER, Kim. The French Scrabble Champion Who Doesn't Speak French. 21 jul. 2015. Disponível em: <www.theguardian.com/lifeandstyle/2015/jul/21/new-french-scrabblechampion-nigel-richards-doesnt-speak-french>. Acesso em: 21 ago. 2015.
30. "Tendo estudado muitos exemplos de gênios criativos [...]" – A maioria dos pensamentos sobre o gênio criativo que aqui se encontra pode ser encontrada em: ERICSSON, K. Anders. Creative Genius: A View from the Expert Performance Approach. In: SIMONTON, Dean Keith. (Ed.). *The Wiley Handbook of Genius*. Nova York: John Wiley, 2014. p. 321-349.

31. "[...] um estudo sobre os ganhadores do Prêmio Nobel [...]" – ZUCKERMAN, Harriett. *Scientific Elite: Nobel Laureates in the United States*. Nova York: Free Press, 1977.

08 Mas o que dizer do talento natural?

1. "[...] a história que foi contada e recontada [...]" – Uma rápida pesquisa na Internet vai revelar inúmeras versões da história, como em: NELSON, David. Paganini: How the Great Violinist Was Helped by a Rare Medical Condition. *News and Record,* 9 jan. 2011. Disponível em: <http://inmozartsfootsteps.com/1032/paganini-violinisthelped-by-marfan-syndrome/>. Acesso em: 21 ago. 2015; Nicolo Paganini, Paganini na Web. Disponível em: <http://www.paganini.com/nicolo/nicindex.htm>. Acesso em: 21 ago. 2015; One string... and Paganini, no *site* do Dr. S. Jayabarathi's Visvacomplex. Disponível em: <http://www.visvacomplex.com/One_String_and _Paganini.html>. Acesso em: 21 ago. 2015.
2. "[...] ele foi realmente um violinista pioneiro." – Ver, por exemplo: KAWABATA, Maiko. Virtuosity, the Violin, and the Devil... What Really Made Paganini "Demonic"? *Current Musicology*, v. 83, p. 7-30, 2007.
3. "[...] um antigo relatório científico [...]" – ISTEL, Edgar; BAKER, Theodore. The Secret of Paganini's Technique. *Musical Quarterly*, v. 16, n. 1, p. 101-116, 1930.
4. "[...] 'Agora as cordas tinham que caçoar'[...]" – ISTEL; BAKER, 1930, p. 103.
5. "[...] as realizações de Mozart parecem muito menos maravilhosas." – LEHMANN, Andreas C.; ERICSSON, K. Anders. The Historical Development of Domains of Expertise: Performance Standards and Innovations in Music. In: STEPTOE, Andrew. (Ed.). *Genius and the Mind: Studies of Creativity and Temperament in the Historical Record*. Oxford: Oxford University Press, 1998. p. 64-97.
6. "De acordo com muitas biografias [...]" – Há muitas biografias de Mozart. Uma que é particularmente útil, porque consiste de narrativas escritas durante sua vida, é de: DEUTSCH, Otto Erich. *Mozart: A Documentary Biography*. 3. ed. Londres: Simon & Schuster, 1990. Ver também: HOLMES, Edward. *The Life of Mozart*. Nova York: Cosimo Classics, 2005.
7. "[...] os concertos para piano que Wolfgang 'compôs' aos 11 anos." – PARK, Jin Young. A Reinvestigation of Early Mozart: The Three Keyboard Concertos, K. 107. Tese (Doutorado) – University of Oklahoma, 2002. Ver também: HUTCHINGS, Arthur. *A Companion to Mozart's Piano Concertos*. Oxford, UK: Clarendon Press, 1999; PLATH, Wolfgang. Beiträge zur Mozart-Autographie 1: Die Handschrift Leopold Mozarts. [The handwriting of Leopold Mozart]. In: *Mozart-Jahrbuch 1960/1961*. Salzburgo: Internationalen Stiftung Mozarteum, 1961. p. 82-117.
8. "[...] a cada criança prodígio que investiguei." – Ver mais detalhes sobre a história de Mario Lemieux em: ERICSSON, K. Anders. My Exploration for Gagné's "Evidence" for Innate Talent: It is Gagné Who Is Omitting Troublesome Information So As To Present More Convincing Accusations. In: KAUFMANN, Scott Barry. (Ed.). *The Complexity of Greatness: Beyond Talent or Practice*. Nova York: Oxford University Press, 2012. p. 223-256.
9. "[...] como o jovem Mario estava para o gelo [...]" – BRENDER, M. The Roots of Route 66. *Hockey News*, v. 50, n. 35, p. 14, 1997. (Suplemento de 16 de maio).

10. "[...] levaram alguns a afirmar que Lemieux é um exemplo [...]" – GAGNÉ, François. Yes, Giftedness (Aka "Innate' Talent") Does Exist! In: KAUFMANN, 2012, p. 191-222.
11. "[...] um pouco de escavação na infância de Lemieux [...]" – CHRISTOPHER, Matt; STOUT, Glenn. *On The Ice With... Mario Lemieux*. Nova York: Little, Brown, 2002.
12. "[...] o praticante de salto em altura Donald Thomas." – EPSTEIN, David. *The Sports Gene: Inside the Science of Extraordinary Athletic Performance*. Nova York: Current, 2013. Um exemplo, entre muitos, de onde a história de Donald Thomas de Epstein foi descrita é encontrada em: MANFRED, Tony. This Anecdote About High Jumpers Will Destroy Your Faith in Malcolm Gladwell's 10,000-hours Rule. *Business Insider*, 15 ago. 2013. Disponível em: <http://www.businessinsider.com/high-jumpers-anecdote-questions-gladwells-10000-hours-rule-2013-8>. Acesso em: 21 ago. 2015.
13. "Aqui está o básico da história." – USTFCCCA (U.S. Track & Field and Cross Country Coaches Association), USTFCCCA Profile of Donald Thomas: An Improbable Leap Into the Limelight. *Track and Field News*. Disponível em: <http://trackandfield news.com/index.php/display-article?arId=15342>. Acesso em: 21 ago. 2015.
14. "[...] 'algo em torno de 1,87 a 1,93 m, nada memorável'." – *Track and Field News*. Disponível em: <http://trackandfield news.com/index.php/display--article?arId=15342>. Acesso em: 21 ago. 2015.
15. "[...] a habilidade de saltar sobre uma perna [...]" – LAFFAYE, Guillaume. Fosbury Flop: Predicting Performance with a Three-Variable Model. *Journal of Strength & Conditioning Research*, v. 25, n. 8, p. 2143-2150, 2011.
16. "São as pessoas que têm a síndrome do sábio, ou savantismo." – Uma edição especial da *Philosophical Transactions da Royal Society B* é inteiramente dedicada à síndrome do sábio e, em particular, à sua relação com o autismo; é uma boa fonte para o pensamento atual sobre a síndrome do sábio. Ver, em particular, o artigo com a visão geral de: TREFFERT, Darold A. The Savant Syndrome: An Extraordinary Condition. A Synopsis: Past, Present, and Future. *Philosophical Transactions of the Royal Society B*, v. 364, n. 1522, p. 1351-1357, 2009.
17. "[...] eles trabalharam para ter essas habilidades, exatamente como qualquer outra pessoa." – Uma boa avaliação do grande público da nova forma de pensar sobre a síndrome do sábio encontra-se em: BIEVER, Celeste. The Makings of a Savant *New Scientist*, v. 202, n. 2711, p. 30, jun. 2009.
18. "[...] os sábios autistas são muito mais propensos a ser bastante detalhistas." – HAPPÉ Francesca; VITAL, Pedro. What Aspects of Autism Predispose To Talent? *Philosophical Transactions of the Royal Society B*, v. 364, n. 1522, p. 1369-1375, 2009.
19. "[...] Donny é viciado em datas [...]" – VEGAS, Jennifer. Autistic Savant "Addicted" To Dates. *ABC Science*, 31 jan. 2007. Disponível em: <http://www.abc.net.au/science/articles/2007/01/31/1837037.htm>. Acesso em: 26 jun. 2015.
20. "Memorizou todos os 14 calendários anuais possíveis [...]" – THIOUX, Marc *et al*. The Day of The Week When You Were Born In 700 Ms: Calendar Computation In An Autistic Savant. *Journal of Experimental Psychology: Human Perception and Performance*, v. 32, n. 5, p. 1155-1168, 2006.
21. "[...] um psicólogo chamado Barnett Addis [...]" – ADDIS, Barnett. Resistance to Parsimony: The Evolution of a System for Explaining the Calendar-Calculating

Abilities for Idiot Savant Twins. In: ENCONTRO DA SOUTHWESTERN PSYCHOLOGICAL ASSOCIATION, 1968, New Orleans. Para maiores detalhes sobre os gêmeos, ver: PARSONS, O. A. July 19, 132,470 is a Saturday: Idiot Savant Calendar-Calculating Twins. In: ENCONTRO DA SOUTHWESTERN PSYCHOLOGICAL ASSOCIATION, 1968, New Orleans.

22. "[...] observei em um artigo de 1988 [...]" – ERICSSON K. Anders; FAIVRE, Irene. What's Exceptional About Exceptional Abilities. In: OBLER, Loraine K.; FEIN, Deborah. (Eds.). *The Exceptional Brain: Neuropsychology of Talent and Special Abilities*. Nova York: Guilford, 1988. p. 436-473.

23. "Estudos de casos mais recentes dos cérebros [...]" – Ver, por exemplo: WALLACE, G. L.; HAPPÉ, F.; GIEDD, J. N. A Case Study of a Multiply Talented Savant with an Autism Spectrum Disorder: Neuropsychological Functioning and Brain Morphometry. *Philosophical Transactions of the Royal Society of London Series B, Biological Sciences*, v. 364, p. 1425-1432, 2009; ver também: COWAN, Richard; FRITH, Chris. Do Calendrical Savants Use Calculation to Answer Date Questions? A Functional Magnetic Resonance Imaging Study. *Philosophical Transactions of the Royal Society of London Series B, Biological Sciences*, v. 364, p. 1417-1424, 2009.

24. "[...] adultos acreditam que não sabem cantar." – CUDDY, Lola L. *et al*. Musical Difficulties Are Rare: A Study of "Tone Deafness" Among University Students. *Annals of the New York Academy of Sciences*, v. 1060, p. 311-324, 2005.

25. "[...] essas pessoas não estão muito felizes com isso [...]" – KNIGHT, Susan. Exploring a Cultural Myth: What Adult Non-Singers May Reveal About the Nature of Singing. *Phenomenon of Singing*, v. 2, p. 144-154, 2013.

26. "[...] alguém os convenceu de que não podiam cantar." – KNIGHT, 2013.

27. "[...] a descoberta de uma mulher com essa condição [...]" – PERETZ, Isabelle *et al*. Congenital Amusia: A Disorder of Fine-Grained Pitch Discrimination. *Neuron*, v. 33, p. 185-191, 2002.

28. "[...] não há evidência de que um grande número de pessoas [...]" – BERKOWSKA, Magdalena; BELLA, Simona Dalla. Acquired and Congenital Disorders of Sung Performance: A Review. *Advances in Cognitive Psychology*, v. 5, p. 69-83, 2009; WISE, Karen J.; SLOBODA, John A. Establishing an Empirical Profile of Self-Defined "Tone Deafness": Perception, Singing Performance and Self-Assessment. *Musicae Scientiae*, v. 12, n. 1, p. 3-26, 2008. Ver também: KNIGHT, 2013.

29. "[...] Na verdade, há algumas culturas [...]" – KNIGHT, 2013.

30. "[...] um programa chamado *Jump Math* [...]" – BORNSTEIN, David. A Better Way to Teach Math. *New York Times*, 11 abr. 2011. Disponível em: <http://opinionator.blogs.nytimes.com/2011/04/18/a-better-way-to-teach math/?_r=0>. Acesso em: 21 ago. 2015.

31. "Alguns dos primeiros trabalhos foram feitos nos anos 1890 [...]" – BINET, Alfred. *Psychologie des grands calculateurs et joueurs d'echecs* [A psicologia dos grandes calculadores e jogadores de xadrez]. Paris: Libraire Hachette, 1894.

32. "Um dos mais esclarecedores desses estudos [...]" – BILALIĆ, Merim; MCLEOD, Peter; GOBET, Fernand. Does Chess Need Intelligence? A Study with Young Chess Players. *Intelligence*, v. 35, p. 457-470, 2007.

33. "[...] uma relação entre o QI e a habilidade de jogar xadrez [...]" – HORGAN Dianne D.; MORGAN, David. Chess Expertise in Children. *Applied Cognitive*

Psychology, v. 4, p. 109-128, 1990; FRYDMAN, Marcel; LYNN, Richard. The General Intelligence and Spatial Abilities of Gifted Young Belgian Chess Players. *British Journal of Psychology*, v. 83, p. 233-235, 1992.

34. "[...] não têm melhores habilidades visuoespaciais [...]" – Ver, por exemplo: WATERS, Andrew J.; GOBET Fernand; LEYDEN, Gerv. Visuo-Spatial Abilities in Chess Players. *British Journal of Psychology*, v. 93, p. 557-565, 2002; UNTERRAINER, Josef M. *et al*. Planning Abilities and Chess: A Comparison of Chess and Non-Chess Players on the Tower of London. *British Journal of Psychology*, v. 97, p. 299-311, 2006; GRABNER, Roland H.; NEUBAUER, Aljoscha C.; STERN, Elbeth. Superior Performance and Neural Efficiency: The Impact of Intelligence and Expertise. *Brain Research Bulletin*, v. 69, p. 422-439, 2006; DOLL, Jörg; MAYR, Ulrich. Intelligenz und Schachleistung: eine Untersuchung an Schachexperten" [Inteligência e desempenho no xadrez: um estudo dos *experts* em xadrez]. *Psychologische Beiträge*, v. 29, p. 270-289, 1987. Um antigo estudo sobre os grandes mestres pode ser encontrado em: DJAKOW, I. N. N.; PETROWSKI, W.; RUDIK, P. A *Psychologie des Schachspiels*. Berlim: de Gruyter, 1927.

35. "[...] não têm um QI sistematicamente mais elevado [...]" – UNTERRAINER, Josef M. *et al*. Planning Abilities and Chess: A Comparison of Chess and Non-Chess Players on the Tower of London. *British Journal of Psychology*, v. 97, p. 299-311, 2006; GRABNER, Roland H.; NEUBAUER, Aljoscha C.; STERN, Elbeth. Superior Performance and Neural Efficiency: The Impact of Intelligence and Expertise. *Brain Research Bulletin*, v. 69, p. 422-439, 2006.

36. "[...] não existe qualquer correlação entre o QI [...]" – DOLL Jörg; MAYR, Ulrich. Intelligenz und Schachleistung: eine Untersuchung an Schachexperten. [Inteligência e desempenho no xadrez: um estudo dos *experts* em xadrez]. *Psychologische Beiträge*, v. 29, p. 270-289, 1987.

37. "Os recentes estudos dos mestres de Go descobriram [...]" – LEE, Boreom *et al*. White Matter Neuroplastic Changes in Long-Term Trained Players of the Game of "Baduk" (GO): A Voxel-Based Diffusion-Tensor Imaging Study. *NeuroImage*, v. 52, p. 9-19, 2010; JUNG, Wi Hoon *et al*. Exploring the Brains of *Baduk* (Go) Experts: Gray Matter Morphometry, Resting-State Functional Connectivity, and Graph Theoretical Analysis. *Frontiers in Human Neuroscience*, v. 7, n. 633, p. 1-16, 2013.

38. "[...] não tiveram uma pontuação maior nos testes de QI [...]" – Como as pessoas que têm maior pontuação em testes de QI são mais propensas a se sair bem nos estudos e também a permanecer na escola – um fenômeno que tem sido repetidamente observado –, é possível que alguns jogadores jovens de Go com QI mais baixo saiam da escola mais cedo do que os seus pares a fim de se concentrarem totalmente no estudo do Go. Isso poderia explicar por que os jogadores profissionais de Go têm um QI que está situado abaixo da média.

39. "[...] evidências desse padrão em muitos campos diferentes." – Um artigo com uma longa lista de referências de vários estudos encontra-se em: ERICSSON, K. Anders. Why Expert Performance Is Special and Cannot Be Extrapolated from Studies of Performance in the General Population: A Response to Criticisms. *Intelligence*, v. 45, p. 81-103, 2014.

40. "[...] um estudo com 91 alunos da quinta série [...]" – YOUNG, William T. The Role of Musical Aptitude, Intelligence, and Academic Achievement In Predicting

the Musical Attainment of Elementary Instrumental Music Students. *Journal of Research in Music Education*, v. 19, p. 385-398, 1971.

41. "[...] testes revelaram que não havia relação entre QI e desempenho musical [...]" – RUTHSATZ, Joanne et al. Becoming an Expert in the Musical Domain: It Takes More Than Just Practice. *Intelligence*, v. 36, p. 330-338, 2008.

42. "[...] um estudo sobre *expertise* em cirurgia oral [...]" – WANZEL, Kyle R. et al. Visual-Spatial Ability Correlates with Efficiency of Hand Motion and Successful Surgical Performance. *Surgery*, v. 134, p. 750-757, 2003.

43. "[...] pessoas que estudavam para ser motoristas de táxi em Londres [...]" – WOOLLETT, Katherine; MAGUIRE, Eleanor A. Acquiring "The Knowledge" of London's Layout Drives Structural Brain Changes. *Current Biology*, v. 21, p. 2109-2114, 2011.

44. "[...] não há correlação entre QI e produtividade científica [...]" – ROOT-BERNSTEIN, Robert S.; BERNSTEIN, Maurine; GARNIER, Helen. Identification of Scientists Making Long-Term, High Impact Contributions, with Notes on Their Methods of Working. *Creativity Research Journal*, v. 6, p, 329-343, 1993; LAW, Kenneth S. et al. The Effects of Emotional Intelligence on Job Performance and Life Satisfaction for the Research and Development Scientists in China. *Asia Pacific Journal of Management*, v. 25, p. 51-69, 2008.

45. "[...] tinha um QI de 125." – Para informação sobre Feynman, Watson, and Shockley, ver: ROOT-BERNSTEIN, Robert et al. Arts Foster Scientific Success: Avocations of Nobel, National Academy, Royal Society, and Sigma Xi Members. *Journal of the Psychology of Science and Technology*, v. 1, n. 2 p. 51-63, 2008.

46. "[...] em alguns campos, precisam de um QI de cerca de 110 a 120 [...]" –MACKINNON, Donald W. The Nature and Nurture of Creative Talent. *American Psychologist*, v. 17, n. 7, p. 484-495, 1962.

47. "Um estudo com jogadores de tênis, em 2012 [...]" – BROUWERS, Jessie; BOSSCHER, Veerle de; SOTIRIADOU, Popi. An Examination of the Importance of Performances in Youth and Junior Competition as an Indicator of Later Success in Tennis. *Sport Management Review*, v. 15, p. 461-475, 2012.

48. "[...] crianças que apresentam um temperamento que incentiva a interação social [...]" – NOEL, Melanie; PETERSON, Carole; JESSO, Beulah. The Relationship of Parenting Stress and Child Temperament to Language Development Among Economically Disadvantages Preschoolers. *Journal of Child Language*, v. 35, n. 4, p. 823-843, 2008.

49. "[...] bebês de nove meses de idade que dariam mais atenção a um dos pais [...]" – FARRANT, Brad; M.; ZUBRICK, Stephen R. Parent-Child Book Reading Across Early Childhood and Child Vocabulary in the Early School Years: Findings from the Longitudinal Study of Australian Children. *First Language*, v. 33, p. 280-293, 2013.

50. "[...] uma história em seu livro *Outliers* [...]" – GLADWELL, Malcolm. *Outliers: The Story of Success*. Nova York: Little, Brown, 2008.

51. "[...] vantagem entre os jogadores de hóquei de fato parece diminuir [...]" – Ver, por exemplo: GIBBS, Benjamin G. et al. Gladwell's Big Kid Bias? *Contexts*, v. 9, n. 4, p. 61-62, 2010.

52. "[...] experimentaram jogar jogos de tabuleiros lineares [...]" – SIEGLER, Robert S.; RAMANI, Geetha B. Playing board Games Promotes Low-Income

Children's Numerical Development. *Developmental Science*, v. 11, p. 655-661, 2008.

09 Para onde vamos daqui?

1. "Esse vislumbre veio como uma cortesia de três pesquisadores [...]" –DESLAURIERS, Louis; SCHELEW, Ellen; WIEMAN, Carl. Improved Learning in a Large-Enrollment Physics Class. *Science*, v. 332, p. 862-864, 2011.
2. "[...] levá-los à prática de pensar como pensam os físicos [...]" – DESLAURIERS; SCHELEW; WIEMAN, 2011. Ver também: MERVIS, Jeffrey. Transformation is Possible If a University Really Cares. *Science*, v. 340, n. 6130, p. 292-296, 2013.
3. "Para efeito de comparação [...]" – DESLAURIERS; SCHELEW; WIEMAN, 2011.
4. "Também trabalhei com Rod Havriluk [...]" – Ver o *site* da companhia de Havriluk, Swimming Technology Research: <https://swimmingtechnology.com/>. Acesso em: 14 set. 2017.
5. "A primeira providência de Wieman e seus colegas [...]" – DESLAURIERS; SCHELEW; WIEMAN, 2011.
6. "[...] o ingrediente fundamental no sucesso do programa [...]" – BORNSTEIN, David. A Better Way to Teach Math. *New York Times*, 11 abr. 2011. <http://opinionator.blogs.nytimes.com/2011/04/18/a-better-way-to-teach-math/?_r=0>. Acesso em: 21 ago. 2015.
7. "[...] A pesquisa comparando os *experts* em física com alunos de física [...]" – HAKE, R. R. Interactive-Engagement vs. Traditional Methods: A Six-Thousand Student Survey of Mechanics Test Data for Introductory Physics Students. *American Journal of Physics*, v. 66, n. 4, p. 64-74, 1998; HESTENES, David; WELLS, Malcolm; SWACKHAMER, Gregg. Force Concept Inventory. *Physics Teacher*, v. 30, p. 141-158, 1992.
8. "[...] não pode explicar corretamente o que causa as mudanças das estações [...]" – KIKAS, Eve. Teachers' Conceptions and Misconceptions Concerning Three Natural Phenomena. *Journal of Research in Science Teaching*, v. 41 p. 432-448, 2004; NAZÉ, Yaël; FONTAINE, Sebastien. An Astronomical Survey Conducted in Belgium. *Physics Education*, v. 49, p. 151-163, 2014.
9. "Um divertido vídeo feito na cerimônia de entrega dos diplomas da Universidade de Harvard [...]" – Harvard Graduates Explain Seasons. Disponível em: <https://www.youtube.com/watch?v-p 0wk4qG2mIg>. Acesso em. 4 out. 2015.
10. "Wieman e seus colegas testaram antecipadamente as questões a serem clicadas [...]" – DESLAURIERS; SCHELEW; WIEMAN, 2011.
11. "[...] os métodos da prática deliberada foram adotados [...]" – MERVIS, Jeffrey. Transformation is Possible If a University Really Cares. *Science*, v. 340, n. 6130, p. 292-296, 2013.
12. "[...] ao estado psicológico de 'fluxo' [...]" – CSIKSZENTMIHALYI, Mihaly. *Flow: The Psychology of Optimal Experience*. Nova York: Harper & Row, 1990.

Este livro foi composto com tipografia Bembo Std e impresso em papel Off-White 70 g/m² na Formato Artes Gráficas.